U0522344

教育部人文社科规划基金项目《犯罪主观要件的证明问题研究——从技术和制度的角度》(12YJA820058) 成果

中南民族大学法学文库

犯罪主观要件的证明问题研究

阮堂辉◎著

中国社会科学出版社

图书在版编目(CIP)数据

犯罪主观要件的证明问题研究 / 阮堂辉著 . —北京：中国社会科学出版社，2017.11

（中南民族大学法学文库）

ISBN 978-7-5203-1731-3

Ⅰ.①犯⋯ Ⅱ.①阮⋯ Ⅲ.①犯罪-认定-研究 Ⅳ.①D917

中国版本图书馆 CIP 数据核字 (2017) 第 314149 号

出 版 人	赵剑英
责任编辑	任 明
责任校对	王 龙
责任印制	李寡寡

出　　版	中国社会科学出版社
社　　址	北京鼓楼西大街甲 158 号
邮　　编	100720
网　　址	http://www.csspw.cn
发 行 部	010-84083685
门 市 部	010-84029450
经　　销	新华书店及其他书店

印刷装订	北京君升印刷有限公司
版　　次	2017 年 11 月第 1 版
印　　次	2017 年 11 月第 1 次印刷

开　　本	710×1000　1/16
印　　张	14.75
插　　页	2
字　　数	219 千字
定　　价	75.00 元

凡购买中国社会科学出版社图书，如有质量问题请与本社营销中心联系调换
电话：010-84083683
版权所有　侵权必究

目　　录

绪论 ……………………………………………………………… (1)
第一章　犯罪论体系概述 ………………………………………… (4)
　第一节　犯罪论体系的概念和构造 …………………………… (4)
　　一　大陆法系犯罪论体系的构造 …………………………… (4)
　　二　英美法系犯罪论体系的构造 …………………………… (7)
　　三　我国犯罪论体系的构造及缺陷 ………………………… (9)
　　四　小结 ……………………………………………………… (11)
　第二节　犯罪主观要件及其在犯罪论体系中的地位 ………… (12)
　　一　大陆法系犯罪主观要件及其在犯罪论体系中的地位 … (12)
　　二　英美法系犯罪主观要件及其在犯罪论体系中的地位 … (13)
　　三　我国犯罪主观要件及其在犯罪论体系中的地位 ……… (14)
　　四　小结 ……………………………………………………… (15)
第二章　案件事实判定方法的基本原理 ………………………… (16)
　第一节　案件事实判定的一般途径 …………………………… (16)
　第二节　司法证明概念及基本原理 …………………………… (18)
　　一　司法证明的概念 ………………………………………… (18)
　　二　司法证明的基本范畴 …………………………………… (23)
　　三　司法证明的分类 ………………………………………… (25)
　　四　司法证明方法 …………………………………………… (28)
　第三节　司法推定概念及基本原理 …………………………… (30)
　第四节　司法认知概念及基本原理 …………………………… (35)

一　司法认知的概念与特征 ………………………………（35）
　　　二　司法认知在事实认定体系中的定位 …………………（39）
　　　三　司法认知与证明的比较 ………………………………（41）

第三章　犯罪主观要件的证明 …………………………………（48）
第一节　证据体系与结构原理 …………………………………（48）
　　　一　证据体系的概念 ………………………………………（48）
　　　二　证据体系结构的含义及其与证据体系的关系 ………（49）
　　　三　证据体系结构的研究意义 ……………………………（51）
　　　四　刑事证据体系结构的类型 ……………………………（52）
第二节　直接证据对主观要件的证明作用 ……………………（56）
　　　一　直接证据的概念及其基本理论 ………………………（58）
　　　二　直接证据对主观要件的证明作用 ……………………（66）
　　　三　国内外法律对直接证据取得和运用的障碍 …………（71）
第三节　间接证据对主观要件的证明作用 ……………………（80）
　　　一　间接证据的概念及其基本理论 ………………………（80）
　　　二　间接证据对主观要件的证明作用 ……………………（89）

第四章　犯罪主观要件的推定与司法认知 ……………………（100）
第一节　犯罪主观要件认定中的推定 …………………………（100）
　　　一　"明知"认定困境 ……………………………………（100）
　　　二　"明知"证明的有限性 ………………………………（101）
　　　三　"明知"的推定 ………………………………………（103）
第二节　犯罪主观要件认定中的司法认知 ……………………（107）
　　　一　司法认知的一般立法与认知对象分类 ………………（108）
　　　二　主观要件司法认知的可行性 …………………………（109）
　　　三　主观要件司法认知制度的构建 ………………………（111）

第五章　犯罪主观要件认定与严格证明原则 …………………（113）
第一节　严格证明概述 …………………………………………（113）
　　　一　严格证明的概念 ………………………………………（113）
　　　二　严格证明的特征 ………………………………………（115）

三　严格证明与自由证明的区分 ……………………………… (117)
　　四　严格证明与自由证明对象范围界定 ………………………… (122)
　　五　严格证明与自由证明的分类意义 …………………………… (126)
  第二节　严格证明与犯罪论体系 ………………………………………… (128)
　　一　大陆法系犯罪构成体系的严格证明学说及实践 …………… (128)
　　二　英美法系犯罪构成体系的严格证明学说及实践 …………… (134)
  第三节　严格证明与犯罪主观要件 ……………………………………… (137)
　　一　以严格证明的方式认定犯罪主观要件的必要性 …………… (138)
　　二　犯罪主观要件自由证明的实践探究 ………………………… (143)

第六章　犯罪主观要件认定与证明制度 …………………………………… (149)
  第一节　犯罪主观要件认定与证明责任 ………………………………… (149)
　　一　证明责任制度的一般概念 …………………………………… (149)
　　二　两大法系证明责任理论及制度 ……………………………… (150)
　　三　我国犯罪主观要件证明责任制度现状及不足 ……………… (154)
　　四　我国主观要件证明责任理论与制度革新的思路 …………… (161)
  第二节　犯罪主观要件认定与证明标准 ………………………………… (165)
　　一　证明标准的一般概念及证明标准的层次理论 ……………… (165)
　　二　犯罪主观要件的证明标准 …………………………………… (171)
　　三　间接证据推论证明犯罪主观要件的证明标准 ……………… (176)

第七章　司法推定的原理及其实践运用
　　　　——从对一起借贷案的审判谈起 ……………………………… (183)
　　一　问题的提出 …………………………………………………… (183)
　　二　推定的一般概念 ……………………………………………… (184)
　　三　推定与证明的概念界限 ……………………………………… (186)
　　四　推定规则的现代价值考量 …………………………………… (192)
　　五　推定规则的设立与运用——兼对问题的回应 ……………… (196)

第八章　犯罪主观要件证明方法研究
　　　　——从一起盗窃案谈起 ………………………………………… (203)
　　一　问题的提出 …………………………………………………… (203)

二　主观要件证明难的表现及其原因 ……………………（204）
　　三　主观要件证明中推定的使用及其有限性 ……………（207）
　　四　主观要件证明的根本出路——法律推定与间接证据证明
　　　　并重 ………………………………………………………（209）
　　五　结论 ……………………………………………………（213）

参考文献 ………………………………………………………（214）

绪　　论

　　犯罪主观要件认定问题的讨论，是以犯罪论体系研究为出发点的。在大陆法系，自从17世纪末18世纪初，德国刑法学者葛若尔曼（Grolmann）将犯罪成立要件分为客观面与主观面，把故意、过失及责任能力等归属为主观要件后，犯罪论体系理论便得以不断发展。如德国的贝林格、麦茨格，日本的小野清一郎、大谷实等刑法学者，都从各自的理论体系出发，对犯罪构成要件理论进行了拓展性研究。在他们的研究中，早期的理论一般把故意、过失等要素从构成要件中分离出来，作为责任要素。现当代理论才逐渐把上述主观要素复归于构成要件体系。英美法系虽没有类似大陆法系较系统的犯罪论体系理论，但他们历来坚持"无犯意即无犯罪"（Non reu nisi mens sit rea）法谚。如英国学者 J. C. 史密斯、B. 霍根在《英国刑法》书中认为，犯罪的两大要件是犯罪行为（actus reus）和犯意（mens rea）。

　　国外刑法学者对犯罪论体系理论和主观要件在犯罪论体系中的地位等问题论及至此，便告一段落。囿于学科所限，他们未能对犯罪构成要件（尤其是主观要件）的认定再继续进行研究。

　　主观要件认定的经验和理论，主要来自证据法学者和部分法律方法论学者的研究。早在1913年，美国证据法学大师威格摩尔（Wigmore）在司法证明中创制框图法（Chart Method），试图对案件证据体系进行全面展现，同时详细讨论了证据到待证事实的推理过程。其用这种方法执教证据法学科40年，影响广泛。英国证据法学者安德森（Anderson）和特维宁（Twining），通过其著作《证据分析》（1991年），继承并发展了威格摩尔的框图法，使证据体系推理结构更趋清晰合理，易于操作，至今仍代表了证据法学的一个发展方向。此外，方法论学者从法律论证（legal argument）角度，用逻辑方法也对构成要件证明规律进行了颇有见解的探讨。这方面的代表学者如：美国的道格拉斯·沃尔顿（Douglas Walton）、英国的沙龙·汉森（Sharon Hanson）等。上述学者对主观要件的证明特点和证明规律虽然没有给予特别关注，但是其研究方法却为主观要件认定开辟了思路和奠定了理论基础。

另外，国外许多学者也注意到了主观要件认定与法律推定的关系问题。例如英国证据法学者克罗斯（Rupert Cross）在其著作《证据法纲要》（1964年）中认为，犯罪意图等主观要件的证明通常只能通过推论或推定来加以确认，如把主观要件认定中形成的一般有效的推论用法律予以确定，设定推定规则，司法者再运用法律设定的推定，直接判定犯罪主观要件。国外证据法学关于法律推定的研究，虽然在制度方面为主观要件认定提供了便捷，但是由于种种原因，其在主观要件认定中的作用还是有限的，法律推定只可能作为主观要件认定制度中的一个重要因子而存在。而且像克罗斯一样，国外很多学者和立法者都未对推定和推论做制度区分，把两个概念混同，如他们把推定分为法律推定和事实推定两个概念即为明证。

在我国，与本课题相关的研究，是随着近年来法学研究方法转型才逐步展开的。目前，有代表性的论文还不多见。如发表于《法学》2005年第7期的《"应当知道"的刑法界说》（陈兴良）、发表于《中南民族大学学报》（人文社会科学版）2010年第5期的《论毒品犯罪的死刑限制——基于主观明知要件认定的视角》（赵秉志、李运才）、发表于《中国刑事法杂志》2010年第2期的《犯罪主观要件的证明——程序法和实体法的一个联接》（吴丹红）等。这些论文都延续刑事一体化思路，试图为犯罪主观要件认定困境寻找出路。如陈文提出"推定故意"概念，来解决主观要件认定难题；赵文对毒品犯罪主观要件认定中的推定进行了反思，主张从限制死刑出发，反对通过法律草率设置推定故意；吴文认为不仅应借助推论、推定理论来解决主观要件证明困境，而且应对不合理的证明责任制度进行改造。

总体来看，我国学者对主观要件证明规律和证明制度的研究还严重不足，主要缺陷在于：第一，在研究方向上，过分依赖推定规则理论，忽略证据体系本身的推理、推论机理及其运用。第二，在研究方法上，刑事一体化程度不高，未全面把握犯罪论体系与证明责任、证明标准等证明制度的互动关系。第三，研究内容上过于单一，很多成果都是就事论事，如有些论文仅把"推定故意"作为研究对象，有些论文仅限于对具体罪名主观要件认定进行探讨，现有成果均未顾及主观要件证明理论的体系构建。上述研究不能适应日益复杂的司法实践需要。

本课题的研究，预计对理论产生如下贡献或影响：第一，如前所述，我国理论界对本课题研究还存在片面化倾向，解决问题的着力点太过单一，只注重规则构建，不注意证明技术探索。正如威格摩尔所说，法学"有而且必须有一门证明科学——证明原则——独立于人为的程序规则"。本课题最核心的任务就是以间接证据理论为基础，为主观要件认定探索有效途径，形成具有实效的、能够充分回应现实的主观要件证明理论新体系。第二，打通刑法和刑事诉讼法的学科壁垒，以刑事一体化的视角，重新解读主观要件认定与证明责任、证明标准等制度的互动关系。为主观要件证明创立一个良好的制度体系环境。

在实务界，法官们虽然对主观要件认定进行了不懈努力，但由于缺乏足够的理论指导，其始终受困于"明知"故意、"非法占有"目的等要素的认定。即使最高人民法院等权威部门通过出台一系列解释、规定、纪要，设置若干推定规则，如2001年1月21日最高人民法院关于印发《全国法院审理金融犯罪案件工作座谈会纪要》的通知、2007年11月18日最高人民法院、最高人民检察院、公安部联合发布的《办理毒品犯罪案件适用法律若干问题的意见》等。但这只能属于挂一漏万的做法，现实中，由于主观要件认定难而得不到合理判定的案件比比皆是。欲解决实务界主观要件的认定难题，必须另辟蹊径，为主观要件的科学判定建立长效机制。本课题应用价值即在于此。

第一章

犯罪论体系概述

第一节 犯罪论体系的概念和构造

犯罪论体系，有广义与狭义之分。广义上的犯罪论体系的内容不仅包括犯罪的成立要素，而且包括犯罪的概念、犯罪形态等因素所构成的体系。狭义而言，犯罪论体系主要是指犯罪成立要件的体系。本书指的犯罪论体系主要是从狭义上来理解的，它是刑法理论体系的核心内容，是刑法学中最根本的理论，也是刑事司法活动面临的最首要问题。

一 大陆法系犯罪论体系的构造

（一）大陆法系犯罪论体系概述

在大陆法系，自从17世纪末18世纪初，德国刑法学者葛若尔曼（Grolmann）将犯罪成立要件分为客观面与主观面，把故意、过失及责任能力等归属为主观要件后，犯罪论体系理论便得以不断发展。如德国的贝林格（Ernst Beling）、麦耶（Max Ernst Mayer）、麦茨格（Edmund Mezger），日本的小野清一郎、大谷实等刑法学者，都从各自的理论体系出发，对犯罪构成要件理论进行了拓展性研究。

德国刑法学家贝林格是第一位提出系统的犯罪构成要件理论的学者，他认为，任何行为要成立犯罪都应该以构成要件的该当性为首要条件，此外还需要具备违法性和有责性。其中，构成要件该当性是指行为符合刑法为犯罪行为所预定的客观轮廓，与主观要素无关。构成要件的符合性与违法没有直接关系，与有责性也有差异，如盗窃行为，行为与盗窃罪的构成要件相符合，但如果行为人是出于职务行为，由不构成罪；或如果行为人是精神病患者，则无责。之后，这一理论得到来自德国、日本的刑法学家的不断修正。

目前，德、日刑法学界关于犯罪论体系采用"构成要件符合性、违法性和有责性"三要件为通说。由于这三个要件之间具有阶层性递进的逻辑结构，国内学者又称其为"阶层的犯罪论体系"或"递进式的犯罪构成体系"。

1. 构成要件符合性

构成要件符合性，也称为构成要件的该当性，指犯罪首先应该是符合刑法分则或其他法律、法规规定的关于个罪的具体犯罪构成要件的行为。一个行为是否具有构成要件符合性，首先应该考虑是否存在实行行为、是否有行为对象、是否具有因果关系、是否存在构成要件上的故意或过失。构成要件的符合性是刑事法律上罪刑法定原则的内在要求。罪刑法定原则决定了犯罪不仅是严重危害社会、侵犯公民的合法权益的行为，而且必须首先是符合刑法分则规定个罪的具体构成要件的行为，否则可能导致刑罚权的恣意发动，最终侵犯广大公民合法权益。因此，构成要件符合性的判断，重点是要判断已经发生的事实是否符合刑法分则对于个罪所规定的构成要件，主要是一种定型的事实性判断。以诈骗罪为例，就是要判断行为人是否以非法占有为目的、是否实施了欺骗行为、是否因欺骗行为使对方产生了认识错误，对方是否基于这种认识错误而处分其财产，并导致其遭受财产损失。

2. 违法性

违法性，即犯罪应当具备违法性。一般而言，满足构成要件符合性的行为都是违法的，因为刑法的制定者在制定法律时，不会选择不具有社会危害性的行为在刑法分则中加以规定。但是，在正当防卫、紧急避险、自救行为、执行职务的行为等特殊情况下而并不违反法律秩序甚至完全是正当行为时，却仍然符合构成要件，只因存在违法阻却事由，而不应成立犯罪。因此，违法性判断主要是一种客观的法律性评价。

3. 有责性

有责性，又称为责任要件，指犯罪的成立还需要行为人具有责任，即能够对实施违法行为的行为人进行谴责和非难。如果行为人没有认识能力和控制能力，他就丧失了责任能力的前提条件，就不可能具有相应的责任能力。当然，具备责任能力也不一定就有责，责任要件还要求具有责任能力的行为人在实施违法行为时，具有对违法行为存在故意、过失，或是期待可能性。其中故意和过失是罪过的主观形态，期待可能性是超法规的阻却罪责事由。以诈骗罪为例，满足诈骗罪构成要件符合性、违法性的诈骗行为，并不一定成立诈骗罪，还要求行为人具有刑事责任能力，并且在实施欺骗行为时，认识到他的欺骗行为会给他人财产带来损失，是法律所不允许的行为。

综上所述，按照大陆法系阶层的犯罪论体系理论，成立犯罪需要经过三个阶层：第一阶层，判断行为是否与法律所规定的个罪的构成要件相符合。第二阶层，判断行为是否具有违法性，在这一阶层主要是判断是否有排除行为违法性的情形存在，而不需要主动对行为是否违法做出决断，因为一旦满足构成要件符合性，一般都违法的，只是存在排除行为违法性的情形，存在违法阻却事由时，才不具有违法性。第三阶层，判断行为是否有责，检验的是行为人是否具有责任能力，在主观方面是否存在犯罪故意或过失或期待可能性。

当然，这里所指的大陆法系三要件犯罪论体系，主要适用于德国、意大利、日本、韩国等100多个大陆法系国家，并不适用于所有的大陆法系国家，如法国就没有采纳三要件犯罪论体系。

(二) 大陆法系犯罪论体系的缺陷

如前所述，大陆法系国家多个犯罪论体系模式中，目前占通说地位的三要件学说是指构成要件符合性、违法性和有责性的犯罪论体系。按照这种犯罪论体系理论，成立犯罪需要经过三个阶层的判断，即行为是否与构成要件相符合，是否存在违法阻却事由，行为人是否具有责任能力且具有主观上的犯罪故意、过失或期待可能性。

但是，这种犯罪论体系也是存在缺陷的。首先表现为三要件的相互交杂。例如无论构成要件该当性违法类型，还是违法有责性违法类型，都是符合构成要件该当性的行为，它们在原则上是违法的，只是因为存在阻却违法性的事由，才否认违法。而构成要件该当性判断和违法性判断同一，使违法性作为一个独立的判断阶层成为问题，实际上削弱了违法性的存在意义。同时，构成要件该当性主要是从客观事实上对构成某类犯罪进行评判，有责性是从主观要素上对是否构成罪进行评判，但构成要件该当性中的行为必须是主观意识支配下的行为，也就要求行为人在行为时是在一定的主观过错支配下进行的，也就必须对主观方面进行评判，虽然两者对主观要素的评判重点并不相同，但也不可避免两者存在一定的交叉。此外，三要件犯罪论构成学说在犯罪未完成形态、共同犯罪问题和罪数形态中也都存在一些理论缺陷。①

二　英美法系犯罪论体系的构造

（一）英美法系犯罪论体系概述

以英国、美国为代表的英美法系的犯罪论体系则具有双层次性的特点，更多学者概括为双层次模式。双层次模式包括两个层次：第一层次是实体意义上的犯罪要件，也称为犯罪本体要件，包括犯罪行为和犯罪心态。其中犯罪行为（actus reus）是英美法系犯罪构成的客观要件。从广义上说，actus reus 是指除犯罪心态以外的一切犯罪要件，包括犯罪行为、犯罪对象、犯罪情节和犯罪结果等。从狭义上说，犯罪行为是指有意识支配的行为。犯罪行为是法律予以禁止的有害行为，具体内容包括作为、不作为、持有、因果关系等，它是构成犯罪的首要因素。

犯罪心态，又称为犯罪意图，就是行为人在实施犯罪行为时的一种心理状态。属于英美法系犯罪构成的主观要件。在美国刑法中，认为犯罪心态包括四种：一是蓄意（intention），就是行为人在行动时自觉希望通过实施某种特定行为，以发生某种法律规定为犯罪的特定结果，或是自觉地实施法律规定为犯罪的某种行为；二是明知（knowledge），就是行为人明知其行为的性质是犯罪行为并且自觉去实施这种行为；三是轻率（recklessness），就是行为人在行动时已经认识到可能发生法律规定为犯罪的结果，并且自觉地漠视可能发生的危险，或虽然主观上对此结果持否定态度，但还是冒险地实施了可能产生此结果的行为；四是疏忽（negligence），行为人在行为时没有认识到可能产生法律禁止的结果或情节的危险，但按照守法公民的通常标准是应当认识到这种危险的，行为人没有认识到的主要原因是自己的疏忽大意。

---

①　杨爱仙：《犯罪论体系比较研究》，《山东社会科学》2010 年第 5 期。

英美法系国家对犯罪的惩罚遵循"行为无罪，除非内心邪恶"，并且行为人内心是否存在邪恶，由控诉方举证加以证明，但是，特殊情况下，为了减轻控诉方的证明责任，规定了严格证明责任，即在非法持有毒品、销售不合格产品等情形下，只要行为人有行为，无论其在行为时是否已经尽到了注意义务，都应承担相应的刑事责任，控诉方无须再举证证明其存在主观过错。

第二层次是诉讼意义上的犯罪要件，又称为责任充足要件。在英美法系国家刑事诉讼中，由控诉方承担证明被告人有罪的证明责任，并需要证明达到排除合理怀疑的程度，此时，被告人如果不能够提出有效的无罪辩护事由，其行为就构成了控诉方所指控的犯罪。但如果被告人能够提出无罪辩护事由，并且该无罪辩护事由成立，那么被告人行为不构成犯罪。实践中，合法辩护事由通常可以分为两类：一类是正当理由（justification），如警察圈套、紧急避险和正当防卫等。另一类是可得宽恕（excuse），如未成年、精神病、错误、醉态、被迫行为、挑衅、不在犯罪现场、安乐死等。也就是说，如果行为人的行为符合犯罪本体要件，但行为人不能证明自己存在未成年、精神病、错误、醉态、被迫行为、挑衅、不在犯罪现场、安乐死、警察圈套、紧急避险和正当防卫等合法辩护事由时，也就具备了责任充足条件。

英美法系国家的双层次犯罪论体系，是在司法判例实践中自然而然形成的，因此其与英美国家根深蒂固的实用主义价值观相得益彰。犯罪的本体要件从正面、实体层面上说明成立犯罪的积极条件，使公民对刑法适用具有可预测性，是国家公诉权发动的根据和起点；责任充足要件从反面、程序层面上说明行为人承担刑事责任的根据，实质在于限定可以认定为犯罪行为的范围，赋予了当事人自我辩护的机制和权利，通过刑事诉讼对抗制的交叉询问和举证责任的合理分配，准确直观地反映定罪过程，实现刑法人权保障的机能。

（二）英美法系犯罪论体系的缺陷

如前所述，英美法系的双层次犯罪论体系，要求成立犯罪既要具有犯罪的本体要件——行为和心态，还要必须具备责任充足条件，即排除合法辩护的可能。这种犯罪论体系是在司法判例实践中自然而然形成的，与英美国家根深蒂固的实用主义价值观相得益彰。

但是，英美法系的双层次犯罪论体系也并不是完美无缺的，比如被告人的行为的"有意识性"到底是应该视为犯罪行为的一部分还是犯罪心态的一部分呢？一方面，它是心理因素，属于犯罪意图的一部分；另一方面，它又是犯罪行为的本质因素，行为是在意识支配下的行为。这样一来，问题就出现了：对行为自愿性的要求实施既可以适用于被告人的主观状态，也可以适用于被告人的行为，换言之，对于犯罪行为和犯罪意图这两个基本的实体性要件都可以使用自愿或有意的要求。而对于自愿或有意，法律上允许被告人以有意识性或自动性来提出抗辩。哪种抗辩是针对犯罪行为的？哪种抗辩又是针对犯罪意图的？既然两种辩护事由均可适用，这就给在实践中认定犯罪行为和犯意造成一定的困难。①

三　我国犯罪论体系的构造及缺陷

（一）我国犯罪论体系概述

我国目前占通说地位的犯罪论体系是在引进苏联刑法学家特拉伊宁创立的犯罪构成四要件理论的基础上进行一定的修正后形成的，具体内容主要包括：首先，成立一切犯罪都必须具备法律上规定的构成要件。其次，成立每一个具体的犯罪都有其不同的构成要件，称为具体的构成要件，是区分此罪与彼罪的界限。同时，成立一切犯罪也有其共同构成要件，是区分罪与非罪的界限，这些共同构成要件包括：（1）犯罪客体方面要件，其内容是犯罪所侵犯的法益，这种法益实质上是刑法所保护的社会关系。任何犯罪总是会侵害一定的社会利益，如故意杀人侵犯了他人的生命权。（2）犯罪客观方面要件。其内容是实施具体犯罪行为的具体内容，比如犯罪行为使用了什么样的作案工具、针对什么样的犯罪对象实施了什么样的具体犯罪行为、造成了什么样的危害结果等。（3）犯罪的主体方面要件。其内容是实施犯罪行为的主体必须是具有刑事责任能力的自然人或特殊情况下符合法律规定的单位。（4）犯罪的主观方面要件。其内容是犯罪主体在实施犯罪行为时必须是在故意或过失的心理状态支配下进行的。

---

① 陈兴良：《犯罪论体系研究》，清华大学出版社2005年版，第117—118页。

这种四要件构成理论因为操作简单、容易掌握，在我国刑事司法实践中曾起到过重要作用，一直沿用至今。

（二）我国犯罪论体系的缺陷

近年来，随着刑法学研究的不断深入，刑法学界对我国犯罪构成理论进行了深入的反思与批判。

一方面，按照四要件构成理论，成立犯罪必须同时满足四个要件，缺少其中任何一个要件都不能成立犯罪，但是很明显，在犯罪预备、犯罪未遂、犯罪中止的情形，是不能完全符合犯罪的四个构成要件的，按四要件构成理论，本不应该构成犯罪，但四要件说却又认为这几种情况成立犯罪，自相矛盾。另一方面，按照四要件构成理论学说，只要同时满足四个要件，就应该成立犯罪，但是，在正当防卫、紧急避险等排除社会危害性的情形下，四要件构成理论很难解释它们为什么不成立犯罪。

按照四要件构成理论，犯罪客体是成立犯罪必备的首要要件，如果行为没有侵犯法益，就不可能成立犯罪，实际上，在司法实务中，涉及对具体案件是否成立犯罪进行分析时，往往会首先考虑是否有刑事责任的人在一定的犯罪主观意识的支配下实施了具体符合犯罪构成客观要件的行为，造成了相应的后果，如果这些都符合，也就是符合了犯罪构成的主体、主观方面、客观方面的要件后，一般会自动认为也符合犯罪的客体要件，即侵犯了法律保护的合法权益，而不会再具体考察是否真的侵犯了法益的问题，客体要件的存在徒有虚名。

在共同犯罪的情形下，四要件构成理论更是显得势单力薄、无能为力。例如，面对两个共同正犯，如果他们在犯罪客观方面和犯罪主观方面存在一定的差异时，如两人商议共同盗窃，并商议在盗窃时如被人发现，使用能够制止对方的暴力迅速出逃，甲有杀人故意，乙仅有阻止对方、便于自己出逃的故意，到现场盗窃时果被人发现，甲乙分别使用暴力，甲使用暴力程度高，乙使用暴力程度低，如按照四要件构成理论，则甲乙是否成立共同犯罪，很难得出肯定的结论。

当然四件构成理论远不只是在对这些问题的解释上存在问题，正如冯亚东教授所曾经指出的，关于我国四要件构成理论的最大弊端在于：

它只适用于一种对危害行为"贴标签"的流水化处理过程。一旦到了罪与非罪模糊不清的关节点上，构成要件的标准便全无用场。①

四 小结

在任何一个学科，都不存在永恒不变、唯一正确的真理性认识，刑法学领域也不例外，多元的犯罪论体系并存，是一种很正常的现象。只有对其保持必要的学术宽容，才能使其正常健康地发展。在德国，三阶层犯罪论体系今天之所以能取得令人瞩目的成就，也和一百多年来古典犯罪论体系、新古典犯罪论体系、目的论犯罪论体系的并存、论争和发展紧密相关，更和刑法学者的宽容和胸怀密不可分。②

当前，我国关于犯罪论体系存在不同的理论，尤其是三阶层犯罪论体系与传统的四要件犯罪论构成理论，它们可能会在很长一段时间内并存和竞争，这可能会给刑事司法理论和实务工作带来一定的麻烦和混乱。实际上，在司法实践中，对于绝大多数刑事案件而言，无论是采用三阶层犯罪构成论还是四要件犯罪构成论，最终得出的结论是相同的。当然，由于四要件犯罪构成论相对简单，对于复杂的刑事案件难以进行合理有效的分析，而三阶层犯罪论包含精细复杂的逻辑关系并能够从多个维度对刑事案件作出评价，对于疑难刑事案件更容易得出正确的评判。例如，甲找到乙，让乙帮他望风，实施入室盗窃，获利后，两人按比例分赃。在甲的安排下，乙负责望风，甲具体入室实施盗窃行为，成功盗窃现金及金饰价值10万余元，作案时，甲14岁，乙22岁。按照四要件犯罪构成理论，本案中，由于甲在实施盗窃时未满16岁，不符合盗窃罪构成要件的主体要件，因此不能构成盗窃罪。而甲如果不构成罪，那么负责望风的乙就无法与甲成立共同犯罪；同时，由于乙本身并未安排他人实施盗窃，本身又未实施盗窃行为，也不应构成犯罪，这样的结论显然不合适。但是，如果按照三阶层犯罪论体系，甲的行为是符合盗窃罪构成要件和行为，且没有违法性阻却事由，具有违法性，而乙与甲在犯罪前有意思联络，并具体实施了望风的行为，因此也满足了构

---

① 冯亚东：《理性主义与刑法模式》，中国政法大学出版社1999年版，第181页。
② 周光权：《犯罪论体系的改造》，中国法制出版社2009年版，第9页。

成要件符合性与违法性。但是，由于甲未满 16 岁，不具有刑事责任能力，不符合有责性要件，不构成犯罪；乙 22 岁，已满 16 岁，具有刑事责任能力，符合有责性要件，成立犯罪。

从长远来看，不同理论的竞争与对抗正是促进犯罪论体系走向繁荣的必经之路，在这个过程中，每一位对犯罪论体系提出自己不同见解与观点的学者，都将为完善我国犯罪论体系做出自己的贡献。相信在众多犯罪论体系的探讨与实践中，我们一定能尽快找到最适合我国国情的犯罪构成理论体系并运用于刑事司法实践。

第二节 犯罪主观要件及其在犯罪论体系中的地位

无论是我国的四要件犯罪论体系、大陆法系的三阶层犯罪论体系，还是英美法系的二层次犯罪论体系，在成立犯罪时，都要求行为人在主观上存在犯罪意图或是罪过，否则就不成立犯罪。

一 大陆法系犯罪主观要件及其在犯罪论体系中的地位

自从 17 世纪末 18 世纪初，德国刑法学者葛若尔曼将犯罪成立要件分为客观面与主观面，把故意、过失及责任能力等归属为主观要件后，犯罪构成理论得以迅速发展，尤其是关于犯罪的主观方面的理论更是得到了不断的完善，时至今日，形成较为一致的看法。大陆法系三要件阶层犯罪论体系强调犯罪构成的该当性、违法性和有责性三要件，并认为犯罪构成应当是主客观要件的统一。其中某一行为符合犯罪构成的该当性，除了客观要素的条件外，还要求行为人主观上必须存在构成要件上的故意或过失。这种构成要件上的故意不包括违法性认识，而是指认识符合构成要件的客观事实并企图实现的意思；构成要件上的过失不包括对主观注意义务的违反，以及注意义务的认识能力与履行能力，而仅包括客观注意义务的违反性。所谓客观注意义务，是指行为人依社会共同生活的行为准则，应当谨慎从事，以避免其行为发生危险、破坏他人法益，而保持对客观情势所应有的注意义务。具有对客观注意义务的违反，一般就可以认定违反了主观注意义务，但行为人有可能因生理缺陷（如近视、色盲、耳聋等）、心理缺陷（如智力不足）、欠缺在特定情形下所必需的特定技能或经验（如驾驶汽车或游泳）等特殊情况，排除主观的注意义务之违反性。

行为符合该当性和违法性后，要成立犯罪还必须符合有责性，即要求行为人在行为时能够对该行为负责，这除了要求行为人具备责任能力外，更重要的是要求行为人在行为时主观上除了认识到犯罪构成要件的事实外，还具有违法性意识即故意，或是主观上违反主观注意义务而应受到谴责即过失，同时以主观上的期待可能性作为超法规的阻却罪责事由。

因此，在大陆法系三阶层犯罪论的构成体系中，在第一阶层关于构成要件该当性的判断中，要求行为人在主观上具有犯罪构成要件上的故意或过失；在第三阶层有责性的判断中，要求行为人在主观上具有对行为违法性的意识或因违反主观注意义务而具有谴责可能性。换言之，构成要件该当性中关于行为人主观面的评判主要是一种定型的事实性判断。有责性对行为人的主观面的评判则是一种非定型的价值性判断，它以对行为人的人格非难为内容。

二　英美法系犯罪主观要件及其在犯罪论体系中的地位

英美法系国家的学者在讨论犯罪成立与否时一般使用"犯罪要素"（crime elements 或 offense elements）这一术语。他们认为成立犯罪在实体意义上包括两方面的要素：犯罪行为（actus reus）和犯罪意图（mens rea）。作为心理要素的犯罪意图又称为责任要素，如果没有作为心理因素的犯罪意图，即使有行为人的危害行为，也不会要求其承担法律责任。不仅英美法系理论界对"犯意"作为犯罪构成予以认可，英美法系的制定法在规定犯罪的时候也同样强调了犯罪行为和犯罪意图都要具备。英国1968年《盗窃法》第22条规定的买卖赃物案中的"知道或相信商品是偷来的"，体现了英国犯罪构成要件之一的"明知"的犯意。美国纽约州新刑法中规定："对他人生命表现邪恶的不关心，并对他人轻率地进行引起重大死亡危险的行为，其结果造成他人死亡的，为谋杀罪。"体现了美国制定法上的谋杀罪对蓄意的犯罪心理的明确要求。

犯罪意图是英美法系国家犯罪构成的主观要件，主要包括四种：蓄意、明知、轻率、疏忽。没有犯罪意图，就不能构成犯罪，这也充分体现了犯罪意图在构成犯罪中的重要意义。

三 我国犯罪主观要件及其在犯罪论体系中的地位

我国刑法理论中的犯罪论体系是在引进苏联的犯罪构成四要件理论的基础上形成的，要求成立任何犯罪都必须具备四个要件：（1）犯罪客体方面要件。（2）犯罪客观方面要件。（3）犯罪的主体方面要件。（4）犯罪的主观方面要件。其中犯罪的主观方面作为成立犯罪的必不可少的要件，是指刑法所规定的，成立犯罪所必需的，行为人实施构成要件行为时，对自己行为的危害结果所抱的心理态度以及其他说明行为危害性的有关心理状态。具体包括两个方面的内容，一是对犯罪行为及其结果的认识状态，二是对犯罪行为的控制状态，因此，形成犯罪构成要件主观方面的故意与过失两种罪过形式。其中故意是指，明知自己的行为可能产生危害社会的结果，并且希望或者放任这种结果的发生的心理态度，包括直接故意和间接故意；过失是指应当预见自己的行为可能发生危害社会的结果，因为疏忽大意而没有预见或者已经预见而轻信能够避免，以致发生这种结果的心理态度，包括过于自信的过失和疏忽大意的过失。按我国《刑法》分则所规定的具体犯罪来看，有的犯罪只能由直接故意构成，有的犯罪只能由间接故意构成，有的犯罪只能由故意构成，有的犯罪只能由过失构成，有的犯罪可以由任何一种罪过形式构成。

而罪过是刑事责任的主观根据，以主观方面的罪过形式分为故意和过失两大类为例：刑法分则中有一部分犯罪只能由故意构成，如危害国家安全罪、侵犯财产罪、侵犯公民民主权利罪、破坏社会主义市场经济秩序罪，这样的犯罪很多；还有一部分犯罪只能由过失构成的犯罪，如重大安全事故罪、交通肇事罪等。由于故意还是过失，本身反映了行为人主观恶性的不同并进而直接影响到犯罪社会危害性的大小和刑罚目的实现的难易程度，因此刑法对只能由故意构成的犯罪和只能由过失构成的犯罪规定了轻重大小不同的刑罚，同时，对某一具体个罪，既可能由故意构成也可以由过失构成时，对故意的罪过形态规定了较重的刑罚。

总体来说，我国的四要件犯罪论构成体系，要求成立犯罪由犯罪客体方面要件、犯罪客观方面要件、犯罪主体方面要件、犯罪主观方面四个要件组成，这四方面要件构成有机整体或系统，它们相互依存，一存俱存，一无俱无，不具有层次性和递进性的内部结构特征，四大要件的整体对犯罪成立与否具有决定作用，任一要件都不能脱离其他要件而独立存在。正是由于这一特点，我国犯罪构成体系被学者们形象地称为"耦合式"的犯罪。

四 小结

人的犯罪行为的形成，本身是一个从主观到客观的过程，行为人在犯罪人格和一定的社会环境中形成具体的犯意，并在主观犯意的支配下，实施某种犯罪行为。但发现犯罪与认定犯罪却只能是从客观开始，经历一个从客观到主观的过程，大陆法系犯罪论体系中的三个要件，在对犯罪的判定上呈现出递进性——从构成要件中客观的行为、危害后果等开始，对行为进行定型的事实性评判，到违法性的法律性评判，再到具体地对行为人人格的非难可能性，步步深入，从客观到主观，正好符合对犯罪的发现与认定的一般过程。英美法系国家的双层次犯罪论体系，是在司法判例实践中自然而然形成的，在评判是否成立犯罪时，从犯罪行为开始，犯罪行为又必须是在犯罪心态的支配下完成的，否则不成立犯罪，将主客观要件有机统一起来，再通过程序层面的责任充足要件，对从反面说明行为人是否应承担刑事责任，从而限定部分可以认定为犯罪行为的范围，并配套相应的对抗制的交叉询问制度和举证责任的分配制度，准确直观地反映定罪过程。我国当前的四要件犯罪论构成体系，将犯罪的主观方面与犯罪客体、客观方面、犯罪主体并列，有机形成主客观的统一体，从一个平面对是否成立犯罪进行总体评判，四个方面从表面上来看，无主次之分，一存俱存，一无俱无，但在司法实践中，却容易出现过于重视行为人的主观意思，从而导致主观定罪。如实践中大量存在的案例，在树林里对熊开了一枪，最后评判为故意杀人未遂，原因是行为人在主观认识上错误地把熊当成了人。

第二章

案件事实判定方法的基本原理

第一节 案件事实判定的一般途径

案件事实的认定是一项复杂且艰难的理性思维活动,裁判者只有在认清案件事实的情况下才能依法作出正确的裁决。日本学者小野清一郎教授就曾深刻地指出,"关于刑事诉讼,实际上的中心问题,仍在于事实认定,倘若此种认定流于恣意,则刑事审判的正义从根底崩溃"[1]。案件事实的判定不仅对于发现过去的事实真相十分重要,对于维护社会安定性、消除犯罪行为对社会所造成的创伤来说也同样重要。

刑事诉讼过程,最为核心的莫过于事实认定和法律适用两个环节。专业法官基于长期的法律知识学习和职业实践训练,法律理解、解释能力以及事实认定的经验、逻辑能力均得以提升,就日常的案件事实判定与法律适用来说,基本可以做到驾轻就熟。但是对于一个在大学校园浸淫法律规范多年的法律专业学生或者缺乏足够阅历的案件裁判者来说,除了对法律规范的基本含义有一定掌握外,在面对案件事实认定的时候,更多地可能是陷入一筹莫展、不知所措的困境。相较于偏向理论层面的法律适用工作,案件事实认定则属于复杂且重要的实践技能,是一门实践学问,可能更多地要依靠长期经验总结。德国著名的法理学者伯恩·魏德士认为:"实践当中如果有一千个事实问题,那么真正的法律问题还不到事实问题的千分之一,学生通常不知道这样的情况,但是它

---

[1] 参见黄东熊《刑事诉讼法研究》,台湾"中央"警察大学出版社1985年版,第302页。

在实践中却常常是主要问题。"① 我国著名刑法学者张明楷教授也关注到了案件事实认定的复杂性，他指出："认定案件事实应当以犯罪构成要件为指导，反复整理与归纳，注重案件的核心事实，考察案件事实的实质，全面评价但不能重复评价，并遵从从客观到主观的顺序。"② 事实认定工作的首要目标是要发现案件事实真相，即弄清楚审理的案件究竟发生了什么。但是由于司法的特性，法官不可能穿越到过去，了解过去发生的一切，因此不可避免地要面对如何有效实现事实认定这一重要课题。因此，研究和分析案件事实认定的方法，对于实现有效的事实认定及解决事实认定难问题显得十分重要。现代证据学研究一般认为，案件事实认定方法主要包括三种：一是司法证明，二是司法上的推定，三是司法上的认知。其结构如图2-1所示。

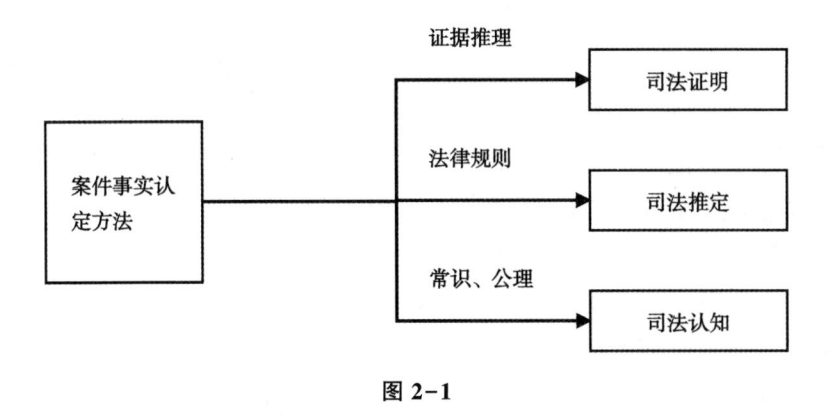

图 2-1

按照现代证据学理论和制度设置，案件事实认定主要通过证明、推定以及司法认知三种方法来实现。由于近现代诉讼秉承证据裁判主义原则，所以在此三种方法中，证明被公认为是事实认定的最核心方法，推定和司法认知与证明并列，自然成为案件事实认定的必要补充方法。

---

① ［德］伯恩·魏德士：《法理学》，丁小春、吴越译，法律出版社2003年版，第208页。

② 张明楷：《认定案件事实的方法》，《法学杂志》2006年第2期。

第二节　司法证明概念及基本原理

案件事实判定的基本方法包括司法证明、推定以及司法认知，由于证据裁判原则的确立，司法证明相较于另外两种而言，毫无疑问是一种运用最为普遍的案件事实判定方法。目前，随着对证据规律研究的深入，以及证据规则的不断积累与完善，证明科学越来越走向规范和深入，证明在案件事实认定领域所起的作用越发突出。由于证明规则包含证明责任、证明标准等具体规则，其涵盖面与所涉问题较为复杂，笔者拟在后文专章讨论，此处仅就证明概念与基本原理做一简要梳理。

一　司法证明的概念

（一）一般意义上的证明

"证明"一词在社会生活中应用极其广泛，人们常常通过证明来判断是非对错。比如，学生在考试时需要证明解答一些难题，考古学家需要对某些史料记载的真实性进行证明，生物学家需要对一些生物细胞进化规律进行证明等，即使在普通人之间的日常对话当中，证明的运用也十分频繁。社会生活中的证明所起到的作用和功能不尽相同，比如，在科学研究领域，其证明的含义更多是指从已知向未知的探索过程；在数学领域，证明哥德巴赫猜想则更像是一种观点的支持或者论证活动；在借贷业务中，证明的作用则表现为一种担保或者信用加强的功能。可以说，在不同工作生活领域，对证明概念的理解和运用是不一样的。

《汉语大辞典》对证明进行了精确定义，"证明就是据实以明真伪"，[1] 由此可见证明在日常生活中最为广泛的功能就是起到判断真假的作用。《现代汉语词典》则将证明解释为"用可靠的材料来表明或者断定人或事物的真实性"，[2] 除了表明证明的作用或者目的在于断定真实性之外，还强调了证明的运用应当依据一定的可靠材料，来帮助判断所需证明的内容是否真实。另外，从"证明"的字面意义来看，证是指证据，明是指说

---

[1]《汉语大辞典》第 11 卷，汉语大辞典出版社 1993 年版，第 430 页。

[2]《现代汉语词典》，商务印书馆 1996 年版，第 1608 页。

明，因此证明最为基础的含义是用证据进行说明以达到判断真伪的目的。

（二）司法证明的含义与特征

司法中的证明与生活中的证明，其目的是一致的，都是试图通过一种手段或者一种方式来表明、判断待证事实的正确与否。在法学领域，国内外许多学者对证明的定义提出了各自的看法。如《牛津法律大辞典》解释："证实未知或者有争议的事实存在或者不存在，即认可或证明。"① 又如《布莱克法律大辞典》将证明解释为"法官或者陪审团从证据中得出的对某一事实予以肯定或者否定的信念"。② 日本学者田口守一教授则认为，"证明是用证据再现某种事实"。③

在我国国内，学者们对证明定义表述也略有不同，比如有学者认为，"诉讼中的证明是指司法机关或当事人依法运用证据确定或者阐明案件事实的诉讼活动"。④ 也有学者认为，"证明就是国家公诉机关和诉讼当事人在法庭审理中依照法律规定的程序和要求向审判机关提出证据，运用证据阐明系争事实，论证诉讼主张的活动"。⑤ 还有学者认为，"证明就是认知案件事实的理念运用和具体过程的统一"。⑥ 另外，有学者在对证明进行概括时，认为"证明的主体包括公安司法机关及其办案人员，当事人及其诉讼参与人；证明的过程包括侦查、起诉和审判的全部程序"。⑦ 从上述各种定义表述，我们可以看出，学者们对证明的定义虽然详略纷呈、各不相同，但是其实质都在表达证明是司法机关或者当事人运用证据阐明案件事实的活动，只是各自的表述都不尽相同而已。⑧

----

① 《牛津法律大辞典》（中文版），光明日报出版社1988年版，第728页。
② 《布莱克法律大辞典》，1968年英文版，第1380页。
③ ［日］田口守一：《刑事诉讼法学》，法律出版社2000年版，第222页。
④ 陈一云主编：《证据学》，中国人民大学出版社2010年版，第69页。
⑤ 卞建林主编：《证据法学》，中国政法大学出版社2000年版，第264页。
⑥ 江伟主编：《证据法学》，法律出版社1999年版，第49页。
⑦ 陈光中、陈海光、魏晓娜：《刑事证据制度与认识论》，《中国法学》2001年第1期。
⑧ 另外，也有学者把司法证明分为广义与狭义之说，认为："证明分为广义和狭义两种，前者是指证明过程、证明程序、证明对象、证明责任、证明标准，后者是指司法机关和当事人依法运用证据对案情中未知的或者有争议的事实查明的诉讼活动。"参见陈光中主编《中华法学大辞典》，检察出版社1995年版，第751页。笔者此处讨论的是该学者所说的狭义证明。

综上，司法证明的过程是一个判断事实真伪的过程，指司法证明主体依照法律规定，通过已知的证据来推理判断相应事实是否存在的一种活动。司法证明主要具有以下特征：

第一，司法证明具有规范性。司法证明的规范性——司法证明活动必须遵循严格的法律规范——是区别于其他一般证明的首要特征。相较于生活中的一般证明活动，司法证明受到法律规则的严格约束，主要表现在以下几个方面：一是法律明确规定了司法证明活动及责任主体，从而衍生出司法证明责任制度。如刑事诉讼中，控方承担有罪证明责任，辩方承担某些推定的反驳责任，裁判方承担对案件的查明职责等。二是法律明确规定了司法证明的对象、范围以及所要达到的程度。刑事实体法中的罪状和犯罪构成要件的表述，为司法证明规范和限定了方向，这发展出了证明对象制度；程序法中的"犯罪事实清楚，证据确实充分"或"内心确信""排除合理怀疑"等规定，实质上为司法证明界定了定案必须达到的程度或标准，这形成了证明标准制度。三是司法证明具有一定的时效性，有相应的期限的限制。与一般生活中的证明不同，司法证明由于受诉讼期间与时效制度限制，必须在法律规定的期限内完成。即使在法定期限内无法实现事实真相的查明，事实认定者也必须依据法律价值选择，拟定一种认定结果，比如法官在审理期限内无法查明案件事实真相，就应当做出无罪的认定，即通常所说的"疑罪从无"。总之，司法证明活动均受制于上述法律制度约束，体现出司法证明的规范性特征。

第二，司法证明具有对抗性。与控辩双方平等对抗的诉讼结构要求相一致，司法证明在诉讼过程中显示出相应的对抗色彩。这种证明上的对抗主要存在于两个相互对立的证明主体——公诉人和被告人之间。公诉人根据证据证明被告人构成犯罪，一旦证明成功，指控的犯罪便得以认定，被告人就必须受到刑罚的惩罚。而被告人虽然不承担证明自己不构成犯罪的义务，但是仍然可以对公诉人的证明进行反驳。公诉人与被告人两个证明主体的立场对立，决定了司法证明的对抗性。

第三，司法证明具有一定的时效性。司法证明活动应受到严格的时效性限制，这是司法效率价值决定的。司法证明的最终目的在于有效地解决纠纷,而解决纠纷必须追求时效性,"倘若人们求助法律程序来解决争执,那么争执必须在某一阶段上最终解决,否则求助法律程序就毫无意义"。①司法证明活动不可能像科学研究等社会生活中的证明那样,不受时间或阶段控制。在一定的诉讼阶段必须完成一定的证明任务,否则,前功尽弃,所有的证明工作都会归于无效。比如侦查机关必须在侦查期限内完成侦查终结任务,否则将面临被撤销案件的风险。另外,从法经济学角度看,司法程序和证明工作的开启和运行需要耗费大量的司法资源,仅从司法成本上来看司法证明也应受时效性约束。

第四,司法证明具有相对性。司法证明的相对性来源于司法证明标准的多元化理论与实践。不仅不同诉讼种类,比如刑事诉讼和民事诉讼,基于自身性质的不同而采纳相异的诉讼证明标准,仅就刑事诉讼而言,其证明标准就呈现多元化状况。美国证据法根据待证事实的不同就规定了不同的证明标准,例如美国检察机关证明被告人构成犯罪的"排除合理怀疑"标准要求相对达到95%以上的可信度。"清晰而有说服力的证明(clear and convincing proof)就属于部分州民事诉讼的证明标准,最多需要80%的可信度,在部分州被用来作为检验被告方证明存在精神病的抗辩事由;合理的根据(probable cause)则要求至多达到50%以上的可信度,用来作为签发搜查令的证明标准。"②不同的证明标准要求,自然导致司法证明的相对性结论。

第五,司法证明的科学性以及价值导向性,是科学性与价值导向的结合。首先,司法证明活动具有科学性。正如诉讼活动并不是简单的法学知识的辩论活动一样,司法证明的过程不仅需要规范的证明程序,还需要依赖各种科学技术来帮助司法证明任务的完成。尤其在科学技术高度发展的今天,法官难以仅凭个人经验去进行裁判,其司法证明的过程需要辅之以各类自然科学技术以及社会科学理论,在各种学科知识的共同作用下完成。比如对于视听资料证据,若要证明录音的声音是当事人本人,就会涉及声纹鉴定等科学技术手段。因此,现代的司法证明活

---

① 魏晓娜、李浩永:《司法证明的特征》,《人民法院报》2001年10月10日。
② 陈瑞华:《刑事诉讼中的证明标准》,《苏州大学学报》2013年第3期。

动,无一不是在科学技术手段的辅助下完成的。其次,司法证明活动还具有价值导向性。司法证明活动是诉讼活动的一个重要内容,必然会受到诉讼模式、诉讼价值、证据规则的约束。在不同的诉讼模式制度之下,司法证明存在不同的价值追求和导向。比如以程序正义理念为核心价值的对抗式诉讼模式中,司法证明活动必然严格受制于纷繁复杂的证据或证明规则,为了实现程序正义,对抗式诉讼会把某些可能符合案件真相而不符合人权保障价值的证据排除在案件事实认定之外。另外,在越来越重视诉讼效率的今天,司法证明活动同样受效率价值引导。比如证明活动不可能也不允许证明主体为了发现案件事实真相而无期限地搜集、调查证据,或对案件事实无限制地开展举证、质证活动。总之,司法证明活动一方面必须像科学研究那样去努力实现对案件事实真相的探索、发现;另一方面,在真相探索发现过程中,也要符合公正、效率、人权等法律价值追求,就像笔者曾经所说的,证据学的发展实质上是"基本人权基础上的科学化过程"①。

  第六,司法证明是受自由主义与法定主义共同约束的过程。首先,司法证明本质上是人的一种主观的自由思维活动。司法证明模式或证据制度的发展变迁恰巧说明了这一点。从虚无缥缈的神示证明到机械僵化的法定证明,人类的司法证明活动最终回归到了自由心证的证明模式。"自由心证的理性基础在于,它适应并反映了证据与事实之间即证明根据与证明目的之间逻辑关系的多样性,适应并反映了影响事实判定各种因素的复杂性,更重要的是,它充分尊重了人的理性能力,即作为个体的认识主体认识把握客观事实的能力。"②自由心证证明模式表明了司法证明的本质特征,使司法证明得以与一般证明有效区分。③ 其次,司法证明严格受到法律规范的约束。就如前文所述,这种约束体现在方方

---

  ① 参见拙作《基本人权基础上的科学化——略论影响证据法发展的几个因素》,《湖北经济学院学报》2005 年第 5 期。

  ② 龙宗智:《印证与自由心证——我国刑事诉讼证明模式》,《法学研究》2004 年第 2 期。

  ③ 比如相较于科学研究中的证明,司法证明由于受到法律价值的影响,要求的盖然性程度较低,证明主体的主观能动性也会发挥更大的作用等。

面,比如在证明主体、证明客体、证明责任分配、证明标准等方面均受到约束。当然,不可否认,司法证明活动的最主要目的还是在于发掘过去所发生的真相,就如学者所言:"纠纷事实已经成为不可逆转的过去,因此,在裁判者对纠纷事实没有亲身经验的人的制度下,如何在裁判者面前'重现'纠纷事实是诉讼制度必须解决的首要问题。"[1]

(三)证明与司法证明的关系

司法证明是证明在司法领域里的特定表现。证明存在于不同的社会领域之中,司法领域自然也是社会领域中的一部分,因此一般意义的证明的范围其实包含着司法领域的证明,二者的关系是一种包含与被包含的关系。证明活动的目的都是发掘相应的事实真相,生活中的证明更多停留在"查明"层面,而司法证明除了表面的"查明"活动之外,其重心更关注于为了发现案件事实真相而进行的举证、质证以及辩论等一系列活动,这些内容是生活中的证明所不具备的。即使社会中的某些证明也存在举证、质证等活动,也无法达到司法证明活动中所要求的规范性。

二 司法证明的基本范畴

(一)司法证明的主体

司法证明的主体,顾名思义,就是指在司法活动中从事证明活动的单位或个人。单从字面意思上来看,凡是能够在司法活动中从事证明活动的,都可以称作司法证明的主体。目前学界对司法证明主体的理解有广义和狭义之分。

广义上的司法证明主体的范围十分广泛,有学者指出,"从广义上讲,凡是在诉讼过程中进行证明活动的人,都是司法证明的主体"。[2] 由此可见,是否成为司法证明主体的衡量标准只有一个,即是否在诉讼过程中参与了证明活动。广义的司法证明主体的范围之大,就连律师以及法官都被纳入其中。比如根据我国《刑事诉讼法》第41条规定:"辩护律师经证人或者其他有关单位和个人同意,可以向他们收集与本案有关

---

[1] 魏晓娜、吴宏耀:《诉讼证明原理》,法律出版社2002年版,第10页。
[2] 何家弘:《论司法证明的基本范畴》,《北方法学》2007年第1期。

的证据材料。"第 56 条规定："法庭审理过程中，审判人员认为可能存在本法第五十四条规定的以非法方法收集证据情形的，应当提供相关线索或者材料。"由于广义的司法证明主体的限制条件较少，因此诉讼活动中包括侦查人员、辩护律师、法官等一系列在诉讼过程中进行了证明活动的人都是司法证明的主体。

狭义的司法证明主体，一般是指"在诉讼活动中，提出自己的诉讼主张并有义务承担证明责任的诉讼主体"。[①] 狭义的司法证明主体以是否承担相应的证明责任作为划定标准。在诉讼活动中，需要承担提出证据、说服裁判者，否则将承担不利诉讼后果的只有公诉人及被告人，因此根据狭义的司法证明主体，只有公诉人和被告人，侦查人员、律师、法官都因为不承担相应的证明责任而不属于司法证明主体。广义的司法证明主体的判断标准是其行为是否与证明相关，而狭义的司法证明主体的判断标准则是以是否负有证明责任为依据。

笔者认为，如果把证明活动看作一种证明科学，而不仅仅限于程序法学范畴的话，司法证明主体则应当采纳广义说，即司法证明主体包括需要承担证明责任的主体和不需要承担证明责任的主体两类。需要承担证明责任的司法证明主体是证明主体范畴中最核心的部分，主要包括承担一定证明责任的公诉人、自诉人以及被告人等。之所以将承担证明责任的主体视为核心意义的司法证明主体，主要是因为：一方面，证明责任能够为证明提供强大动因，能够规划和限定证明范围，推动司法证明进程；另一方面，证明责任能够将证明主体同证明客体二者结合起来，通过一定的证明标准来判断证明主体最终是否需要承担证明结果。另外，在广义说下，侦查人员、律师、法官等都是司法证明主体。侦查人员进行证明活动是为了能够将案件移交到公诉人，律师进行证明活动是为了保障其委托人的利益，法官从事证明活动是基于自身的职责需要。上述主体虽然不会承担相应的证明责任，但其行为对促进案件事实真相的发现有所帮助。

[①] 卞建林、郭志媛：《刑事证明主体新论——基于证明责任的分析》，《中国刑事法杂志》2003 年第 1 期。

(二) 证明的客体

证明的客体，通常意义上也被称作证明对象。与证明主体广义、狭义之分对应，证明客体也可作广义、狭义之分。在司法领域，广义上的证明客体一般是指需要用证据来证明的案件事实。基于狭义的司法证明主体的概念，证明主体包括公诉人或者自诉人以及被告人，因此证明客体也就是公诉人或者自诉人、被告人为实现自己的证明主张而履行证明责任的对象。证明客体的特征主要有以下几点：

第一，证明客体与证明主体所提出的主张有关。证明主体提出什么样的主张，相对应的也就会产生何种证明客体。比如公诉机关针对被告人所提出的被告人的行为构成犯罪的主张，即是与证明主体相对应的证明客体。

第二，证明客体与证明责任之间的关系密不可分。所谓证明责任，是指"提出证据证明案件事实的责任。证明责任的实质是不利后果的承受，即承担证明责任的主体未能有效履行其证明责任、承担对其不利的诉讼后果"。[①] 民事诉讼程序主张"谁主张，谁举证"，而在刑事诉讼程序中，认定被告人是否构成犯罪的证明责任，则基本都需要由公诉方承担。何家弘教授指出，凡是证明客体，都有证明责任；所有证明责任，都是针对证明客体而言的。

第三，证明客体的内容必须有实体法明确规定。证明客体的基本内容往往同实体法所规定的犯罪构成要件的具体内容相对应。

三 司法证明的分类

按照不同的标准，司法证明可作以下几种分类：

第一，严格证明与自由证明。严格证明与自由证明这一对概念最早产生存在于大陆法系，由德国学者迪恩茨于1926年提出，随后逐步传到日本，日本刑法学者小野清一郎教授在论述犯罪构成要件理论时，对严格证明与自由证明作了较充分的论述。[②] 这些理论后经日本传入我国

[①] 龙宗智：《证明责任制度的改革完善》，《环球法律评论》2007年第3期。

[②] [日] 小野清一郎：《犯罪构成要件理论》，王泰译，中国人民公安大学出版社2004年版，第215—241页。

台湾地区，近些年逐渐引起我国大陆学者的注意。根据我国学者的表述，"严格证明是使用具有证据能力的证据，经过法律规定的证明方式和程序进行调查的证明规则。自由证明则是指使用不一定具有证据能力的证据，由法官进行自由裁量就可径直作出判断的证明规则"。① 严格证明，顾名思义就是要求无论是在主体、手段还是程序方面都要受到法律规定的严格约束，比如严格证明中的证据必须满足法定的证据形式以及具备证据能力这两个条件，除此之外对证据的调查程序也应当加以限制，要求在法庭上公开举证、质证、认证，并且受到一系列证据规则的制约，另外，严格证明制度也必须遵循证据裁判、疑罪从无、直接言词等诉讼基本原则。反观自由证明，则没有如此之多的限制条件，无论是证据的法定形式还是证明的程序都没有太多的限制。在证明标准上，自由证明同严格证明之间也存在着较大差距。严格证明由于对证据的能力和程序都加以严格限制，因此在证明标准上遵循排除合理怀疑的标准，自由证明对证据准入的限制以及程序的限制较小，要求自由证明必须达到排除合理怀疑的标准显然不现实，因而证明根据和证明程序的限制程度不同决定了证明标准的差异。在自由证明的标准之下，法官可以根据案件具体性质不同，自由确认证明根据、证明程序等方面的内容，通过灵活机动的方式来完成诉讼证明任务。

第二，自向证明与他向证明。在日常生活中，证明常常表现为两种情形，一种是证明主体本身不了解某事实，证明的目的是让自己掌握该事实，即实现由不知到知的过程，这一过程可称为自向证明。另一种是证明主体本身已经掌握某事实，证明的目的是让他人也了解该事实，即实现由我知到他知的过程，这一过程可称为他向证明。比如科学家为了认识某个未知领域的科研难题，努力攻关，实现了科学定理的发现或构建，就属于自向证明。而科学家在完成定理的发现和构建基础上，在学术交流或推介过程中，向他人论证其成果，以使他人了解和掌握该成果，则属于他向证明。司法证明过程同样表现为自向性证明与他向性证

---

① 竺常赟：《刑事诉讼严格证明与自由证明规则的构建》，《华东政法大学学报》2009年第4期。

明的结合。比如侦查、检察、审判人员对某一个案件事实所做的调查认定过程就属于自向性证明，上述主体在完成案件事实的调查认定——自向证明后，即开始向后续的证明主体提出事实认定主张并进行证据论证，以使后续主体接纳自己的主张，从而实现自身的诉讼目的，此过程即为他向证明。比如作为公诉人的检察官为了实现成功起诉，向法官提出证据并论证犯罪事实，说服法官接受己方主张，就是典型的他向证明。而当事人、律师进行举证、质证的目的在于让法官明白待证事实，因此也属于他向证明。他向证明与证明责任紧密联系，证明责任制度仅存在于他向证明环节。另外，作为终局裁决者的法官，能否成为他向证明主体，是个颇具争议的问题，有人认为，虽然不同于检察官、当事人举证证明这类他向证明，但是裁判者还是需要向当事人、公众、检察官和其他法官就其认定的案件事实进行他向证明，这是因为法官需要"展示全案中当事人提供的证据，解释其证据采信与排除，外化其内心对事实的客观、正确、公正认定"，[①]借以提高裁判的公信力。而更多人则不认为法官需要进行他向证明，理由是法官证明与证明责任制度无关。

　　自向性证明与他向性证明最主要的区别就在于证明的主体不同，一般而言在司法领域中，自向性证明主要是指需要对事实的认定作出判断的人，包括法官在内的一系列司法人员。他向性证明的主体主要表现为提出事实主张并说服法官的一类人，包括律师和当事人。自向证明和他向证明之间的关系并不是对立的，而是动态相互转化的。比如在侦查程序中，侦查人员对通过搜集证据来断定案件事实首先表现为一种自向证明，但是当案件进入法庭审判阶段，作为自向证明主体的侦查人员则转化为他向证明主体，因为此时侦查人员证明的目的在于让法官通过证据了解到案件的相关事实。整个刑事诉讼过程本质上是自向证明与他向证明的交替过程，自向证明属于事实认定科学的范畴，他向证明被更多地赋予了法律上的意义和价值，如与证明责任制度的结合。

　　第三，正向证明和反向证明。正向证明和反向证明的划分标准是证明思维过程的差异。正向证明是指通过积极方式正面构建证明事实主张

[①] 张步文：《司法证明原论》，商务印书馆2014年版，第186页。

成立的一种思维过程；反向证明则是以消极方式通过否定相反或者相对立的事实，从而得出待证事实为真的结论，具体来说，就是先假定主张事实成立，再通过证明反驳主张事实中的瑕疵与矛盾，来最终确认主张事实的一种思维过程。据此，中国大陆法系的"内心确信"属于正向证明过程，英美法系的"排除合理怀疑"则是反向证明过程，就像有学者所说的："一般认为，大陆法系内心确信标准与英美法排除合理怀疑标准实质上是相同的，不同的只是证明方向。"[1] 2012 年《刑事诉讼法》修改以前，我国一直追求通过确实充分的证据来确保案件事实清楚，达到证明案件事实与客观事实相吻合，证据确实、充分的认定过程是一种正向证明。2012 年，我国引进的英美法系证明中的"排除合理怀疑"逆向思维方法，同时保留了证据确实充分的正向证明思维过程，我国司法证明过程由传统的正向证明转向了正向证明与反向证明结合的过程。

四 司法证明方法

按照何家弘教授的观点，证明方法主要是指证明主体运用证据证明案件事实的方式、办法和手段。司法证明方法对于促进发现案件事实真相的作用毋庸置疑，甚至同样的证据在不同的证据方法的引导之下，最终对案件事实的发现程度也不尽相同。司法人员运用证据进行证明依赖于司法证明方法的运用，因此研究证明方法意义重大。

（一）直接证明法与间接证明法

根据是否直接证明案件事实的不同，将证明划分为直接证明法和间接证明法两种类型。直接证明法是指通过直接证据来认定案件事实的方法，直接证据是指能够单独、直接证明案件主要事实的证据，这是一种最为直接、简便的证明方法。间接证明法则不是通过直接证明案件的主要事实，而是通过证明与案件主要事实相关联的间接事实，再由间接事实推论出主要事实的证明方法。间接证明常用的方法包括排除法或反证法。在司法实践中，排除法或反证法被充分地运用，比如在一起凶杀案件中，侦查人员通过勘察案发现场，根据现场的证据足以排除他杀的可能性，从而将案件的性质定性为自杀。这种排除他杀可能性结论的作

---

[1] 李建东：《在客观真实和法律真实之间》，《河南财经政法大学学报》2013 年第 5 期。

出，正是间接证明方法中排除法的运用。当然，排除法的运用并不是随意进行的，否则一旦排除结论出现偏差，事实认定也会出现错误。因此在运用排除法进行证明时，首先应当极尽所有关于案件事实的全部可能性假设，然后逐个对这些假设进行排查，通过层层排查最终剩下唯一一种可能，从而证明其真实性。比如在前述凶杀案现场，在难以根据现有证据证明凶手时，则可以逐步排除相关的犯罪嫌疑人A、犯罪嫌疑人B和C等人，直到得出排除他杀的可能性。

（二）演绎证明法和归纳证明法

演绎证明主要是指从已知的概念、条件出发，依据已被确认的事实和公认的逻辑规则推导出某结论正确的过程。归纳证明是通过归纳的方法从证据的真实性直接推导出案件的真实性。无论是演绎证明还是归纳证明，它们都属于直接证明的范畴，其证明方法都是根据证据来直接推导出最终的结论，两者的差异只在于证明过程之中推理的形式有所不同。和司法三段论一样，在演绎推理中大前提一般是指原理或者规则；小前提则是案件当中的具体证据，证明的过程则是将一般原则应用到具体案件当中来，从而确定案件结论的真实性。归纳证明则不同于演绎证明，它是通过个别案件事实推导出一般性结论的方法。演绎证明与归纳证明分别遵循着不同的思维方法，一个是从一般性规则推导出个体事实，另一个则是从个别事实推导出一般性结论。在司法实践中，通过归纳证明方法证明案件事实存在一定的局限性，归纳往往并非彻底、完全，其本质属于经验认定，因此在证明的可信性上要低于演绎证明方法。但是演绎证明方法难度较大，尤其是在适用演绎证明的大前提时，极有可能因为大前提的抽象性而出现偏差，因此在司法实践中，演绎证明和归纳证明方法往往需要结合起来运用。

（三）要素证明法和系统证明法

要素证明法，顾名思义就是指从个体到整体的证明方法，也就是说，通过证明案件事实的各个组成部分最终完成诉讼证明任务。要素证明法的方向是从局部到整体，自下而上，因此要素证明方法也被称作"自下而上"的证明方法。系统证明法则刚好与要素证明法相反，采取的是从整体到局部，从上至下，故而称作为"自上而下"的证明方法。

一般来说，对于案情较为简单的案件，无论是采用系统证明法还是要素证明法，在最终结论上都不会存在太大的差距。但是面对复杂案件，采用两种不同证明方法则可能导致完全不同的结果。例如，对于某些案件而言，证明了案件中某些要素就足以了解到整个案件事实，但是对于某些犯罪主观要件因素影响较大的案件，要素证明的作用就十分有限。在犯罪主观要件较为复杂的案件中，需要从主观方面和客观方面整体上进行认定，系统化地考量案件事实整体。因此，事实认定者需要根据案件的性质和情节采用不同的证明方法。

第三节 司法推定概念及基本原理

作为证据学中重要问题之一，推定向来受到学界与实务界的重视。"推定"一词由来已久，古罗马法的证据规则中就曾有表述"一切主张在被证明前推定其不存在"。虽然推定一词产生已久，但是在推定基本概念问题上始终存在争议。这种现象不仅存在于国内学者的理论研究，西方学者关于推定概念的表述也颇为混乱，正如德国著名证据法大师罗森贝克所说，"推定的概念十分混乱，可以肯定地说，迄今为止人们还不能成功地阐明推定的概念"。[①] 考察近些年国内学者关于推定的研究，我们能够发现各种各样的推定定义观点纷呈，令人眼花缭乱、目不暇接。[②] 在对推定有所研究的学者之中，不乏如龙宗智教授、何家弘教授等知名学者，但是即便如此，还是难以形成统一看法。

关于推定定义，目前国内主要有以下几种观点：第一种观点认为推定是一种事实认定上的假定。比如有研究认为："所谓推定，是指借助

[①] [德] 罗森贝克：《证明责任论》，庄静华译，中国法制出版社2002年版，第206页。
[②] 对推定的研究既是刑事实体法的热点问题，同样也是诉讼法、证据法理论中一个重要问题。目前已经有不少学者对推定进行了深入的研究，包括但不限于劳东燕《认真对待刑事推定》，《法学研究》2007年第2期；张云鹏《刑事推定与无罪推定之契合》，《法学》2013年第11期；褚福民《证明困难解决体系视野下的刑事推定》，《政法论坛》2011年第6期；张旭、张曙《也论刑事推定》，《法学评论》2009年第5期；陈瑞华《论刑事法中的推定》，《法学》2015年第5期；龙宗智《推定的界限及适用》，《法学研究》2008年第1期。

于某一确定事实 A，而合理地推断出另一相关事实 B 的存在（或不存在）的假定。"① 也有人认为："推定是指当某一事实得到证明时，就假定另一事实是真实的。"② 第二种观点认为推定是一种事实认定中的推论。比如有学者认为，"事实上推定的本质属于推论，为避免用语及观念紊乱，可以'推论'一词代替之"。③ 第三种观点认为推定是一种间接证据证明，相较于第二种观点，其显得更为直白化，直接把推定和间接证明混同起来，例如有学者认为："在诉讼领域，所谓推定实际上就是在运用间接证据进行证明，即当不存在直接证据或者仅凭直接证据尚不足以待证事实的真实性时，通过间接证据与待证事实之间的常态联系进行推理，假定待证事实为真。"④ 第四种观点认为推定是一种法律拟制，比如有学者认为："作为拟制的一种，推定式拟制在法律规定中经常使用'视为'等用语，以确定当事人的意思表示。"⑤ 林林总总、形形色色的推定定义使人眼花缭乱，但有一点是显而易见的，推定定义的产生发展是伴随着其与证明中的推论混同交织，逐渐向区别于证明推论，直至发展到推定本身是一种法律规则的过程，也就是说，推定定义在发展过程中，实现了从逻辑概念到法律概念的转变。这一转变在部分学者的定义中有所体现，比如龙宗智教授指出："推定是指基于事物之间普遍的共生关系，或者说是常态的因果联系，由基础事实推出特征事实（又称推定事实）的一种证明规则。"⑥ 应该特别注意，龙宗智教授已经注意到推定是一种证明规则，但证明规则属于强制性法律规则，抑或逻辑上的规则，龙教授在定义中没有进一步阐明，但其在后续研究中，指出了事实推定概念的非科学性，限缩推定仅为法律规则的概念。龙宗智教授在给推定下定义时，曾专门对推定与推论概念作了区分，认为推定与推论之间有五点不同："其一，推定降低了证明标准，推论则

---

① 席建林：《试论推定证据规则》，《政治与法律》2002 年第 3 期。
② 刘金友主编：《证据法学（新编）》，中国政法大学出版社 2003 年版，第 263 页。
③ 叶自强：《民事证据研究》，法律出版社 1999 年版，第 106 页。
④ 赵钢、刘海峰：《试论证据法上的推定》，《法律科学》1998 年第 1 期。
⑤ 江伟主编：《证据法学》，法律出版社 1999 年版，第 124 页。
⑥ 龙宗智主编：《刑事证明责任与推定》，中国检察出版社 2009 年版，第 4 页。

符合证明充分的要求；其二，推定具有法定证据的特征，推论具有自由心证的特征；其三，推定转移了证明责任，而推论没有；其四，推定确立了事实认定义务，而推论没有；其五，推定是法律问题，而推论是事实问题。"① 笔者以为，从龙宗智教授的总结看，能够很清晰地对推定与推论进行区分，其根本区别在于推定的法定性，即通过法律的明确规定来进行认定。

另外，何家弘教授也区分了推定与假定之间的差异，他认为："前者属于证明方法的范畴，后者不属于证明方法的范畴；前者可以成为论证的结论，后者则只能成为论证的前提；前者必须以一定的事实为基础，后者则不一定以事实为基础；前者必须考虑结论的真实性，后者则不一定考虑。"② 这种看法具有一定的参考和借鉴意义。关于推定是拟制的一种观点，笔者认为拟制是立法者明知 A 不是 B，而出于其他原因的考虑在法律上将 A 等同为 B。而推定的基本结构是由于基础事实 A 的存在，从而能够得出推定事实 B 的存在，A 和 B 之间并不相同。所以，推定同拟制还是存在着较大的差异。

国外关于推定理论的研究与国内研究状况和发展路径基本类似，推定概念虽较为混乱，但其发展脉络依然清晰可见。较早期的研究避开推定是法律规则的提法，例如著名的摩根教授认为，"使用推定即在描写某一事实或若干事实与另一事实或若干事实之间关系。某一事实，即基础事实（甲），另一事实，则为推定事实（乙）"。③ 甚或美国也有学者直接把推定等同推论，比如认为"推定是关于某事实存在与否的推断，而这推断又是根据其他基础或是基本事实来完成的"。④ 美国现代推定理论基本把推定界定为法律规则，根据《布莱克法律辞典》的定义："推定是一个立法上或者是司法上的法律规则，是一种根据既定事实得出推定事实的法律规则，推定是在缺乏其他证明方法时所使用的一种根据已

---

① 龙宗智：《推定的界限及适用》，《法学研究》2008 年第 1 期。
② 何家弘：《论推定概念的界定标准》，《法学》2008 年第 10 期。
③ [美] 摩根：《证据法之基本问题》，李学灯译，台湾世界书局 1960 年版，第 57 页。
④ [美] 乔恩·R. 华尔兹：《刑事证据大全》，何家弘等译，中国人民公安大学出版社 1993 年版，第 314 页。

知证据作出确定性推断的一种已知证据。"可见《布莱克法律辞典》把推定视为一种法律规则，并且仅能在缺乏其他证明方法时使用。美国证据法学者罗纳德·J.艾伦教授也认为："推定是法院和评论者用来描述规制一种证明过程诸规则的术语，这种证明过程是在一个已证明的事实A——导致推定的事实，和在另一个推定事实B之间创设的一种特定的法律关系。"① 另外，美国哈佛大学教授伊曼纽尔（Emanuel）不但对推定概念做了界定，还深入列举了与推定类似的推论、实体法中的拟制等几种形态，他认为："一项推定是指在基础事实B和推定事实P之间的联系。当我们说事实P可以从事实B推定得来时，我们的意思是：一旦事实B得到确立，事实P也得到证实。"并且其将推定事实B与推定事实P之间联系的强弱分为四重含义，分别是："1. 允许性推论（permissible inference），2. 转移提供证据但不转移说服责任的推定（shift production but not persuasion burdens），3. 同时转移提供证据责任和说服责任（Shift both production and Persuasion burdens），4. 结论性推定（conclusion presumption），其中第1种伊曼纽尔认为是推论而不是推定，第4种是实体性法则与推定并无太大意义，只有第2种和第3种才是一般意义上的推定。"② 综上，在西方学者的研究中，推定的概念依旧混乱不清，以至于有学者主张废除推定这个法律术语。美国学者艾伦就曾明确提出，"明确和直接的描述那些操作方法，以及从法律论文中废除推定这个术语，代之以具体清晰的证据规则的直接运用，以及对该证据规则建立基础的政策进行审查"，③ 其理由在于："推定与推论之间往往难以区分，在一项推定的事实和导致该推定的事实之间几乎常存在一些推论性关系……在一些案件中，即使没有推定，理性的事实认定者仅仅根据事实A的证明就可以保证认定事实B。"

---

① ［美］罗纳德·艾伦等：《证据法》，张宝生等译，高等教育出版社2006年版，第852页。

② ［美］Steven L. Emanuel, Evidence（伊曼纽尔法律精要影印系列），中信出版社2003年版，第543页。

③ ［美］罗纳德·J.艾伦、理查德·B.库恩斯、埃莉诺·斯威夫特：《证据法：文本、问题和案例》，张保生等译，高等教育出版社2006年版，第852页。

学术上的混乱，影响了立法实践，比如在美国《联邦证据规则》制定当中，美国国会和美国联邦最高法院就推定的立法上究竟是采用"气泡说"还是"摩根说"存在极大的分歧。最初美国联邦最高法院赞成的方案是采用"摩根说"，也就是说推定应当同时转移说服责任，但是国会并不赞成摩根说，而是在修订《联邦证据规则》第301条时采用了"气泡说"。① 最终，美国《联邦证据规则》第301条做出了如下规定："在所有民事诉讼以及其他民事程序中，除国会所制定的法律和本规则外，推定强加给受不利推定的当事人，由其承担提出证据反驳或对付该推定的负担，但并不将说服的危险意义上的证明负担转移给该当事人，（此证明负担）在整个审判程序中，始终由原承担人负担。"值得注意的是，虽然美国《联邦证据规则》在第301条中对推定作出了明确的规定，但是并非美国所有的州都适用该规定，某些州更主张适用赛耶和摩根的观点，比如《加利福尼亚证据法典》第600条就明确规定："如果推定基于公共政策，则同时转移说服责任，而不仅仅转移提供证据的责任；如果推定不基于公共政策而只是为了便于正确的审理案件，则并不转移说服责任。"②

推定的构成要件分为三个部分：其一，进行推定所必需的基础事实或者称作前提事实。不管在推定的研究中究竟存在着怎样的争议，倘若都没有基础事实的存在，推定自然是无法成立的。"基础事实是推定的起点，究其实质，推定是基于基础事实与推定事实之间常具有的相随共现关系，将对推定事实的证明转化为对基础事实的证明。"③ 正是由于推定将对待证事实的证明转化为对基础事实的证明，因此，基础事实的真实与否将在很大程度上决定推定事实的正确性。基础事实越可靠，推定事实的正确性也就越高。其二，根据基础事实而推导出来的推定事实。推定事实是推定运用的目的，是推定最终所需要达到的效果。推定事实

---

① 钟朝阳：《美国证据法中的刑事推定——兼谈我国刑事推定中存在的问题》，《中国刑事法杂志》2008年第3期。

② ［美］罗纳德·J. 艾伦、理查德·B. 库恩斯、埃莉诺·斯威夫特：《证据法：文本、问题和案例》，张保生等译，高等教育出版社2006年版，第852—853页。

③ 张云鹏：《刑事推定研究》，《刑事法评论》2007年第1期。

应当具备一定的条件，即必须没有被反证所推翻，如果一旦被反证推翻，那么推定事实自然也就不成立。其三，基础事实与推定事实之间的联系规则。广义的推定定义认为，这种联系规则不仅包括强制性的法律规则，也可能是经验法则和逻辑规则，也就是说，基础事实与推定事实之间的联系既可以是强制性的法律联系，也可以是基于经验和逻辑的一般常态联系。狭义的推定定义则只承认强制性法律规则作为两个事实之间的联系规则，此种观点认为，从基础事实到推定事实，只有法律规则作为联系纽带和桥梁，才能称为推定；如果从基础事实到待认定事实之间没有法律规则予以联系，仅通过经验与逻辑推理、推论，则突破了推定概念，属于间接证据证明过程，应归入证明范畴。

综上，广义推定观认为，推定是指依据法律直接规定或经验规则、逻辑规则所确立的基础事实与待证事实之间的常态联系，当基础事实确证时，可认定待证事实存在的这一环节或过程。根据此定义，推定包括法律推定和事实推定（实为经验逻辑推论）两类。这一定义的缺陷主要在于对法律概念的推定与作为逻辑概念的推论不做区分，进而导致推定与证明概念混淆。狭义的推定观认为，推定是指根据法律规定，在基础事实被确定为真（或不需要基础事实）的条件下，确定推定事实为真的法律规则。根据狭义推定定义，推定属于法律上的概念，推定只有法律推定一种，且严格与逻辑上的推理、推论概念相区分，这种观点认为，传统上的事实推定实质上属于证明范畴，因而不承认事实推定概念存在。

第四节 司法认知概念及基本原理

一 司法认知的概念与特征

关于司法认知概念与制度起源，有几种不同的说法，其中最为人所熟知的则最早可追溯到古罗马时期。古罗马法谚"显著之事实，无需证明"（What is known need not proved；Manifesta（or notoria）non indigent probation），一般被认为是司法认知理论的滥觞。除却从法谚中寻找理论来源，在制度方面，一般认为，1872年英国高等法院法官斯蒂芬（Stephen，1829—1894）在其起草的《印度证据法》中最先规范了司法认知制度。该《证据法》第 56 条及第 57 条被认为是首次就司法认知规则所作的立法上的规定。但也有观点认为，司法认知规则在司法实践中的运用要远远早于《印度证据法》的起草，其规则运用是伴随法定证据制度诞生而初现端倪的，就如有学者所说的，"应当承认，作为制度上司法认知适用的前提应当是证据裁判主义，作为一种证明方式目的在于减少争点，避免纠纷的裁判过程过于冗长延滞，也是出于人们对自然规律和经验法则的积极掌握。因此，其初步适用还是应当从十六世纪确定法定证据制度时代开始"。① 综上，我们可以看出，司法认知理论和制度的形成与发展应当是经过漫长的知识积累过程，之后逐渐形成，因而其实际产生时间与发展细节已不可考。时至今日，无论各国采取怎样的诉讼模式，也无论立法上是否明确规定了司法认知规则，司法认知正在被各国法院以不同形式或不同方法所承认与践行。

关于司法认知的概念，近年来国内研究颇为丰富，代表性的论述主要有以下几种：第一种观点认为司法认知是一种诉讼证明方式。"是指法官在审判过程中依职权或应当事人的申请，对某些特定的事实直接予以确认，而无需当事人对此类事实予以举证证明的一种诉讼证明方式。"② 第二种观点认为司法认知是法官的一种特殊职权行为。"司法认知是法官在审判过程中，依职权或依当事人的申请，对某些特定的事项，无须当事人举证证明而直接确认的，并将其作为定案根据的特殊职权行为。"③ 很明显，此种对于司法认知的见解主要是站在法官的角度进行阐述的。第三种观点认为司法认知是一种诉讼证据规则。"司法认知又称作司法确认，是指法院在审理案件的过程中对于某些特定事项，可以在不要求当事人正式出示证据的情况下，就直接确认其具有真实性，并将其作为裁判基础的一种诉讼证据规则。"④ 除了上述具有代表性的观点之外，还有不少关于司法认知概念的其他表述。比如，有研究者指

---

① 李明：《司法认知制度探索》，《西部法学评论》2009 年第 6 期。
② 卞建林主编：《证据法学》，中国政法大学出版社 2002 年版，第 232 页。
③ 阎朝秀：《司法认知研究》，中国检察出版社 2008 年版，第 3 页。
④ 陈卫东、李美蓉：《论司法认知》，《江海学刊》2008 年第 6 期。

出:"司法认知是法院对待证事项无需当事人举证证明,由法院作为职务上的事项予以认定并作为裁判或证明其他事项的依据。"① 如此种种,不一而足。

在国外,司法认知作为英美证据法规则的一种,也受到广泛关注,研究者们对司法认知概念的表述也观点纷呈,各有侧重。英美证据法大师威格摩尔在其著作《普通法庭审判中的英美证据法专论》中提及:"用证据对包含在诉状中的主张或与之相关的事实进行正式证明这个规则在两种情况下可以得到免除:(1)通过对方当事人要式(solemn)自认或司法上的自认放弃对其的辩论,和(2)法庭通过总体考虑认为,在不要求一方当事人提供证据而宣布其主张是合理的情况下。"② 据此所表达的"不要求一方当事人提供证据而宣布其主张合理",即为威格摩尔对司法认知所持的基本概念。同时,他将司法认知设定了一个前提条件或运用规则,即必须在法庭总体考虑,并且合理的情况下才能通过司法认知进行认定。澳大利亚学者彼德·吉利斯(Peter Cillies)则认为:"司法认知是法院将某一事实明确地表示予以接受而无需证据来证明,并把该事实看作已被证明的事实。"③ 吉利斯把司法认知的事实和通过证据证明的事实效果等同起来,努力缩小两者的差距,有试图将司法认知归为一种证据的倾向。这种倾向在美国证据法学者华尔兹教授的观点中成为现实,华尔兹教授认为,"由于有些事物属于社会中的常识范畴,或者属于其推论所依据的是诸如日历或医学论文等高度可靠性原始资料的证明,所以无需按通常的方式验证。于是审判法官将对它们进行司法认知,并指示陪审员可将其视为本案中已完全确认的事实,无需通过证人或展示物品的正式证明,从此种意义上说,司法认知也是证据的一种

---

① 赵泽君:《司法认知问题研究》,《国家检察官学院学报》2002年第6期。

② John Henry Wigmore, A Treatise on the Anglo-American System of Evidence in Trials at Conmmon Law, 1983. 转引自周翠芳《司法认知论——以英美两国为视角》,博士学位论文,中国政法大学,2007年。

③ 转引自赵泽君《司法认知问题研究》,《国家检察官学院学报》2002年第6期。

形式"。① 华尔兹教授关于司法认知属于一种证据形式的观点至今对美国证据法学还存在一定影响，比如美国证据法理论一般将证据分为言词证据、实物证据、示意证据、司法认知等类型。但是，将司法认知作为证据的一种表现形式的观点也饱受争议，因为证据所具备的一些基本特性比如客观性、关联性、合法性等无法同司法认知匹配。更为重要的是，证据的运用需要经过举证、质证，需要适用交叉询问规则，而司法认知显然不能满足此要求，因此，司法认知并不满足作为证据的所需要件，将司法认知与证据等同起来是站不住脚的。

总之，国内外不同学者，由于看问题角度不同，对司法认知的定义差异较大。笔者认为，科学合理地界定司法认知概念，必须全面了解司法认知的性质及特征，并把司法认知概念放在统一的证据学概念体系中去考察。笔者在总结对比多数学者关于司法认知的表述后认为，司法认知应当是指法官主动依职权或者根据当事人的申请，对于某些特定事项，无须当事人举证证明，直接依照法律或者经验常识进行直接认定的职权行为。司法认知免除了当事人的举证责任，在理论层面，属于证据裁判原则的例外，其打破了"认定事实应当依据证据"的铁则。

司法认知具有如下几个特征：第一，司法认知是一种司法证明外的事实认定方法。司法证明是一种运用证据来认定案件事实的行为或活动，而司法认知则由法院对一些特定事实进行直接认定，免除了证据的介入或参与。从这一点上看，司法认知应该属于证明方法之外的事实认定方法，其与证明属于并列关系。第二，司法认知是一种法官专属的职权行为。法官基于相关的法律规定或经验常识，对于特定的不需要进行举证证明而能够直接认定的事实通过司法认知加以认定。在英美法系国家，司法认知主体不仅包括职业法官，也包括参与案件审判的陪审团。第三，法官对特定事实进行司法认知必须依据法律规定或经验常识。经过长期发展，英美证据立法对司法认知对象的规范已较为具体，但无论如何，立法也不可能穷尽司法认知对象以及明确司法认知范围。因此，

---

① ［美］乔恩·R. 华尔兹：《刑事证据大全》，何家弘等译，中国人民公安大学出版社1993年版，第14页。

在依法律进行认知以外,划定一定范围,允许法官依据经验常识对某些事实进行直接认定,成为司法认知制度的主要内容。一般认为,影响法官经验常识的因素包括法官所拥有的哲学、历史、逻辑、心理等各方面的知识,正如美国联邦大法官卡多佐所说:"事实上我们每一个人,即使是我们当中没有听说过甚至痛恨哲学名词和概念的人,都有一种支撑生活的哲学。我们每个人都有一种如流水潺潺不断的倾向……法官一点也不比其他人更能挣脱这种倾向。"① 第四,司法认知带来的后果之一便是免除了当事人的举证责任。对于法律上确定的或者属于显而易见的认知事项,无须当事人举证证明,自然也就不存在当事人因为对该事项举证不能而背负败诉风险的问题。

司法认知制度游离于证据裁判原则之外,作为证据裁判原则的补充,已获得证据法理论与司法实践的广泛认可。司法认知适用的目的更多地在于确保个案的公正性,当无法通过证据来证明时,法官有义务必须通过一种方式来使案件的最终处理结果足够公平公正。

二 司法认知在事实认定体系中的定位

司法认知(Justice Notice)规则作为英美法系国家一项重要的证据法规则,近年来为我国学界所关注,并将其引入我国证据法体系中。这实质上反映出司法认知在我国目前的司法实务中具有十分重要的作用。明确司法认知的概念和运用规则,无论是对我国司法实务还是证据法理论体系的完善都是不可或缺的。

我国学术界对司法认知的概念有多种提法,有的学者认为司法认知是一种司法证明方法,是指"法官对于待定的事实,在审判中不待当事人举证而直接予以确认,作为判决的依据"②。有的学者认为司法认知是一种诉讼证据规则,是指"法院在审理案件的过程中对于某些特定事项,可以在不要求当事人正式出示证据的情况下,就直接确认其具有真

---

① [美]本杰明·卡多佐:《司法过程的性质》,苏力译,商务印书馆 2003 年版,第 3 页。

② 何家弘、刘品新:《证据法学》,法律出版社 2013 年版,第 271 页。

实性，并将其作为裁判基础的一种诉讼证据规则"①。而有的学者则认为"司法认知是法官在审判过程中，依职权或依当事人申请，对某些特定的事项，无须当事人举证证明而直接确认的，并将其作为定案根据的特殊职权行为"②。

考察以上关于司法认知的学术观点，不难看出，我国学术界在对司法认知内涵的认知上是有共通之处的。具体来说，司法认知的主体是法官，而法官适用司法认知是为了对特定的事实进行确认，并将之作为判决或者定案的依据，在这一过程中，无须当事人的举证。但是，鉴于我国理论上对司法认知的认识众说纷纭，没有一个统一的性质界定，很容易让人在面对司法认知这一新兴概念时产生困扰。在这个问题上，笔者认为，对司法认知的定性，可以从其所属的体系来分析界定。

在整个司法过程中，从法官的角度来看，法官的职责主要在于裁判，而作为法官裁判的基础就是法官依法所认定的事实。法官以一个中立者的立场来判断事实为真或为假，其运用最多的就是司法证明。当然，司法证明不同于广义的证明，根据证据法上的证据裁判原则，司法证明是在证据事实的基础上进行的一种证明活动，故诉讼过程中的证明是一种狭义的证明。但是，在审判活动中，这种狭义的证明并不能涵盖法官在认定事实时所运用的所有方法，"每当法庭需要确定某一案件事实时，无非采取两种方法：一种是通过证据来证明，另一种是通过证据证明之外的其他方法来认定。后者又包括司法认知和推定"③。可以看出，司法认知实质上是一种认定事实的方法，在体系上是与通过证据的证明（司法证明）和推定并列的概念，对于证据法中的证据裁判原则来说是一种例外。

做出上述界定的理由有两点：

首先，从司法认知这一概念引入我国证据体系的动机来看，由于单

---

① 陈卫东、李美蓉：《论司法认知》，《江海学刊》2008年。
② 阎朝秀：《司法认知：法理、规则、制度研究》，博士学位论文，四川大学，2006年。
③ 樊崇义、冯举：《推定若干问题研究》，载龙宗智主编《刑事证明责任与推定》，中国检察出版社2009年版，第3页。

一地使用证据证明的方法并不能完全满足司法实务中的事实认定需求，因而为了弥补证据证明之外的方法空缺，完善事实认定体系，司法认知作为一种证据证明方法的补充被引入，是证据法上证据裁判规则的例外。

其次，司法认知所要解决的问题，实质上与证据证明是一致的，即对案件事实做出认定。但是，作为一种例外，司法认知在运用的过程中与证明的运作机理是不同的，从这一点上来看，司法认知理应作为一种与证明并列的概念归属于事实认定的方法体系下。

总之，司法认知的事实认定方法本质是根植于我国的案件事实认定体系之中的，虽然其在英美法体系中是作为一种证据形式存在的，但是由于该概念在融入我国证据法体系的过程中必然会受到本国证据理论和实务需求的异化和改变，司法认知这一概念的本质属性也会发生相应的变化。

三 司法认知与证明的比较

（一）司法认知与证明的思维过程差异

在事实认定中，我们通常是以待定事实为目标，目的在于判断该事实为真或为假。当然，在这一过程中就必须使用到相应的事实认定方法，例如证明、推定、司法认知等。很明显，作为并存于事实认定方法体系中的各种方法也必然会存在思维过程中的差异。具体来说：

关于证明的概念之说，在我国学术界也存在争议，观点众多，但是一般都认为，诉讼中所使用的证明是一种狭义的证明概念。简单地说，证明是运用证据论证未知事实的活动。根据证明的概念可以知道，在证明的思维过程中，存在着一个指向，即证明或证伪待证事实，而这个活动的基础即证据。当然，根据我国目前的通说，证据是一种反映相关事实的材料，因此，在证明过程的基础实际上是经过审核后的证据所反映的事实即已知事实。故对于证明的思维过程，可以认为是一个由已知事实向待证事实的过程。如果从现代诉讼构造的角度来看，证明的过程中一般存在控、审、辩三方，其中的控辩两方对待证事实进行证明活动，而审判方在中立的地位上依法判定待证事实的真伪。证明过程中的主要证明材料是由控方与辩方提供的，两方中的举证一方针对待证事实进行证明活动，另一方则进行证伪活动，两方的目的都在于试图说服法官倾向于己方的主张，从而达到自己的诉讼意图。

相较于证明，司法认知虽然同样是用于对案件事实的认定，但是司法认知的思维过程却迥然不同。一方面，司法认知不需要控辩两方就案件事实进行举证，而是由法官直接就案件事实的真伪进行判定，因此，可以说"司法认知只有一个事实"，[①] 即认知事实，该事实的性质与证明中存在的两个事实（已知事实和待证事实）是不同的。当然，这种不同的根源来自证明与司法认知是两种不同类别的事实认定方法，进一步来看，我们如果把证明看作是对待证事实的认定，那么在这个过程中的已知事实可以说是将待证事实进行分割后的事实，这些事实经过诉讼证明的加工、整合进而形成了完整的待证事实，这一点在用间接证据证明的过程中尤为明显。另一方面，从审判者的角度来看，在理想的诉讼构造理论中，证明活动的审判者对案件事实的认定所起到的主要作用是进行中立的判断，而对起到积极推动作用的或者说主要作用的是控方与辩方。但是，在司法认知的过程中，由于认知的主体是审判者，审判者主动地对需要认知的事实进行认定，因此，审判者在此过程中起到了主要作用。所以，对比来看，司法认知的事实对于审判者来说，更倾向于是一种自我主导性的事实；而证明所指向的待证事实对于审判者来说则是一种他主性事实，在此过程中的审判者可以扮演了一个"局外人"的角色。

关于推定的思维过程，主流理论一般认为，"推定依赖于一个或一批基础性事实，正是根据这些基础性事实，得出推定的事实结论"[②]。因此，在推定的思维过程中，可以明确两个节点，即基础事实与推定事实。虽然在应然层面上，推定事实的认定依据与证明的待证事实依据是不同的，但是其思维模式的逻辑确实是相同的，都是由一个或数个事实指向指定的事实。这与司法认知只有一个事实的思维模式逻辑是完全不同的。

[①] 郭小东：《关于我国司法认知规则的确立与完善》，《阴山学刊》2005 年第 4 期。
[②] 龙宗智：《推定的界限及适用》，《法学研究》2008 年第 1 期。

(二) 司法认知与证明的运行机制差异

1. 法则运用之差异

事实的认定离不开对经验和逻辑的依赖，而经验和逻辑的运用有其自身的法则，因此在事实认定过程中，经验法则与逻辑法则对其各种方法的运用具有不可或缺的作用。

(1) 证明机理中的法则运用

在诉讼中，运用证明的方法探求事实真相时，尤其是由已知事实向待证事实演变的过程中，法官最终判断的作出，必然会运用到"自由心证"。当然，这种在证据事实基础上形成的内心确信并不是无限制的，逻辑法则和经验法则无时无刻不在限制着法官的"自由心证"。在用证据证明的事实认定中，用间接证据证明的案件事实的方法一直是逻辑法则和经验法则在证明中运用的典型例子。试举一例：

在一起故意杀人案件中，被害人于晚上8时许被发现死在家中，身上有多处伤痕，经尸检知道是被人用单刃利器刺中失血过多致死，死亡时间为当晚5—6时。没有目击被害人被害经过的证人，但是有人见过嫌疑人B当晚6时左右从被害人家中出来。在案发现场勘验过程中发现了一枚脚印，经对比系B的脚印。另外，在被害人家附近的草丛中发现了一把沾有血迹的单刃刀具，刀具上发现指纹，经鉴定对比，刀具上的血迹为A的血液，指纹为B的指纹。警方在搜查B的住所时发现了一件沾有血迹的外套，经鉴定，血迹系A的血液。据B的邻居陈述，当晚8时许看见B穿着该外套回家。在案件的审理中，B一直否认其杀害了A。

在上述案例中，对"B杀害了A"这一事实认定的作出，由于没有相关的直接证据，因此完全需要凭借证人证言、司法鉴定、勘验、物证等间接证据做出。该案中可以根据间接证据确定的事实有：(1) B在作案时间从A的房间内出来；(2) 致A死亡的单刃刀具上有B的指纹；(3) B到过案发现场；(4) 在B的住处搜出的外套沾有A的血迹，该外套系B在作案时间后2小时内所穿过的。根据以上事实不难判断出"B杀害了A"这一事实。从经验法则运用的角度，第(1)项事实的经验法则为"在作案时间前后曾出入被害人房间的人可能为凶手"，第

（2）项事实的经验法则为"持有凶器的人可能为凶手"，第（3）项事实的经验法则为"到过案发现场的人可能为凶手"，第（4）项事实的经验法则为"衣服上有死者血迹的人可能为凶手"。这三项事实根据经验法则的运用，都指向了"B杀害A"这一事实，并将其可能性提高到了相当的程度，足以支持法官作出"内心确信"了。另外，根据逻辑法则，如果某人具有作案时间、作案工具、案件的其他特征，且没有其他人满足以上条件，那么这个人为作案人。本案中，B有作案时间、作案工具、到过案发现场、B在案发时间的合理时间内所穿的外套上沾有A的血迹，由于只有B满足上述特征，因此可以判断B是作案人。通过逻辑法则和经验法则的两方面运用，既可以排除合理怀疑，即使B否认自己为凶手，法官人也可以据间接证据做出"内心确信"，认定"B杀害A"的事实成立。

根据上述案例分析可以看出，在证明机理中，由于对案件的审理是一个对过去事实的发现和还原的过程，因此，实际上诉讼中的证明所解决的是运用已知事实增加待证事实的可能性，并使这种可能性达到排除合理怀疑的标准，使法官形成"内心确信"。在这一过程中就必须运用到逻辑法则和经验法则，因为这两种法则是法官"自由心证"的基础性法则。即使是在对案件单个事实的证明中，同样也离不开对逻辑法则和经验法则的运用。就上面的案例来说，"B在案发时间内到过案发现场"这一事实，有"现场有B的脚印"、"B在案发时间段内从A的房间出来"这两个基础事实，那么根据经验法则"在现场留有脚印的人可能在案发时间内到过现场"、"在案发时间段内从案发现场出来的人可能在案发时间内到过现场"，以及根据逻辑法则，"如果现场有脚印，在案发时间内从现场出来，那么在案发时间到过案发现场"，只有B满足该事实成立的条件，那么"B在案发时间内到过案发现场"成立。据此，法官可以做出"B在案发时间内到过案发现场"的认定。

（2）司法认知机理中的法则运用

同样作为事实认定方法的司法认知，由于其思维过程与证明大为不同，因此其在运作机理上与证明也存在差异。由前文分析可知，司法认知的思维过程中只有其认知的事实存在，并不像证明的过程中存在已知事实与待证事实两个事实。司法认知的目的在于判定认知事实的真伪，由于没有相关基础事实的存在作为判定的依据，那么作为一种事实认定的方法，其依据必然要在逻辑法则与经验法则中寻找。在司法认知的此种机理中，并没有给予演绎、归纳等逻辑方法以用武之地，因为只有一个单一的需要解决其真伪问题的认知事实，逻辑法则也是"巧妇难为无米之炊"，无法发挥自身机制来解决问题。

既然逻辑法则无法成为司法认知运用机理中的依据，对司法认知来说，经验法则就成为唯一的选择。事实上，由于经验法则的模式就是对事实的经验总结，因此，经验法则完全能够成为对单独存在的认知事实的真伪进行认定的依据。比如在一起房屋质量纠纷案件中，购房者发现在安装空调时，房屋的空调外机位墙面无法承受空调外机的重量。主审法官在原被告双方都在场的情况下进行现场勘验，随机从墙面中抽取了三块砖头，发现用手指碾压即碎（用手指碾压的有三人，其中有一名女性）。法官对此作出了墙面的砖存在质量问题的断定。在上述案件中，根据一般的生活经验可知："能用手指碾碎的砖肯定存在质量问题"，对于法官来说现场发现墙面砖能用手指碾碎，那么其就可以根据该经验判断本案中的砖存在质量问题，而无须再运用逻辑手段对该事实进行认定。

总的来说，证明与司法认知在法则运用上存在很明显的差异，即证明在其运作机理中需要同时运用到逻辑法则和经验法则，而司法认知在运作过程中只存在对经验法则的运用，这是由各自不同的思维方式所决定的。

2. 司法认知与证明运用的经验法则之差异

在法则运用上，证明与司法认知的差异并不仅仅只有是否运用到逻辑法则的区别，即使二者都在其机理中运用到的经验法则实质上也是不同的。这种经验法则差异的根源在于，"根据属性不同，经验法则可分为一般经验法则与特别经验法则"[①]。所谓一般经验法则"是人们从日常社会生活或者法律生活中所体验、感知的事实，而这类事实构成要素

---

① 毕玉谦：《经验法则及其实务运用》，《法学》2008年第2期。

之间的因果关系经过长期的反复验证，代表着一种类型事物发展的通常趋势或大致规律"[1]。而特别经验法则不同于一般经验法则，"因其规则的形成是基于特别知识或经验所取得的事实，对这种事实本身在诉讼上仍可作为证明的对象，由其他证据加以证明或采取其他相应的证明方式如交付专家鉴定、提供书证等，以便使该专门领域内的经验法则转换为一定的经验法则，达到使社会普通成员所能认知的程度"[2]。可以看出，一般经验法则与特别经验法则的规制事实是不同的，特别经验法则的规制事实具有专业性，一般局限于某一专业领域，不为普通社会成员所知晓，因此该领域内的经验法则需要经过一个向普通社会成员能够认知的经验法则转化的过程，之后才能成为特别经验法则。

在证明的机理中，由于其基础为相关证据，所以专业领域内的经验法则转化为特别经验法则过程中所需要的证据可以在证明的过程中取得，其转化过程完全符合证明机理的要求。因此，证明过程中所运用的经验法则包含一般经验法则与特别经验法则是完全可行的，并不存在运作机理上的困难。但是，如果将特别经验法则放到司法认知的运作中，由于司法认知的特征就在于其无须像证明那样，由已知事实推论出未知事实，其需要对认知事实真伪作出认定，所以特别经验法则形成所需要的转化过程没有存在的基础，其放入司法认知的运作过程中也无疑会改变司法认知的性质。当然，特别经验法则也并非全部都不能在司法认知中运用，比如"瘦肉精"猪吃了之后可以产出更多的瘦肉，本来这一经验是一种专业性的经验，一般局限在养猪户中知道，但经过媒体曝光后，这种经验就为社会公众所知晓，因此在使用该经验法则时，并不需要为其专门进行转化活动，法官如需进行司法认知，可以直接进行引用。另外，在法院显著的事实虽然是一种专门领域内的经验法则范畴，但是由于其客观性和确定性，对作为认知主体的法官来说，在使用时直接拿来使用并不需要进行转化，也不会产生诉讼公正与否的问题，此类经验法则完全可以在司法认知中使用。因此，需要在诉讼过程中进行转

---

[1] 毕玉谦：《经验法则及其实务运用》，《法学》2008年第2期。
[2] 同上。

化的特别经验法则并不适合作为司法认知的法则依据。

由以上分析可以知道，证明中所使用的经验法则并不能与司法认知中的经验法则完全等同，特别经验法则中那些需要在诉讼中实现转化的特别经验法则虽然可以在证明中加以运用，但是这种转化过程与司法认知的机理相冲突，故此成为证明与司法认知在经验法则运用上的显著差异。由此差异我们也可以看出，司法认知所需要的逻辑法则是具有客观性、确定性的内在特征的，其理由不难分析，即作为法官"内省确信"形成的唯一法则依据，而司法认知的主体又只有法官，所以如果司法认知的法则依据不具有客观性和确定性，那么司法认知的公正性和权威性就无从谈起。而对于除在法院显著的事实认定外，其他司法认知的事实在认定时所使用的经验法则就必须依靠为一般公众所知晓的要求来进行限制了。

第三章

犯罪主观要件的证明

第一节 证据体系与结构原理

在近现代证据学理论与实践中，证据裁判原则影响日趋深远，一切案件事实的认定都要依赖证据，要注重证据的收集、审查与判断等观点与做法越来越为学界与实务界重视。但令人遗憾的是，迄今为止，除了威格摩尔等少数英美证据法学家对证据分析、评判与运用问题进行研究外，证据学更多地停留在规范法学领域，对证据分析和评价还停留在初级经验层面，至今仍然未形成一个科学合理的分析框架理论体系，因此如何分析证据、运用证据去证明案件事实，仍然是证据学领域的重要研究课题。本章坚持系统论观点，研究系统与要素、要素与要素之间的关系，试图构建一个完整的刑事证据体系分析框架，为司法实践中的事实认定难，特别是主观要件认定难困境提供一些解决思路。在研究证据分析与运用原理之前，有必要对证明基础的证据体系及其内部结构作一介绍。

一 证据体系的概念

"体系"一词是指"泛指一定范围内或同类事物按照一定的秩序和内部联系组合而成的整体，是不同系统组成的系统"。体系在社会实践中普遍存在，正如学者所说，"任何制度都是体系性的，制度体系内部的内容是相互联系、相互支持、互为需要的"[1]。因此，作为认定某个案件事实基础的证据也是具有体系性的，且这些证据之间具有相互联系、

---

[1] 樊崇义：《刑事证据规则体系的完善》，《国家检察官学院学报》2014年第1期。

相互支持、互为需要的关系，从而共同完成某个案件事实的证明。综上分析，笔者认为，证据体系是指用来证明某个案件事实的，且具有相互联系、相互支持、互为需要关系的各个证据组成的有机整体。

"没有规矩，不成方圆；没有规则，无以证明。"[1] 证据存在的意义是要指引司法人员通过证据来寻找到隐藏的案件事实真相，单一证据对于案件真相的发现所起作用极为有限，认定案件事实往往需要数量众多、形式各异的证据组成体系。但是，繁多的证据可能会导致证据运用上的混乱，因此对一个案件中繁多的证据进行有效搭配和组合，形成完整有效的证据体系就显得特别重要了。一个较为完整的证据体系类似于一张已经编织成型的蜘蛛网，无论是从几根蜘蛛丝相互缠绕所形成的集合还是从蜘蛛网的整体布局上来看，整个蜘蛛网都形成了一种严密而又完善的体系网络。单个的蜘蛛丝就好比单一的证据，许多蜘蛛丝缠绕的节点就像是在证据规则范围内所运行的证据，最后由各种证据规则所形成的节点不断缠绕而最终形成证据体系。

证据体系并不是证据的任意堆积，而是证据的有机组合，就像有研究者所说，"证据体系是运用全案证据材料的思维过程，其本质特征是案件事实证明系统中的证明手段及其思维模式，是法律证明的一种理性框架"。[2] 证据体系的构成最为根本的要求就是要在证据之间能够形成一个完整的系统，这个系统包含证据与证据之间、证据与证据体系之间的冲突和融合。

长久以来，我国大部分学者只注重证据规范研究，比如证明责任、证据能力等方面的研究，而对于如何构建和分析证据体系等问题却不甚了解，或虽然有些许了解，但认知仅停留在经验阶段，他们忽视了证据学除了与规范法学交融，其更是一门关于案件事实认定的科学。

二 证据体系结构的含义及其与证据体系的关系

（一）证据体系结构的含义

根据《现代汉语词典》对"结构"一词的释义，结构的意思主要是

---

[1] 何家弘：《中国刑事证据规则体系之构想》，《法学家》2001年第6期。
[2] 陈闻高：《论证据体系——兼与〈口供中心主义〉一文商榷》，《中国人民公安大学学报》2006年第3期。

组成整体的各部分的搭配和安排。如果仅从字面意思上来看，不难发现结构包含着整体和部分的意思，那么也就是说只有当某种事项为两个或两个以上的时候，才有可能组成一定的结构。据此，证据体系的结构主要是指证明案件事实的证据体系整体内的个体证据间及个体证据与证据整体间的搭配与安排。

需要注意的是，证据体系结构不同于证据结构。"证据结构，主要是指证据的内容结构，即证据内容的构成方式，亦即证据信息之间的组合方式。"[1] 根据该观点，证据结构分为宾主式、递进式以及合作式三种结构。宾主式结构是指证据所涵盖的信息具有明显的主次之分；递进式结构是指证据所包含的信息，一个是另一个的基础或者前提；合作式结构是指某证据涵盖的信息处于一种相互影响相互作用的结果。该观点侧重于对单个证据内容结构进行分解，并依据涵盖的信息结构的不同进行分类，虽有一定的道理，但却忽略了多个证据形成证据结构的情形。笔者认为，多个证据之间形成证据结构存在以下两种情形：第一，多个证据之间所包含的信息较为单一，这些单一的信息组合起来形成较为完整的证据结构；第二，多个证据之间虽然包含多个信息，但是这些信息在相互补充、相互作用的情况下形成证据结构。因此，并不能说证据结构只存在于单一的证据之中。

证据结构理论的关注点不同于证据体系结构理论，证据体系结构理论更注重从整体上把握证据，直接目的是希望通过证据体系结构探寻符合事实真相的结论，证据结构理论则不然，其关注点在于证据蕴含的信息内容本身，虽然证据结构也有整体和部分之分，并且某些情形下证据结构需求的证据数量也较多，但是证据结构分析的直接目的只是更好地挖掘证据所蕴含的信息，其与证据体系结构分析的直接目的并不相同。总之，证据体系结构处于证据分析宏观层面，证据结构则处在一个相对微观层面。

（二）证据体系结构与证据体系的关系

不同于证据结构与证据体系关系那般疏远，证据体系与证据体系结

---

[1] 袁宗评：《证据结构研究》，《中国刑事法杂志》2007年第2期。

构之间的关系则显得更为密切。证据体系与证据体系结构两者的共同关注点在于"体系"二字上。前文业已说过，证据结构与证据体系结构是两个完全不同的概念，前者考虑的是证据内容本身，后者考虑的是证据体系的框架构建问题。关于证据体系与证据体系结构的关系，笔者认为，证据体系结构是构建一个完整、严密的证据体系的前提条件，倘若证据体系结构出现问题，那么证据体系的完整性和科学性也必将受到质疑。具体地说，证据体系结构能够为证据体系的构建和完善发挥以下作用：其一，保障刑事证据体系的整体性。刑事证据体系是一个独立的有机整体，之所以能保证其整体性，主要还是源于证据体系的结构完整性，结构上的欠缺，必然会导致体系的不完整，所以，构建科学合理的证据体系结构，能促进证据体系的完整性。其二，保障刑事证据体系的层次性。不管是按照犯罪构成四方面要件结构类型，还是主要事实和间接事实的双层结构类型的要求形成的证据体系，必然会体现相应的层次性特征。证据体系层次性便于证据的审查判断与分析。其三，保障刑事证据体系的逻辑性。逻辑是体系的生命，一个良好的系统必然有着明确的、层次分明的逻辑基础。而刑事证据体系的结构分析就能体现证据体系的逻辑性要求。

三 证据体系结构的研究意义

我国学者对证据体系结构研究热情不高，一方面是因为认识问题，即较多学者认为对于证据体系的分析研究并非目前阶段的重点，我国目前证据学研究应重点关注证据规则等规范性内容；另一方面是因为能力问题，即部分学者虽然已经认识到刑事证据体系分析问题的重要性，但是迫于当前证据学研究水平和发展阶段限制，无法深入开展相关研究。从国外研究来看，纵观英美证据法发展历史，除了如威格摩尔、特维宁等少数学者外，真正对证据分析进行研究的少之又少，相较于证据规则等显性问题，证据体系的分析反倒成了证据学领域的"隐性"学问。刑事证据体系结构研究意义，主要在于以下两点：

其一，在理论上拓宽证据学研究领域，使证据学除了具有规范法学性质外，更具有证明科学特性，有助于证据学理论的丰富与完善。刑事证据体系分析的研究与刑事证据规则等内容研究是证据学研究的两个重要领域，是不可偏废的。

其二，在实践上有助于提高证据的运用水平以及办案质量，有助于减少冤假错案的发生。虽然我国《刑事诉讼法》在证据体系要求方面有所规定，比如要求"证据确实充分"，强调运用证据定案时要达到"排除合理怀疑"标准，但由于其规范较为原则，依然无法阻止冤假错案的发生。科学的证据体系结构理论能够在现行法律规定要求下，提出各类证据分析结构类型，促进案件事实的准确认定。科学的刑事证据体系结构理论一方面能够指导办案人员准确地收集、分析证据，发现案件事实真相；另一方面也能够指导裁判人员对案件做出符合证据体系现状的正确裁判，防止冤假错案发生。

四 刑事证据体系结构的类型

完善合理的刑事证据体系结构是构建科学的刑事证据体系的前提条件，没有正确的刑事证据体系结构做支撑，刑事证据体系也就无法搭建起来，因此，研究刑事证据体系结构是构建科学的刑事证据体系的基础。随着我国诉讼法学理论研究不断深入，关于刑事证据体系结构的研究也越来越多，笔者选择其中有代表性的几种观点进行介绍和分析。

（一）"七何要素"说

所谓"七何要素"说，是指依据何事（What matter）、何时（When）、何地（Where）、何情（How）、何故（Why）、何物（What thing）、何人（Who）七个要素构建的刑事证据体系结构类型。不同的刑事证据结构其实对应着不同的刑事证据体系，二者相互作用。认同"七何要素"观点的人一般认为刑事证据体系就是能够最大限度地证明案件事实，证据系统就是证明案件"七何"事实情节的系统。"七何要素"说实际上对应着犯罪主体、客体、主观方面、客观方面四方面构成要件，具体来说，"何人"对应着犯罪的主体要件，"何事"对应着犯罪的客体要件，"何故"也就相当于行为人实施犯罪的目的和动机，对应着犯罪的主观方面，"何时"、"何地"、"何情"、"何物"则能够很好地反映出犯罪的客观方面。

（二）"四大要件"说

"犯罪构成要件是犯罪构成的基本单元。没有各个构成要件，就没有整个犯罪构成，就没有追究刑事责任的依据，所以，刑法必须规定各个犯罪的构成要件。"① 传统上我国学者一般将犯罪构成要件分为犯罪主体、客体、主观、客观四方面，即我国传统上所说的四方面构成要件理论。以四方面构成要件为基础所形成的刑事证据体系结构，实际上是为了更好地解决犯罪是否成立、被告人是否构成犯罪等问题，据此，所形成的刑事证据体系也被称作构成犯罪事实的刑事证据体系。与前述"七何要素"说进行比较，两者的不同点在于："七何要素"说主要是为了帮助刑事侦查人员认清案件事实所采用的方法，具有一定的发散性思维特征，有利于侦查活动的展开；而"四大要件"说主要是帮助起诉和审判人员在适用刑法进行定性时适用，其与刑法罪名和犯罪构成紧密关联，在事实认定思维上具有一定的收缩性。国内学者在研究刑事证据体系结构时，从刑事一体化角度更偏向于"四大要素"说，因为诉讼活动的最终目的还是要解决刑法上的定罪和责任问题。

也有学者指出，可以将"四要件"说同"七何要素"说的关键内容进行合并，将两种学说整合为一个整体。但是笔者认为，"四要件"和"七何要素"说的内容虽然看起来具有一定的相似性，但是两者之间还是有着很大的区别。将这两种学说进行整合，其弊端是明显的：第一，证明目的不同是两者的根本区别。"四要件"说的核心内容在于区分被告人究竟是否构成犯罪，而"七何要素"说则旨在认清案件事实的关键内容。一个注重罪与非罪，另一个注重查清案件事实，虽然案件事实的查清是被告人是否构成犯罪问题的基础，但从理论上来说，两者还是存在较大区别。第二，将两个学说进行整合容易引发逻辑上的混乱。两个学说虽然具有一定的相似性，但是在性质上还是存在着根本差别。一旦强行整合的话，会引发逻辑上的混乱，在一定程度上动摇刑事证据体系的完整性和科学性。

（三）"二层次"说

持有"二层次"学说的观点认为，刑事证据体系实际上分为两个层次，以直接证据为标准的第一层次和以间接证据为标准的第二层次，因此，刑事证据体系是由直接证据与间接证据两个层次证据共同组成的结

---

① 张明楷：《论犯罪构成要件》，《中南政法学院学报》1987年第4期。

构类型。直接证据与间接证据是以能否直接证明案件主要事实作为划分标准的。与前述两种学说不同，前面两种学说以实体法的构成要件为标准，强调"我需要认定什么"，致力于组建符合法律要求的证据体系结构。"二层次"说将证据按照其与案件事实的关联性程度进行分类，注重研究分析证据证明力强弱等个体特性，在案件事实认定上，侧重于"我能认定什么"。从方法论角度看，两者之间的思维和认识活动是对立的，"七何要素"和"四大要件"说体现了从法律到事实的认识过程，"二层次"说则体现了从事实到法律的认识活动过程。按照"二层次"说的理论与实践，一个案件的证据体系构成，一方面可以由直接证据与间接证据共同组成，即由直接证据和间接证据共同构成刑事证据体系结构；另一方面，一个案件证据体系也可能会完全由间接证据组成，即由间接证据独立组成案件是证据体系。"二层次"说认为，直接证据与间接证据分别代表着刑事证据体系的一个方面，即直接证据体系和间接证据体系，两者结合共同构成了一个完整的刑事证据体系。

（四）"横向结构和纵向结构"说

有观点指出，刑事证据体系的结构问题本身极其复杂，仅从一个角度上进行概括难以覆盖到刑事证据的全部内容。不管是"七何要素"说还是"四大要件"说又或者是"二层次"说，都无法做到全部完整地涵盖刑事证据体系的全部结构特征。上述关于刑事证据体系结构的学说都存在一定的局限性，所阐述的往往只是刑事证据体系的一部分特征。因此，有学者针对相关刑事证据结构理论的缺陷，提出了从不同角度概括刑事证据体系结构的观点。

根据该观点，刑事证据体系是一个极其复杂的系统，应当从横向以及纵向等不同角度进行考察。比如，刑事证据体系的横向结构包括以下几点：

1. 案件事实情节的子系统。该学者认为案件事实情节是办理刑事案件的基础，是刑事证明的核心内容。案件事实情节的每一点都需要证据进行证明，也自然会涉及刑事证据体系结构方面的问题。

2. 犯罪构成要件事实的子系统。这个子系统的主要目的是用来论证被告人是否构成犯罪。不论一个刑事证据体系最终设计得有多完善，倘若最终无法确定被告人是否构成犯罪，那么整个刑事证据体系也只是华而不实，无法发挥出其应有的作用。

3. 量刑事实子系统。该学者认为，量刑情节也是刑事证明活动的重要内容，是诉讼中审判环节的重要一环。一旦没有将量刑情节纳入刑事证据体系，那么整个量刑情节也就会失去相应的依据。

相较于明确简单的横向结构，在刑事证据体系的纵向结构层面，该学者描述得较为复杂。概括起来主要包括两个层面：

第一，证据子系统的层次结构。"证据子系统层次结构是证据体系结构的科学性和个体证据的有序性的可靠保证。"[1] 在这个子系统下，该学者认为主要包括案件事实情节证据子系统、犯罪构成事实情节证据子系统、量刑情节事实证据子系统。

第二，个体证据的层次结构。该学者认为，个体证据可以划分为两个层面，包括主证据和辅助证据两个层面。该学者认为主证据是在证明某一证明对象中起主要证明作用的证据。辅助证据是指对主证据的确实性起证明作用的证据。辅助证据的作用主要是用来审查主证据的真实性，起到一个审查判断的作用，避免因为虚假的主证据从而导致冤假错案的发生。

笔者认为，将刑事证据体系结构分为横向结构和纵向结构的思路值得肯定，因为证据体系本来就十分复杂，仅从单一的思路或者方向去讨论刑事证据体系，很难保证该体系的完整性。但是，该体系结构分析与现行的很多观点具有相似性。比如在横向结构分别分为案件事实情节和犯罪构成要件事实以及量刑事实这三个层面，但是这种所谓的横向结构实际上就是将传统上的"七何要素"说和"四要件"说的观点进行结合。一切证明活动都应当以发现案件事实真相为目的，不论刑事证据体系如何变化，不论刑事证据体系结构怎样，证明的核心内容并不会发生变化。因此，"四要件"说和"七何要素"说的关键内容依然是刑事证据体系结构的内容之一。就横向结构的内容来说，该学者对于证据体系结构内容的划分并没有较为明显的创新之处。

---

[1] 何泉生：《刑事证据体系的结构探究》，《中国人民公安大学学报》2005年第5期。

第二节　直接证据对主观要件的证明作用

犯罪主观要件一般是指犯罪主体对于他所实施的危害行为的危害结果所持的心理态度。在不同国家刑法理论中，对犯罪主观要件的称谓不尽相同。比如在传统大陆法系国家德国和日本将犯罪主观要件称为"责任条件或者是责任形式";[①] 法国学者称之为"心理要件";[②] 英美学者称之为"犯意";[③] 苏联和东欧学者则称之为"罪过"。[④] 将主观要件与刑罚惩罚相联系并不是一蹴而就的，而是经过"修昔底德、柏拉图、亚里士多德等人对犯罪意图和惩罚措施之间的相关性进行论述之后才逐渐注重对犯罪主观要件的理论研究"[⑤]。当然，主观因素作为犯罪必不可少的要件已为现代刑法理论所公认，其中不同的刑法理论要么视其为构成要件，要么视其为责任要素，无论怎样，主观要件都是犯罪论体系的重要组成部分。

犯罪主观要件的证明问题一直是刑事诉讼证明问题的难点。在犯罪构成要件要素的证明过程中，作为客观面的行为和结果等要素容易证明，但作为主观面的故意、目的等要素则较难认定，因为主观要件要素

[①] [日] 福田平等：《日本刑法总论讲义》，李乔等译，辽宁人民出版社1986年版，第120页。

[②] [法] 卡斯东·斯特法尼等：《法国刑法总论精义》，罗结珍译，中国政法大学出版社1988年版，第246页。

[③] 例如美国学者 Joshau Dressler 认为："一般来说，犯罪包括两方面的要素：危害行为（actus reus），即犯罪的物理或外部部分；犯意（mens rea），即犯罪的心理或内在特征。"参见 Joshau Dressler. *Understanding Criminal Law*. New York: Matthew Bender&Company, Inc., 2001, p.81。

[④] 例如苏联法学博士 B.C. 曼科夫斯基认为："所谓罪过，应理解为被苏维埃国家判罪的人所实施的犯罪行为的主观方面。"参见中国人民大学刑法教研室编译《苏维埃刑法论文选译》，中国人民大学出版社1956年版，第155页。

[⑤] [爱尔兰] J.M. 凯利：《西方法律思想史》，王笑红译，法律出版社2002年版，第31—32页。

属于人的内在心理活动，无法用传统意义的证据直接证明。① 目前对犯罪主观方面的认定途径主要集中在三个方面。第一，通过直接证据进行证明。直接证据能够直接反映出案件的主要事实，自然对被告人实施犯罪时的内心态度也能够准确地反映出来。第二，通过间接证据进行间接推理证明主观要件。被告人的主观心理能够通过多个间接证据间接推理得到判定，主要是因为犯罪主观要件作为行为人犯罪时的心理态度，不是仅停留在大脑中的纯主观思维活动，它必然要支配行为人客观的外在犯罪活动，必定会通过行为人犯罪及与犯罪有关的犯罪行为前、犯罪行为时以及犯罪实施后的一系列外在客观活动表现出来。② 而这些外在客观活动必须由数量众多的间接证据直接证明获得。犯罪心理学也告诉我们，借助收集到的证据即行为痕迹，能够揭示犯罪人的犯罪心理活动。③ 例如在窝赃、销赃案件中，"行为人主观上是否明知犯罪对象为赃物可以通过客观事实（间接证据直接证明的事实——笔者注）来推定（即推论——笔者注）得知"④。第三，通过法律或者司法解释，以推定的方式对犯罪主观要件进行证明。推定的运用在我国目前虽然存在争议，但是推定规则的运用是用于解决犯罪主观要件证明困难困境的最好的方法之一。推定规则的运用能够通过基础事实 A 而直接推出推定事实 B 的存在，虽然可能会导致某些不确定因素的产生，比如推定事实 B 的正确性等存在疑问，但是这些问题都可以通过对推定规则作出限制予以解决。目前法律推定在国内获得理论界与实践的支持，比如刑法学者陈兴良教授就主张对特定犯罪的主观方面做"应当知道"的法律推定。上海市高级人民法院发布的《关于审理毒品犯罪案件具体应用法律若干问题的意见》中规定："如果没有足够证据证实行为人在主观上明知是毒品，但能够证实其对所承运物品的非法性具有概括性认识……可以认定运输毒

---

① 参见拙著《犯罪主观要件证明责任制度研究——以推定为核心》，《学习与实践》2013 年第 7 期。
② 高铭暄、马克昌主编：《刑法学》，北京大学出版社 2005 年版，第 108 页。
③ 罗大华、何为民：《犯罪心理学》，中国政法大学出版社 2007 年版，第 55 页。
④ 张明楷：《如何理解和认定窝赃、销赃罪中的"明知"》，《法学评论》1999 年第 2 期。

品罪，在量刑时酌情给予从轻处罚。"① 这一规定即是对"应当知道"法律推定的实践。

虽然对犯罪主观要件的认定可以通过以上三种途径实现，但是实践中最核心、最传统的认定方式还是属于证明方式，即通过直接证据或间接证据证明的方式对犯罪主观要件进行认定。正如前文所言，证据裁判原则至今仍然起主导地位。

一 直接证据的概念及其基本理论

（一）直接证据的概念

我国学界对于直接证据的定义比较统一。国内有代表性的证据法学者对直接证据概念都有论及，比如樊崇义教授主编的《证据法学》教材认为："直接证据是指能够单独直接证明案件主要事实的证据。"② 何家弘教授认为，"所谓直接证据，就是以直接方式与案件主要事实相关联的证据，即能够直接证明案件主要事实的证据"③。陈瑞华教授认为，"所谓直接证据，是指那种所包含的事实信息足以证明案件主要事实成立或者不成立的证据"④。张保生教授主编的《证据法学》也认为，"直接证据（direct evidence），是以直接方式与案件事实相关联并对其具有直接证明作用的证据"⑤。学者们对直接证据的定义大同小异。

对比以上学者对直接证据所做出的定义不难发现，"案件主要事实"是与直接证据定义关系最为紧密的一个概念。要想明确直接证据定义，必须先界定清楚"案件主要事实"这一概念。目前学界关于案件主要事实的观点主要有两种：

第一，把案件主要事实直接等同于法律事实。这种观点认为，"要求直接证据必须涵盖、证明主要案件事实，即意味着直接证据涵盖、证明案件主要事实的全部构成要件。但是，在法律事实的各类构成要件

---

① 参见上海市高级人民法院 2000 年 5 月《关于审理毒品犯罪案件具体应用法律若干问题的意见》第 4 条第 1 项。
② 参见樊崇义主编《证据法学》，法律出版社 2007 年版，第 227 页。
③ 何家弘、刘品新：《证据法学》，法律出版社 2007 年版，第 137 页。
④ 陈瑞华：《刑事证据法学》，北京大学出版社 2012 年版，第 98 页。
⑤ 张保生主编：《证据法学》，中国政法大学出版社 2009 年版，第 147 页。

中，某些很难被直接证据直接涵盖或者证明"①。这种观点无疑把主要事实做了最宽泛化理解，把犯罪构成的各要件事实都视为主要事实。并进一步得出结论："直接证据是无法单独形成对案件主要事实的全部构成要件的认识的，因此，认为直接证据可以单独证明主要案件事实的论断是错误的。"② 按照此观点，现实中不可能存在直接证据，因为根本没有单一的证据能够涵盖案件的所有构成要件事实，即上述观点所称的"主要事实"，直接证据也就自然没有存在的必要了。

第二，把案件主要事实界定为构成要件事实中的某一环节或某几个环节。根据这一观点，虽然某个证据所涵盖的事实信息最多只能证明犯罪构成要件事实的一个环节或几个环节，但能够证明这些特定环节的单个证据即可成为直接证据。陈瑞华教授在此观点基础上进一步分析认为，案件主要事实可以分为积极事实和消极事实，前者主要是指说明被告人实施了犯罪行为的事实，后者则是指被告人未实施某个犯罪行为的事实。直接证据所证明的事实与所需要证明的案件事实达到了完全重合的程度，就会出现两种结果，要么直接证明某人犯某种犯罪的事实成立，要么直接证明某人未犯某种罪，从而彻底否定某人犯罪的事实。积极事实与消极事实的分类，直接促成了肯定性直接证据与否定性直接证据的分类。③ 笔者赞同把案件主要事实界定为构成要件事实中的核心环节的观点，但何谓"核心环节"事实？此观点未能进一步予以澄清，这样就使我们对直接证据概念的理解产生了模糊。

我国学者在定义直接证据时一般都使用"案件的主要事实"这一概念。因此在准确把握直接证据概念之前，有必要首先对"案件主要事实"这个概念进行精确界定。而在界定"案件主要事实"这个概念之前，又有必要对"案件事实"的结构和组成部分做一剖析。我们一般在

---

① 纪格非：《直接证据与间接证据划分标准的反思与重构》，《法学论坛》2013年第1期。

② 纪格非：《直接证据真的存在吗？——对直接证据与间接证据分类标准的再思考》，《中外法学》2012年第3期。

③ 比如，承认实施了某种犯罪的供述即为肯定性直接证据，否认实施了某种犯罪的辩解即为否定性直接证据。

使用"案件事实"这一称谓时,使用的是模糊性概念,它既可以在整体意义上指案件的全部事实,也可以在单个意义上指全案事实中的某一项事实,或称某一环节事实,甚或在部分意义上指全案事实中的某些部分事实。由于"案件事实"的概念在使用中容易产生模糊,因此在严格的学术论证中应尽量避免使用。为了厘清概念,能够对"案件事实"的结构进行有效的把握,我们可以借用或引入其他几个概念——全案事实、要证事实与非要证事实、构成要件事实与非构成要件事实、主要事实与辅助事实(或间接事实)等来进行分析。对于任何一个案件而言,"全案事实"的外延是最广的,它所包含的内容也最为全面和复杂,可以这样说,只要某一项事实和发生的案件在逻辑上存在关联性,即使这种关联是极其微弱和不易察觉的,这项事实还是可以作为全案事实的组成部分。形象地说,全案事实就像一个大的圆圈,把所有有关联性的事实都囊括了进来,判断一项事实是否属于某个案件的事实,标准应当是该项事实与案件是否存在关联。司法实践中,并非所有与案件有关联的事实都需要司法者逐项予以查明或证实,① 也并非所有的关联性事实司法者都能够查清楚,认识论告诉我们,要想完全"原封不动"地复原业已成为历史的案件事实,人的能力是做不到的。作为司法基础的案件事实,由于伴随着司法时限和司法目的等诉讼特性,因而只能是全案事实中的部分事实,也就是说,司法者只能对全案事实进行有选择的证明和认定,案件的"要证事实"可以说是立法与司法对全案事实进行选择证明

---

① 这些事实就是笔者所说的"非要证事实"。全案事实中的"非要证事实"范围极为宽广,较难界定。一方面,在所有诉讼案件中,存在大量的虽与案件有逻辑上的关联,但对司法人员正确处理案件没有任何意义的事实,即无须认定的事实;另一方面,还存在一些无须经过严格证明途径便可直接认定的众所周知的事实和推定的事实,这两方面事实构成了此处所说的"非要证事实"。当然,直接认知的事实和推定的事实并不仅存于非要证事实的认定领域,司法认知和推定可以运用于各类案件事实认定环节,包括案件要证事实、构成要件事实、主要事实等的认定可能都会使用到司法认知和推定。应当注意,在刑事诉讼中,犯罪的构成事实和犯罪的主要事实是不允许进行推定的,否则,便进行了"有罪推定"。推定是法律上的一项严格制度,必须依法进行;推论是经验和思维领域的一项活动,其受法律规制较少,主要受经验和逻辑约束,因而可以进行"有罪推论"。此问题下文再作详述。

和认定的结果。"要证事实"是任何诉讼案件中需要查明和认定的事实，是指法律规定司法机关为了正确作出裁判必须明确的事实，是适用法律不可缺少的基础。"要证事实"有时被称为"待证事实"或"争议事实"（facts in issue），它包括"案件的构成要件事实""量刑事实"（即对刑罚裁量具有影响的事实）和"程序事实"三项内容，[①]"构成要件事实"和"量刑事实"属于实体法上的事实，"程序事实"属于程序法上的事实。随着程序立法和程序观念的不断强化，诉讼中程序性争议事实越来越显得突出，程序性事实的证明和认定在现代诉讼中愈显迫切和必要。当然，不可否认，司法人员的事实认定活动主要是围绕着实体法的正确适用进行的，因此，"案件构成要件事实"和"量刑事实"必然会成为司法人员事实认定活动的中心。"案件构成要件事实"又是事实认定活动中心的"中心"，也即"要证事实"的中心（如图3-1所示）。

全案事实
案件的要证事实
案件的构成要件事实
案件的主要事实

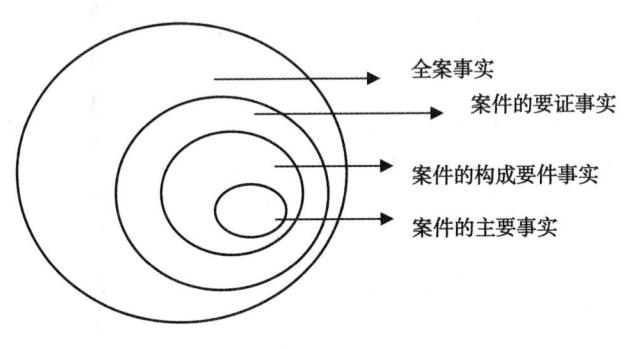

图3-1

至于何谓"案件主要事实"，其实是一个较为模糊的概念，按照一般理解，它的对应概念既可以是"案件次要事实"，也可以是"案件间接事实"，因此它具有多义性。我国大陆地区有代表性的观点认为，所

[①] 日本学者把"需要证实的事实"即"要证事实"首先分为实体法上的事实和诉讼法上的事实两类，其认为，"实体法上的事实包括：一、犯罪事实（构成要件事实、处罚条件事实）；二、犯罪事实以外的事实（影响法律上构成犯罪的事实、法律上加重减免理由的事实、酌情减轻刑罚或缓期执行条件的事实）。诉讼法上的事实包括：一、作为诉讼条件的事实；二、作为诉讼行为要件的事实；三、证明证据能力和证明力的事实；四、其他诉讼法上的事实。"见［日］田口守一《刑事诉讼法》，刘迪等译，法律出版社2000年版，第220页。

谓案件的主要事实，就是对确定案件争议或解决诉讼纠纷具有关键意义的事实。在不同诉讼中，案件的主要事实是不同的。民事案件的主要事实是民事当事人之间争议的民事法律关系发生、变更、消灭的事实；行政诉讼案件的主要事实是指行政机关具体行政行为是否存在以及是否合法的事实；在刑事案件中，主要事实则是指犯罪嫌疑人、被告人是否实施了指控的犯罪行为，即案件的主要事实不仅包括发生了什么案件，也包括主要涉案人的身份，易言之，案件主要事实应当包括"事"和"人"两个因素。[①] 中国台湾地区学者对于"案件主要事实"的理解与大陆有所差异，如有学者认为，"……犯罪是否成立，决定于犯罪事实是否存在，是以犯罪事实不失为审判之主要事实，除此之外，构成犯罪之加重减轻事由之事实，亦应认为主要事实。至于完全不属于犯罪事实之客观处罚条件之事实，因此项事实之重要性不亚于犯罪事实，故亦应认为主要事实"[②]。台湾另有学者也持相似观点，"基本的事实[③]，除依起诉书状所表示之具体的事实外，并及违法性事实，处罚条件事实，法律上刑罚加重减轻或免除事由之事实"[④]。上述台湾学者在对案件主要事实的表述中不适当地扩大了案件主要事实的范围，把犯罪事实和有关量刑事实都囊括在案件主要事实之中，这将直接导致直接证据与间接证据之间的界限混乱，不利于我们把握直接证据概念的准确含义。例如，犯罪后自首或立功的事实，如果把它们纳入案件主要事实，那么能够单独直接证明自首或立功事实的证据是否属于犯罪案件的直接证据呢？回答应该是否定的。如果把能够直接证明犯罪后自首或立功事实的证据视为案件直接证据，这会使直接证据与间接证据的区分标准飘忽不定，容易陷入概念迷阵。

综合以上分析，笔者认为，为了能够科学界定直接证据与间接证据概念，合理划分两者的界限，我们有必要明确"案件主要事实"的含

[①] 何家弘、刘品新：《证据法学》，法律出版社2004年版，第138页。
[②] 蔡墩铭：《刑事审判程序》，台湾五南图书出版公司1992年版，第284页。
[③] 此称谓与"主要事实"含义相同。
[④] 陈朴生：《刑事证据法》，台湾三民书局1979年版，第235页。

义。在"案件主要事实"含义界定上，笔者赞同学术界的第二种观点，即刑事案件主要事实是指构成要件事实中的一个或几个核心环节事实的结合，具体来说，刑事案件的主要事实是指全部案件事实中的"某人实施了某种犯罪行为"这一核心事实环节。据此，直接证据是指能够单独直接证明案件中"某人实施了某种犯罪行为"这一事实环节的证据。直接证据包含了"某人"、"某事"两个环节及其相互结合的信息。

（二）直接证据的特点

直接证据是能够单独直接证明案件主要事实的证据，对于证明犯罪主观要件的意义不言而喻。直接证据具有以下一些特点：

第一，证明案件事实的直接性。"直接证据是能够单独直接证明案件主要事实的证据，因此，其最显著的特点是它对案件主要事实的证明关系是直接的，是无需借助于其他证据的。"[①] 这种直接性是直接证据所特有的属性，倘若有证据能够直接对案件主要事实进行证明，那么这种证据必然属于直接证据，不可能出现能够对案件主要事实进行证明却又不属于直接证据的情形。直接证据的直接性主要源于直接证据所包含的信息与待证事实的信息完全对应和吻合，这样带来的好处就是能够使直接证据在运用时对案件事实的认定比较单一和简便，只要直接证据能够被查证属实，不存在虚假或者伪造的因素，即可仅依据直接证据完成待证事实的认定。相较于间接证据的运用的复杂，以及需要达到相互印证的要求而言，直接证据的运用就显得十分简便。

第二，证明对象的特定性。直接证据用于的证明对象只能是案件的主要事实，如果否认这一点，便动摇了直接证据的定义根基，直接证据与间接证据之间的划分标准也就失去了意义。虽然直接证据的证明对象是特定的，但是并不是说直接证据同其他直接证据或者间接证据之间的联系是孤立的，边沁曾说："证据是一种关系，这种关系只有在一个证据同其他证据之间的联系中才得以体现，单独的一个证据无法体现出自身的价值。割裂证据之间的关系，孤立地对每个证据进行考察，也无法

[①] 何家弘、刘品新：《证据法学》，法律出版社2007年版，第140—141页。

获得所谓的案件事实。"① 直接证据的运用也要同其他相关的证据结合，才能够充分发挥证明案件主要事实的作用。

第三，直接证据具有稀缺性。基于直接证据的直接性特征，诉讼中只要获得直接证据，并且能够查证属实，刑事诉讼证明活动即可得到解决，被告人是否构成犯罪的问题便能得到认定。直接证据虽然具有很强的证明优势，但是在司法实践中，直接证据的收集获取存在一定的困难，这主要是因为犯罪过程中产生直接证据具有一定的偶然性。首先，作为直接证据的口供在诉讼实践中越来越难以获取，尤其在强调被告人人权保障的今天，世界各国在刑事诉讼中都纷纷规定了反自证其罪原则，如此，获取被告人供述的可能性就更小了。其次，能够成为直接证据的目击证人证言可遇不可求。这主要是因为犯罪一般具有隐蔽性，不容易形成目击证人证言。再次，能够成为直接证据的其他证据形式，如书证、视听资料等，在犯罪中形成更有一定的偶发性，比如我们经常说的把被告人实施犯罪行为这一过程完整记录下来的录像，在现实中就有一定的偶发性。总之，直接证据在司法实践中总是呈现出一种稀缺性。

第四，直接证据的审查具有困难性。直接证据最为常见的表现形式往往是通过言辞证据的方式表现出来，而言辞证据本身的稳定性较差。不论是证人证言还是被告人的口供，都会因为受到主客观因素的影响而不像实物证据那般固定不变，因此，更多表现为言辞形式的直接证据在某些情形下存在虚假或者失真的可能性会较大。比如，被告人会出于各种各样的动机提出或真或假、半真半假的口供，甚至当庭推翻先前的口供；被害人也有可能出于恐惧或者复仇的心理等原因故意夸大或者缩小犯罪事实，提供不真实的陈述；证人也会因为时间消逝、记忆力减退、间接利益考量或主观认识错误等各种因素对案件事实做出不符合客观实际的陈述。类似这些情形都会导致直接证据的可靠性受到影响。因此，此类直接证据需要与其他证据相互印证，进行全面审查判断后，才能确定其真实性。所以，虽然直接证据证明案件主要事实过程十分简捷，但

---

① Bentham, *Rational of judicial Evidence*, (Vol. Vi) *Works of jereny Bentham*, by Thoemmes Press 1995, p. 10.

是对直接证据自身可靠性的审查认定工作却十分复杂，难度较大。

第五，直接证据定案具有风险性。直接证据虽然能够直接证明案件主要事实，但是根据单一的直接证据来认定案件事实不可避免地会存在一定的风险，这种风险主要源于直接证据可靠性的存疑上。就拿口供来说，虽然口供在各国刑事诉讼中依然发挥着重要作用，就像有学者所说："刑讯逼供这种卑劣手段之所以有持久的生命力，其原因在于它可以避免有关证据的正式法律制度免于崩溃的风险。"[①] 例如在英国，大约20%的案件，口供对于警察来说是关键的或者说是重要的，警方也表示，如果没有口供，8%的案件将不会被起诉。[②] 但是由于口供的不稳定性，单独依赖口供定案也是各国立法所不允许的。就是考虑到口供这种直接证据定案的风险性，我国1979年、1996年、2012年三部《刑事诉讼法》才在相关条款明确规定"重证据、重调查研究，不轻信口供……只有被告人供述，没有其他证据的，不能认定被告人有罪……"等内容。

（三）直接证据的表现形式

直接证据在刑事司法实践中的表现形式主要有以下几种：

第一，当事人陈述，包括被告人陈述和被害人陈述。被告人的陈述，我国大陆地区称之为被告人供述或辩解，不可能成为间接证据加以使用，其只能属于直接证据范畴。被告人一般是犯罪行为的直接实施者，其对犯罪行为了解得最为清晰彻底，他所陈述的内容要么包含了自己实施了犯罪行为的主要事实，要么是对这一主要事实进行否定。无论是肯定性的陈述，抑或否定性的陈述，其都是对犯罪主要事实的直接证明，如果是肯定性的供述，则成为肯定性直接证据；如果是否定性的辩解，则成为否定性直接证据，所以，被告人陈述只能成为直接证据。

由于被害人也是案件的亲身经历者，对于案件发生的具体过程以及一些细节也可能了解，这些被害人陈述往往能够直接证明案件的主要事

[①] John H. Langbein, Torture and Plea Bargaining. 46 the University of Chicago Law Review 1978.

[②] 徐美君：《侦查讯问程序正当性研究》，中国人民大学出版社2003年版，第44页。

实，即"某人实施了某种犯罪行为"这一主要事实。当然，也并非所有当事人陈述都可以成为直接证据，比如有的被害人陈述，由于犯罪的隐秘性，被害人对于行为人或者对行为人的行为不知晓，只了解其受到的犯罪侵害结果，那么该被害人所做的陈述对于证明案件主要事实来说，就具有明显的缺陷，该陈述无法全面涵盖"某人实施了某种犯罪行为"的信息，因此该陈述不能成为直接证据。

第二，能够证明案件主要事实的证人证言。普通证人证言按其是否为证人所亲身经历或感受，一般被分为目击证人证言与传闻证人证言。目击证言和传闻证言两者都可以成为直接证据。直接证据与间接证据的划分不是以证据与案件事实的亲疏远近为标准的。目击证言如果涵盖了案件主要事实，即目击证人目击了犯罪主要事实，并对之进行了描述，这种证言即属于直接证据；如果证人只是目击了被告人慌张逃离现场或被告人持有凶器、赃物等间接事实环节，并以此出具证言，该证言则属于间接证据。传闻证言与目击证言同理，如果其内容涵盖案件主要事实就属于直接证据；如果只是涵盖了某些间接事实环节，则属于间接证据。

第三，能够证明案件主要事实的书证。直接证据虽然常常通过言辞证据的方式表现出来，但是书证也可成为直接证据的表现形式之一。记载了能够证明案件主要事实的书证，就可以成为直接证据。比如被告人用日记的方式对行为人实施犯罪行为进行记录，这样，犯罪日记就成为直接证据。

第四，能够证明案件主要事实的视听资料。视听资料的记录，要具备一定的完整性，即该视听资料覆盖到整个犯罪的全过程。比如在一起银行抢劫案件中，银行大厅里的监控将整个抢劫活动的开始到结束都完整地记录下来，那么根据银行的监控所获取的视听资料也就成为证明主要犯罪事实成立的直接证据。

二 直接证据对主观要件的证明作用

犯罪主观要件在犯罪构成中占据主要地位，就像有学者所说："如果说犯罪构成的主、客观要件是一对矛盾的话，那么，在定罪意义上，罪过心理是矛盾的主要方面,是犯罪构成的核心,决定着犯罪的本质。"① 但犯罪主观要件的认定一直是刑事司法过程中的难点。按照现代证据裁判原则要求,犯罪主观要件的认定当然应以证据证明方式为主,但目前除了相关司法解释对证据证明要求进行原则规定外,对如何运用证据对主观要件进行有效证明,法律并未有具体规定。② 笔者认为,既然证据可以分为直接证据与间接证据两种类型,那么,按照前述"二层次"证据体系结构理论,主观要件证明,一方面可以通过直接证据与间接证据共同组成的证据体系来进行,另一方面也可以仅通过间接证据组成证据体系来进行。由于直接证据信息包含了案件主要事实,而主要事实一般含涉主观要件信息,因此直接证据对证明主观要件的意义不言而喻。直接证据对犯罪主观要件的证明作用依据直接证据本身特性可以分为积极证明作用和消极证明作用两种情形,以下分别予以论述。

(一) 直接证据对犯罪主观要件证明的积极作用

首先,从积极作用上来看,直接证据对犯罪主观要件的证明最为明显的作用就体现在直接和简便。犯罪主观要件证明陷入困境的原因之一就在于犯罪主观要件中的意识因素和意志因素均在于行为人的脑海观念之中,而需要对犯罪主观要件进行举证证明的行为人却并非实施犯罪的人,因此,独立于犯罪行为人意识之外的控方要证明行为人主观上存在过错,其难度可想而知。国外有学者就指出,"证明犯意是相当困难的。在犯意下,控方必须将被告人基于所需犯罪心态实施了犯罪行为证明到排除合理怀疑的程度。例如,强奸罪的犯意标准通常要求控方证明被告人知道被害人不同意。犯罪心态确实很难证明,特别是当控方基本依赖

---

① 姜伟:《犯罪故意与犯罪过失》,群众出版社1992年版,第57页。
② 比如《最高人民法院关于执行〈中华人民共和国刑事诉讼法〉若干问题的解释》第52条中规定:"需要运用证据证明的案件事实包括:……被告人有无罪过,行为动机、目的。"该司法解释只是告诉人们应当对犯罪主观动机进行证明,而对于应当如何证明,采用怎样的证明方法却避而不谈。同样《人民检察院刑事诉讼规则》第333条规定,"公诉人询问被告人、询问证人、被害人、鉴定人、出示物证、宣读书证、未出庭证人的证言笔录等应当围绕下列事实进行:……(五) 被告人有无责任能力,有无故意或者过失,行为的动机、目的……",该规定虽然指出了证据的来源,但是对于证明的过程却没有涉及。

间接证据（circumstantial evidence）证明其案件时"①。因为"意识问题一直是科学和哲学家研究中的极其困难和复杂的问题"②。"意识是心理学中的一个传统基本理论问题，更是哲学、心理学上的老大难议题。"③按照一般的思维理论，了解一个人的内心思维最好的方式就是通过当事人本人进行阐明，没有比行为人本人更加清楚自身的意志和思维状态了。直接证据证明犯罪主观要件的方式就是通过让行为人自己阐述自己的主观心理态度，包括意志因素等。恩格斯认为"人脑推动人去从事一切活动，甚至吃喝也是通过头脑感到的饥渴引起的，并且是由于同样通过头脑感觉到饱足而停止"④。直接证据的作用就是像打开行为人的大脑，让大脑主动阐述相关的犯罪动机、犯罪目的，等等。之前笔者已经详细提及直接证据通常的表现形式，主要表现为当事人陈述、能够证明案件主要事实的证人证言，能够证明案件主要事实的书证，能够证明案件主要事实的视听资料。不论是当事人陈述还是书证等直接证据，其证明的角度更像是站在犯罪行为人本身的角度而不是站在控方的角度，即脱离于犯罪行为人本身主观意识之外的角度去进行证明。"罪过作为一种心理状态内在于犯罪人的内心深处，对于基于何种心理实施危害行为，犯罪人自己最为清楚。"⑤ 如果在侦查、起诉和审判的任何一个刑事诉讼阶段中能够让犯罪人自己对实施犯罪时的心态进行阐述，依据犯罪嫌疑人、被告人的口供，控方就能够更加清晰准确地了解整个案件犯罪事实，同时在另一层面对于法官依据犯罪人的主观要件以及造成的客观危害结果进行合理的定罪量刑上也能起到一定的积极作用。

（二）直接证据对犯罪主观要件证明的消极作用

直接证据的消极作用在保护犯罪嫌疑人、被告人的正当诉讼权利以及追求诉讼真实层面上会起到一定的阻碍作用。犯罪主观要件的内容存

---

① Assaf Hamdani, Mens Rea and the Cost of Ignorance, 93 Va. L. Rev. 415, 422 (2007).
② 冯契主编：《哲学大辞典》，上海辞书出版社 2001 年版，第 1816 页。
③ 霍涌泉：《意识研究的百年演进及理论反思》，《陕西师范大学学报》（哲学社会科学版）2006 年第 3 期。
④ 《马克思恩格斯选集》（第 4 卷），人民出版社 1995 年版，第 228 页。
⑤ 赖早兴：《证据法视野中的犯罪构成研究》，湘潭大学出版社 2010 年版，第 145 页。

在于人的意识之中,而真正能够了解到行为人的主观内容不外乎通过两种方式,一种是犯罪人主动阐述,一种是采取强迫的方式让犯罪人对主观要件进行说明。一般情况下,很少会有犯罪人主动阐明犯罪主观要件部分,从而侦查人员会去寻求第二种方式,而一旦强迫的手段超出一定的限度,就会成为一个在世界各国都存在已久的获取口供的方法——刑讯逼供。整个诉讼法发展的历史上,存在着三种类型的证据制度,分别是神示证据制度、法定证据制度和自由心证制度。在神示证据制度下,由于当时人们的认识水平较低,审判主要是借助于水、火等自然因素来判断是非曲直、有罪无罪,被告人的口供在神示证据制度之下反而并没有得到太大的关注。因为在当时的社会中,人们更宁愿相信神的判决而不愿意相信人的供述。之后随着社会发展水平的提高,神示证据制度逐渐被人们所摒弃,证据的价值逐渐被发现,并且证据的形式以及证明力都通过法定的形式固定下来,在这种证据制度之下,口供这种证据的意义发挥到了极致,也被人称做证据之王。苏联著名的刑事诉讼法学家安·扬·维辛斯基曾说:"坦白在这个时代的一切法典里,成为最有价值的、最良好的证据,成为'证据之王'(regina probationum),在一定的条件下决定着全部案件的命运。"① 在当时的那个时期,刑讯逼供甚至被视为一种为获取口供所合法进行的调查手段,比如《加洛林刑法典》中规定:"假如某人被怀疑对他人有损害行为,而嫌疑犯被发觉在被害人面前躲躲闪闪、形迹可疑,同时嫌疑犯又可能是犯这类罪的人时,那么这就是足以适用刑讯的证据。"② 法定证据制度下的口供中心主义,对于某些实施了犯罪行为但是意志不坚定的人来说,口供这种直接证据使犯罪人的主观心态最容易得到证明,也最有说服力。此后随着社会的不断发展,理性和自由的观念得到推出,相应地扩展到证据制度层面,机械禁锢的法定证据制度也随之得到解放,代表自由和理性的自由心证制度也逐步替代了法定证据制度,与之相对应,通过刑讯逼供的方式来获

---

① [苏]安·扬·维辛斯基:《苏维埃法律上的诉讼证据理论》,法律出版社1957年版,第105页。

② [意]贝卡里亚:《论犯罪与刑罚》,中国大百科全书出版社1993年版,第31页。

取口供的行为也随之遭受到批判。中国台湾学者姜世明就曾指出,"自由心证主义与法定证据主义相比较,后者系为避免法官专擅而恣意决断事实,而后以法律预先规定一定采证方法,规范法官就一定事实之认定须依据法定具体方法取证认定事实……面对现代诉讼之采证与事实认定之复杂性,此种僵化之证据评价方法在个案中不仅难以适用,更可能造成法院判定证据价值结果乃与其心证形成相悖者"[1]。而自由心证最基本的含义是指"法官在根据证据资料进行事实认定时,能够不受法律上的约束而进行自由的判断"[2]。在全新的自由心证证据制度的主导之下,兴盛的口供中心主义逐步开始走向没落,在证据形式上也逐步开始向物证主义上靠拢,完成从重视口供到逐步重视物证的证据形式上的转变。虽然通过刑讯逼供的方式来获取被告人的口供,由被告人自己直接陈述来完成诉讼证明任务,不论是证明犯罪的主观要件还是客观要件都显得十分清晰明了,但是站在保障人权和尊重被告人诉讼权利的角度来看,对刑讯逼供的禁止又是必然的。通过刑讯逼供固然能够获取被告人的口供这种完美的直接证据,并且在严刑拷打之下也会有很多犯罪嫌疑人、被告人经受不住刑讯而交代犯罪事实,但是同样也会有相当一部分的行为人因为刑讯逼供而屈打成招,被迫供述所谓的"犯罪事实"而造成大量冤假错案。在无法保证刑讯逼供的口供的真实性的情况下,这种直接证据所引发的对犯罪嫌疑人、被告人的正当诉讼权利的侵害以及脱离发现案件事实真相为导向的诉讼目的都会引发一定的风险。"忠于事实真相是从办案人员的主观态度方面提出来的,是针对实践中公安司法人员故意隐瞒、歪曲事实真相而言的。要求公安司法人员忠于事实真相,虽然并不意味着一定能查明事实真相,但是这是查明事实真相的前提。"[3] 现代世界各国都已经在相关的刑事立法当中明文规定对刑讯逼供予以禁止,并且还建立了一系列的刑事证据规则对禁止刑讯逼供进行保障,比

---

[1] 姜世明:《证据评价论》,台湾新学林出版公司2014年版,第10—11页。
[2] 王亚新:《刑事诉讼发现案件真相与抑制主观随意性的问题》,《比较法研究》1993年第2期。
[3] 陈光中、李玉华、陈学权:《诉讼真实与证明标准改革》,《政法论坛》2009年第2期。

如严格证明规则以及非法证据排除规则。非法证据排除规则是现代刑事诉讼所不可或缺的一项内容，"完整的非法证据排除规则应当包括两项基本内容，或者说，要回答两个基本问题。第一是非法证据的界定，即什么是非法证据；第二是非法证据的处分，即是否排除及如何排除"①。非法证据排除规则以及其他的一些证据规则虽然对于一些违法取证行为能够有效地进行规避，但是从另一角度来说，这些刑事证据规则在一定程度上约束了控方举证的证明方法，给主观要件的证明带来了不便，促使犯罪主观要件认定陷入困境。

三　国内外法律对直接证据取得和运用的障碍

（一）英美法系和大陆法系对直接证据的取得和运用

证据在诉讼中的运行需要依靠证据规则进行协调，在英美和大陆法系国家，对直接证据的运用和限制较多地集中在不得强迫自证其罪规则、沉默权规则以及自白任意性规则上。

1. 不得强迫自证其罪规则

"不得强迫自证其罪（nemo tenetur seipsum prodere）通常被视为一项权利或者特权，往往被称为'犯罪自证其罪的权利'（right against self-incrimination）或者'反对自证其罪的特权'（privileg against self-incrimination）。"②不得强迫自证其罪的规则通常被认为来源于一句格言，即"任何人无义务控告自己（nemo tenetur seipsum accusare）"③。在近代刑事诉讼中，英国在"李尔本案"中率先确立了不得强迫自证其罪的规则。此后随着刑事诉讼人权保障及公平正义理念的发展，不得强迫自证其罪规则已然为世界各国所接受并且在法条中予以确立。"二战"后，联合国出于人权保障要求，在《联合国公民权利和政治权利国际公约》第14条第3款规定："在判定对他提出的任何刑事指控时，人人完全平等地享有以下最低限度的保证：……不强迫做不利于他自己的证言或强

---

① 何家弘：《适用非法证据排除规则需要司法判例》，《法学家》2013年第2期。
② 陈光中主编：《联合国刑事司法准则与中国刑事法制》，法律出版社1998年版，第271页。
③ 王以真主编：《外国刑事诉讼法学参考资料》，北京大学出版社1995年版，第427页。

迫承认犯罪。"① 另外，国际社会还在其他一系列人权组织的公约中确立了不得强迫自证其罪规则，比如世界刑法学会确立的《关于刑事诉讼法中的人权问题的决议》第17条、《美洲人权公约》第8条、《联合国少年司法最低限度标准规则》第7条等都有明确规定。

不得强迫自证其罪原则设立目的在于保障犯罪嫌疑人、被告人在刑事诉讼中享有正当权益，保障其人权尊严受到尊重。因此，出于保障人权的需要，世界各国纷纷将不得强迫自证其罪规则上升到宪法高度，成为一项宪法性权利。比如日本就在其《宪法》第38条明确规定："任何人不受强迫做不利于自己的供述。通过强迫、拷问或威胁所得的口供，或经过不适当的长期拘留或拘禁后的口供，均不得作为证据。"美国联邦宪法也明确赋予了不得强迫自证其罪的特权，其第五修正案规定："任何人……不得强迫在任何刑事案件中作为反对自己的证人。"德国联邦宪法也同样规定："公民在对自己不利的刑事诉讼程序中拒绝积极合作的权利，是从基本法的第1条和第2条所保障人的尊严和自由引申而来的，并且是法治国家概念的组成部分。"②

根据英美法系国家学者的观点，不得强迫自证其罪的特权在犯罪嫌疑人、被告人中表现为两种权利："一是就是否陈述而言，犯罪嫌疑人、被告人享有不受强迫的权利；二是犯罪嫌疑人、被告人在陈述时享有是否陈述以及是否提供不利于己的陈述的自由。""前者实际上是自白任意性规则，后者则是所谓的沉默权规则。"③ 由此来看，不得强迫自证其罪的规定实际上包含着沉默权规则。笔者认为，虽然"沉默权同不得强迫自证其罪的特权在内涵以及外延上确实存在着一些差别"④，但从两者的含义与关系来看，都是出于人权保障的目的，在保障人权，维护犯罪嫌

---

① 程味秋主编：《联合国人权公约和刑事司法文献汇编》，中国法制出版社2000年版，第92页。

② [德]托马斯·魏根特：《德国刑事诉讼程序》，岳礼玲等译，中国政法大学出版社2004年版，第79页。

③ 樊崇义：《从"应当如实回答"到"不得强迫自证其罪"》，《法学研究》2008年第2期。

④ 宋英辉：《不必自我归罪原则与如实陈述义务》，《法学研究》1988年第5期。

疑人、被告人的正当权益方面发挥着共同作用，都具有有效保障刑事诉讼程序正当运行，保障侦查、司法工作人员严格按照法律规定进行诉讼活动，避免诉讼程序沦为警察、检察官恣意妄为工具风险的作用。根据我国学者的总结，不得强迫自证其罪主要包含三层意思："一是被告人没有义务为追诉方向法庭提出任何可能使自己陷入不利境地的陈述和其他证据，追诉方不得采取任何非人道或有损被告人人格尊严的方法强迫其就某一案件事实做出供述或提供证据；二是被告人有权拒绝回答追诉官员或法官的询问，有权在询问中始终保持沉默。司法警察、检察官或法官应及时告知犯罪嫌疑人、被告人享有此项权利，法官不得因为被告人沉默而使其处于不利的境地或作出对其不利的裁判；三是犯罪嫌疑人、被告人有权就案件事实做出有利或不利于自己的陈述，但是这种陈述须出于真实的意愿，并在意识到其行为后果的情况下作出，法院不得把非出自愿而是迫于外部强制或压力所作出的陈述作为定案根据。"①

2. 沉默权规则

沉默权最早可追溯到罗马法时代，其中罗马法中自然正义的原则就隐含着沉默权的基本内涵——"正义从未呼唤任何人揭露自己的犯罪"。随后在12世纪的寺院法中，圣保罗就明确指出："人们只需向上帝供认自己的罪孽，而无须向其他任何人招供自己的罪行。"立法上的沉默权最早起源于英国，其产生经历了一系列斗争，包括英国普通法的支持者同教会法庭、王权制和宪法自由的斗争等，经此一系列活动之后，最终得以在立法中确立。1641年6月25日上、下院颁布法令宣布了"反对强迫性自证其罪的特权"（privilege against compulsory self-incrimination）。该法令规定，"如果证人②对某个问题的回答可能使自己受到刑事追诉，那么他就有权拒绝回答司法官员的提问，就有权保持沉默"。但是沉默权真正发展壮大并对整个刑事诉讼产生重大影响则是在美国。美国的沉默权制度源于宪法第5修正案所确立的反对自我归罪的原则。根据该条

---

① 宋英辉、吴宏耀：《任何人不受强迫自证其罪原则及其程序保障》，《中国法学》1999年第2期。

② 英国法律中没有对证人与被告人进行区分，此时证人也包括被告人在内。

规定，任何人不得被强迫在任何刑事诉讼中作为反对自己的证人，从而推演出犯罪嫌疑人、被告人在被讯问时，有保持沉默和拒绝回答的权利。[①] 1966年，联邦最高法院确立了众所周知的"米兰达"规则，将沉默权制度推向高峰。"米兰达规则"的价值并不是在于赋予被告人沉默权，而是在于保障犯罪嫌疑人、被告人的沉默权，就像何家弘教授说的，"最高院可以通过判例来解释美国宪法并保障宪法规定的正确实施，但不能给宪法增加权力性规定，否则就会构成司法权对立法权的侵犯，因此，美国人的沉默权不是米兰达规则赋予的，而是宪法第五修正案赋予的"[②]。

　　沉默在形式上有明示沉默权和默示沉默权之分。明示的沉默权比如米兰达规则，就是为人所熟知的明示沉默权。明示沉默权，顾名思义就是说根据相关法律规定，已经明确在立法中规定了沉默权，且要求司法人员在询问犯罪嫌疑人、被告人时应当明确告知其享有沉默权。除美国之外，英国以及加拿大等国家也都实行了明示沉默权。在一些传统的大陆法系国家，主要是以立法的方式来确定沉默权规则。比如德国《刑事诉讼法》第136条就规定："依法被指控人有就指控进行陈述或者对案件不予陈述的权利，并且有权随时（包括在询问之前），与由他自己选任的辩护人商议""对被指控人决定和确定自己意志的自由，不允许用虐待、疲劳战术、伤害身体、服药、折磨、欺诈或者催眠等方法予以侵犯"。日本则同时在其《宪法》以及《刑事诉讼法》中做了相应的规定，比如日本《宪法》第38条规定："不得强迫任何人做不利于己的供述"；日本《刑事诉讼法》第198条规定："在进行前项调查时，应当预先告知嫌疑人没有必要违反自己的意思进行供述"；第311条规定："被告人可以始终沉默或对于每个质问拒绝供述"。意大利《刑事诉讼法》第64条规定："应当告知被讯问者：他有权不回答提问，并且即使

---

① 崔敏：《关于"沉默权"问题的理性思考》，《中国人民公安大学学报》2001年第1期。

② 何家弘：《中国式沉默权制度之我见——以"美国式"为参照》，《政法论坛》2013年第1期。

他不回答提问,诉讼也将继续进行。"默示的沉默权是指在相关的法律规定中并没有明确地使用"沉默权"字眼,但是能够结合其他法律条文的立法意图和精神推断出犯罪嫌疑人、被告人实际上享有沉默权。

沉默权在内容上有狭义和广义之分。狭义沉默权仅指特定犯罪嫌疑人、被告人在整个刑事诉讼过程中有权对来自法官或者检察官的提问保持沉默或者拒绝回答的权利。广义沉默权则是在狭义的沉默权基础之上有所扩展,包括规定了不得以处罚为后盾予以强制等方面的内容。"英美法系国家基本上采用广义上的沉默权,大陆法系国家采用狭义的沉默权。"[①]

沉默权的创立主要出于保障犯罪嫌疑人、被告人人格尊严,抑制刑讯逼供、非法取证行为,以及在诉讼构造中重新平衡控辩关系地位的考量。但是,从证据运用的角度,尤其是直接证据获取的角度上来看,沉默权的运用导致口供难以获取。在犯罪主观要件证明中,如果没有口供这种直接证据的参与,主观要件的认定将更为艰难,因此,沉默权从诞生之日起,对其批评之声从未停止,比如著名的法学家边沁就曾反对过沉默权,其理由主要有以下三点:"第一,自证其罪并不比其他人作证更残忍;第二,要求被告人自证其罪并没有什么不公平;第三,沉默权只会保护有罪的人,而对无罪的人没有什么价值。"他还进一步指出:"如果每个级别的罪犯聚集在一起,并且按他们的愿望设计出一种制度,为了保护他们的安全,除了这项规则作为首选,还会是什么?无罪者绝对不会利用这项规则,无罪者绝对会主张说出来的权利,就像有罪者援引沉默权一样。"[②] 即使是在确立了"米兰达规则"的美国,沉默权也遭受严厉批评。美国律师协会刑事司法标准道德委员会主席戈德斯托克就曾说:"我认为宪法中不应当规定沉默权,我找不到在刑事诉讼中有什么理由实行沉默权。沉默权不仅给执法人员制造麻烦,而且对公众也不利,警察不得不采取另外的办法来解决问题,反而侵犯了公民的权

[①] 孙长永:《沉默权制度研究》,法律出版社2001年版,第2—4页。
[②] 孙长永主编:《侦查程序与人权》,中国方正出版社2000年版,第299页。

利。"① 沉默权规则的确立，使侦查人员难以获取犯罪嫌疑人的口供，只能通过其他方式去获取相关证据，必然消耗大量的人力和物力，并且很有可能在耗费大量司法资源的情况下，最终所取得的效果还达不到直接获取犯罪嫌疑人口供的效果。被告人能够直接供述犯罪事实，是侦查人员迅速破案的捷径，而沉默权规则就好像是侦查人员在通往这条捷径上的最大阻碍。沉默权规则的运用实际上是对口供这种直接证据获取的一种妨碍，在允许被告人面对侦查人员的询问保持沉默的情况下，口供能够作为直接证据而出现在诉讼中的情形将更为少见。因为侦查人员由于沉默权规则的限制一般难以通过其他手段来获取犯罪嫌疑人、被告人的口供，并且也极少出现犯罪嫌疑人、被告人在被明确告知享有沉默权之后仍然主动供述其犯罪事实的。

基于各方面考虑，现当代，世界各国纷纷出台了沉默权的限制措施。比如美国法院通过一系列判例确立了"米兰达规则"适用的例外情况，其中包括：善意的例外、独立来源的例外、最终或必然发现的例外、因果联系削弱的例外、基于公共安全的例外以及基于紧急情况的例外。其中基于公共安全的例外是源于1984年纽约州诉夸尔斯（New York v. Quarles）一案，该案中犯罪嫌疑人因为持枪强奸而被警察在一家超市中抓获，随后警察为了寻找犯罪嫌疑人的枪支而并没有告知他享有沉默权，犯罪嫌疑人的辩护律师据此认定违背了"米兰达规则"，法院采纳了辩护律师的意见，但是公诉方最终将案件上诉到最高法院，最高院推翻了原来的裁定，认为如果处于紧急状态，警察认为可能危及公共安全的，可以不遵守"米兰达规则"。

3. 自白任意性规则

自白任意性规则起源于英国18世纪后半期，"被告之自白，非出于任意（Voluntary）者，不得采为证据，早为英国于18世纪后半期所采用"②。在英国，该规则主要是指，"如果自白是非任意的，它就是不可采纳的。如果自白是任意的，原则上是可以采纳的，但是，如果法官认

---

① 姜小川：《沉默权制度的发展、利弊与限制》，《政法论坛》2011年第5期。
② 陈朴生：《刑事证据法》，台湾三民书局1979年版，第265页。

为采纳它对于被告人来说是不公平的，也可能不采纳"[①]。自白任意性规则与不被强迫自证有罪原则在刑事诉讼方面所起作用是相同的，体现了刑事诉讼的人权保障功能，而且这一规则也并非排除所有自白，使任意性自白能够成为证据被使用。自白一般属于直接证据，发挥着重要的证明作用。"自白具有与其他证据相互印证的作用，也有引导执法人员，司法机关尚未掌握其他证据或者事实的作用，尤其后者为查隐案件，破积案、查串案提供了便利条件。"[②] 自白任意性规则判断的难点在于对任意的理解。任意性又称为自愿性，强调在较为清醒和理智的情况下，自由地做出陈述。就任意性的判断上，在汤森诉塞恩（Townend v. Sain）案中指出，"如果一个人的意志受到压制，或者他的自白不是理性的智力和自由的意志的产物，他的自白就因强制而不具有可采性。这些标准适用于自白是身体上的恐吓和心理上的压力的产物……任何警察讯问只要事实上获取的口供不是自由智力提供的产物，则该自白就是不可采纳的"[③]。对自白规则的运用，之所以要以任意性为适用前提条件，有学者指出是基于真实推定的缘由（presumption of truth），换句话说，也就是指一个人不会自愿做出对自己不利的陈述。此种假设虽然并不能涵盖所有的被告人，也许可能存在被告人出于自愿而主动做出不利于自己的陈述。但是基于人的理性考虑，从整体上来说，如果一个人在自由以及自愿的情况下做出对自己不利的陈述，那么可以据以推定该陈述是真实的。

　　自白任意性规则要从真实性以及正当程序性两方面予以保障。第一，自白的真实性是据以判断是否排除的前提条件。通过对自白真实性的验证能够确定自白的获得是否违背了任意性规则。基于理性，出于自愿的情况下，犯罪嫌疑、被告人不会做出对自己不利的虚假的陈述。一旦自白的内容是虚假的，则极有可能违背了任意性规则，应当予以排除。第二，程序正当性原则。即使自白的内容为真，也并不一定能确保

[①] Phipson and D. W. Elliott, Mannal of the Law of Evidence, Sweet & Maxwell, 1980, p. 183.

[②] 参见张建伟《自白任意性规则的法律价值》，《法学研究》2012年第6期。

[③] 同上。

其自白的获取没有违背任意性规则。因此，对于那些以牺牲正当程序为代价而获取的自白，即使通过印证能够证明自白的内容真实，也应当毫不犹豫地予以排除。

不得强迫自证其罪原则、沉默权规则、自白任意性规则具有共通性，这三个证据规则的核心内容是规范犯罪嫌疑人、被告人的供述，而其前提条件是犯罪嫌疑人、被告人的这种供述必须是真实的、自愿的。刑事证据规则并不否定将被告人的供述作为证据使用，只是反对采取强迫的方式进行。如果犯罪嫌疑人、被告人积极悔罪，主动供述犯罪事实，那么该供述就可作为直接证据来证明犯罪主观要件，但是，如果犯罪嫌疑人、被告人并不愿主动做出真实的供述，无论通过何种手段所获取的供述都不能作为证据使用，控诉方只能通过寻求其他间接证据组成体系来证明犯罪嫌疑人、被告人的主观要件。

（二）我国证据规则下直接证据的取得和运用

在我国，直接证据的取得与运用与非法证据排除规则发展紧密关联。随着非法证据排除规则的建立与完善，直接证据的获得难度越来越大，用直接证据证明主观要件的可能性越来越小。

我国 1979 年《刑事诉讼法》规定了"严禁刑讯逼供和以威胁、引诱、欺骗以及其他非法的方法收集证据"。1996 年《刑事诉讼法》对于通过刑讯逼供或者其他非法手段获取口供的行为做了进一步细化规定，1998 年最高人民法院《关于执行〈中华人民共和国刑事诉讼法〉若干问题的解释》第 61 条规定："凡经查证确实属于采用刑讯逼供或者威胁、引诱、欺骗等非法方法获取的证人证言、被害人陈述、被告人供述，不能作为定案的根据。"最高检《人民检察院刑事诉讼规则》第 265 条第 1 款规定："以刑讯逼供或者威胁引诱、欺骗等非法方法收集的犯罪嫌疑人供述、被害人陈述、证人证言，不得作为指控犯罪的根据。"上述规定在司法实践中执行效果不甚理想，获取口供依然是定案的唯一突破口。随后在 2010 年"两高三部"出台了关于非法证据排除的具体规定，2012 年《刑事诉讼法》吸收了"两高三部"规定精神，在第 54 条第 1 款中明确指出："采用刑讯逼供等非法方法收集的犯罪嫌疑人、被告人供述和采用暴力、威胁等非法方法收集的证人证言、被害人陈述应当予以排除。收集物证、书证不符合法定程序，可能严重影响司法公正的，应当予以补正或者做出合理解释；不能补正或者做出合理解释的，对该证据应当予以排除。"至此，非法证据排除规则正式得到法律的明确规定。

2012年《刑事诉讼法》明确规定了"尊重和保障人权"原则，同时，该法也明确规定了"不被强迫自证有罪"、"严禁刑讯逼供"以及"非法证据排除规则"等内容，实现了刑事诉讼的重大进步。这些规定都对直接证据的取得与运用产生了一定的限制，告诫我们不要过分依赖直接证据认定案件事实，特别是主观要件事实。

但是，与西方国家不同，我国刑事诉讼法也为司法者取得与运用直接证据提供了一定的方便。例如，我国刑事诉讼法一直以来都规定了犯罪嫌疑人、被告人如实回答的义务。早在1963年，新中国起草的首部《刑事诉讼法》（草案）第73条就规定："侦查人员在询问被告人的时候，应当就犯罪事实、犯罪动机、目的、犯罪的具体情节和其他有关方面进行询问。被告人在受询的时候，对侦查人员提出的问题，必须如实供述，不得隐瞒或者夸大犯罪事实。"1979年的《刑事诉讼法》第64条规定："侦查人员在询问被告人的时候，应当首先询问被告人是否有犯罪行为，让他陈述有罪的情节或者无罪的边界，然后向他提出问题。被告人对侦查人员的提问，应当如实回答。但是对于本案无关的问题，有拒绝回答的权利。"此后的1996年《刑事诉讼法》第93条、2012年《刑事诉讼法》第118条延续了上述规定，也都明确了如实回答的义务。要求犯罪嫌疑人、被告人如实供述并不意味着可以刑讯逼供，因此必须合理区分如实供述义务与刑讯逼供的界限，处理好两者的关系。

如实供述最容易实现对犯罪主观要件的证明，因此，要求犯罪嫌疑人、被告人如实回答能够最大限度帮助侦查人员了解案情，尽快破案，尽快发现案件事实真相，这同我国刑事诉讼的目的是一致的。当然，要求如实供述也不必然会提升事实认定错误的风险。我国《刑事诉讼法》第53条明确规定，"对一切案件的判处都要重证据，重调查研究，不轻信口供"，因此即使存在口供，但是为了将口供所导致的错判风险降到最低，法律业已规定了应当将口供与其他证据相互印证，看是否存在矛盾或者可疑之处，最终才能定案。

第三节　间接证据对主观要件的证明作用

直接证据因其直接性，能够简单明了证明案件的主要事实，包括主观要件事实。但现代法律基于人权价值考虑，对直接证据的取得与运用都予以一定的限制，致使运用直接证据证明主观要件困难重重。前文业已说明，除了由直接证据与间接证据共同组成的证据体系能够有效快捷进行证明外，现代法律与实践也认同完全依赖间接证据组成的证据体系的证明作用。因此，在缺乏直接证据的情形下，如何运用间接证据证明犯罪主观要件，事实上成为迫在眉睫的理论与实践课题。

一　间接证据的概念及其基本理论

（一）间接证据的概念

关于间接证据的定义，学者们表述各异。在我国，一般学者认为，间接证据是指不能单独证明，而需要与其他证据结合才能证明案件主要事实的证据。[①] 间接证据是与直接证据相对的一个概念。在我国台湾地区，很多学者也有类似观点："证据，因其证明对象之不同，得分为直接证据与间接证据二种。直接证据，系直接证明主要事实之证据，具有确实性，无须依推理作用，亦不经论理作用，得依其证据，与人之知觉同时直接认识其事实。间接证据，系证明推理主要事实之间接事实之证据。具有盖然性，或称可能性。"[②] "凡对于发生法律上效力之事实，可直接单独证明者，谓之直接证据，因其系自然的单纯的证明应证之事实，故又称自然证据，单独证据。凡须综合其他情状，先证明某事实，再由某事实为推理的证明应证事实者，对于该某事实之证明，谓之间接证据，因系人为的推知直接事实之证据，故又称人为证据。在直接证

[①] 见何家弘、刘品新《证据法学》（法律出版社 2004 年版）、樊崇义主编《证据法学》（法律出版社 2004 年版）、卞建林主编《证据法学》（中国政法大学出版社 2002 年版）等教材。

[②] 陈朴生：《刑事证据法》，台湾三民书局 1979 年版，第 136—137 页。

据，可径本于外部原因而判断应证事实之真伪，间接证据必须先证明他项事实之存在，方能判断应证事实之真伪……"① 从以上表述可以看出，在间接证据界定上，正确理解"案件主要事实"以及"推论"的含义和其次数要求，至关重要。由于"案件主要事实"前文已有论述，以下仅对"推论"含义及其次数要求试做分析。

1. 对间接证据定义中"推论"的理解

间接证据对案件主要事实的证明是通过推论发生作用的。在运用间接证据对案件主要事实进行推论的过程中，通过间接证据直接证明的间接事实必须结合其他证据或事实，才能推论出案件主要事实，因此，正确理解"推论"的特性对于准确理解间接证据含义也相当重要。为了明确推论的概念，我们首先必须分清推论与推理、推定之间的界限。

推理、推论和推定的方法和功能都有相似之处，它们都属于从已知事实推导出未知事实的活动。国内有学者对三者区别做出以下描述："就司法证明活动而言，推理强调的是发现，属于查明案件事实的范畴；推论强调的是论证，属于证明案件事实的范畴；推定强调的是确定，属于认定案件事实的范畴。"② 上述区分是从三个概念词源意义上而言的，具有一定的借鉴意义。推理（英文的对应词为 reasoning），是指从已知的事实或判断出发，按照一定的逻辑规律和法则，推导出新的认识或判断。推理是人们认识事物的一种内在逻辑思维方法。推论（英文对应词为 inference），按照《汉语大辞典》的解释，是指用语言形式表达出来的推理。推论是内在逻辑思维方法的外化形式。推理和推论的关系可以表述为：推论是以推理为基础的，先有推理，才有推论；推理是推论的前奏，推论是推理的延续；推理是推论的实质内容，推论是推理的表现形式。基于推理和推论的上述特性，我们运用间接证据证明案件主要事实所借助的认识环节无论称谓"推理"抑或"推论"，均无不可，只不过推理倾向于内在的思维过程，推论侧重于思维过程的外化和结果。由于运用间接证据证明案件事实过程不同于一般的科学认识过程，其属于

---

① 毕玉谦：《民事证据法及其程序功能》，法律出版社1997年版，第46页。
② 何家弘、刘品新：《证据法学》，法律出版社2004年版，第272页。

司法证明过程，因而更注重的是外在影响和效果，① 所以笔者认为，把间接证据证明案件事实过程中所借助的认识环节称为"推论"则更合适，这同时也与英美法中使用的 inference 取得了一致。推定（英文对应词为 presumption）的语词含义就是根据推断来进行判定，它是指根据两个事实之间的一般联系规律或者常态联系，当一个事实存在的时候便可以认定另外一个事实的存在，推定也往往以推理为基础。与推理和推论所不同的是，在现代法律中，推定已成为一个严格术语，有其特定含义。② 正如台湾的陈朴生法官所言："盖事实之推定，系由某种特定事实，而推测他事实之存在时，除证明其推定为不合理外，裁判官得不依具体的证据，而为他事实之认定。故事实之推定，并非依具体的证据之评价，而为事实之判断。乃利用某种事实之存在，而产生他事实存在之判断作用，虽与由间接事实，而产生直接事实之推理作用相近似；但事实之推定，系事实相互之关联关系使之类型化；而间接事实之推理作用，则系一般判断之标准。且事实之推定，固系以经验法则为其基础，使之类型化，其盖然性较高；然此乃利用经验法则之盖然性，而为事实之认定，并非直接基于具体的证据之评价而为认定，故与盖然性证据 Ansheinsbeweis 或 prima facie 不尽相同。"③ 综上，笔者认为，推理或推论与推定的区别主要在于：其一，推理或推论是一个逻辑方面的术语，其可以运用于一切认识领域；而推定则是法律上的术语，具有严格的法律内涵，

---

① 运用间接证据证明案件事实过程是一个心证过程，其探求的是一种内心确信，笔者此处说司法证明过程注重外在影响和效果，这和现代自由心证原则并不相矛盾。现代自由心证并不是一种绝对主观的思维活动过程，而是强调心证公开，尊重逻辑和经验法则，而逻辑和经验都具有一定的客观性。

② 在现代证据法中，推定和证明责任是联系最为紧密的两项制度。推定，就是对案件的某项事实无须举出证据予以证明，在他项事实存在的情况下，法官运用经验法则直接认定该项事实。其不涉及证据评价或证据的判断问题。

③ 陈朴生：《刑事证据法》，台湾三民书局 1979 年版，第 585 页。另外，陈朴生法官在接下来的论述中又提到法律推定的概念，指出："至法律之推定，系因特定事实之存在，而肯定他事实之存在之法则。此种法律上推定，于事实之肯定上又有强弱之差。前者，无条件以法律拟制其事实之关联关系；后者，则以立证责任之转移为条件，定其事实之关联关系；而事实之推定，则不生立证责任转移之问题，仅对方得就其事实之关联性立证其不合理时，其立证之必要性，移转于对方。"

其使用存在严格的范围限制。其二，推理、推论是一个内在的或外化的逻辑思维过程，其讲求"具体情况具体对待"，可靠性较强；而推定则是在法律规范的强制下或在类型化的经验法则引导下，直接认定两个事实之间的关联性，其个异性差，危险性较大。其三，在司法证明领域，推理或推论严格基于证据的评价，即在证据的基础上进行推理或推论，实质上，司法证明中的推理或推论是一种证据评价过程，属于狭义证明范畴，事实认定者既可以做有利于被告的证据评价（或推理），也可以做不利于被告的证据评价（或推理），无论做有利于被告的评价还是不利于被告的评价，都属于证明范畴，即无罪证明或有罪证明；推定则不是基于证据的评价去认定案件事实，而是根据法律或类型化经验法则直接认定事实，不属于狭义证明范畴。在运用推定过程中，如果事实认定者做不利于被告的推定，即有罪推定，则可能与"无罪推定"原则形成冲突。

值得注意的是，最高人民法院在《关于民事诉讼证据的若干规定》第九条第三项规定，法官根据法律规定或者已知事实和日常生活经验能推定出的另一事实，当事人无须举证证明，当事人有相反证据足以推翻的除外。笔者认为这一规定模糊了事实推定与法律上推论推定的界限，有欠妥当。事实推定是法官依据某一已知事实，根据经验法则，推论与之相关的诉讼中需要证明的另一事实是否存在。法律上的推论推定是法律推定中最典型、最标准的推定，是依据法律从已知事实推论未知事实、从前提事实推论推定事实所得出的结果。大陆法系学者称之为"真正的法律上推定"。[①] 事实推定与法律上推论推定的根本区别在于，前者未被法律规定而后者是法律明文规定的。正是基于这一区别，导致二者的适用和举证责任方面的规定不同。具体而言，事实推定是法官酌情决定适用，而法律上的推论推定，在符合条件的情况下，法官必须适用。就推定与举证责任的关系而言，法律上的推论推定具有转移举证责任的作用。当推定事实因前提事实的确认而被假定存在后，否认推定事实的一方要推翻该推定事实，就必须对不存在推定事实负举证责任。而事实

[①] 李国光：《最高人民法院〈关于民事诉讼证据的若干规定〉的理解与适用》，中国法制出版社2002年版，第134页。

推定并无转移举证责任的作用，即使推定事实因前提事实被确认而假定其存在，举证责任也并未因此转移于对方当事人，主张推定事实存在的一方仍然对此负举证责任。因此，对方当事人要推翻推定事实，只需提供反证，使推定事实再度处于真伪不明状态。① 使推定事实再度处于真伪不明状态的举证要求显然与当事人有相反证据足以推翻推定事实的举证要求是不同的，后者提高了否定推定事实的当事人举证的难度。从原理上分析，推论推定与事实推定之所以在举证责任转移方面不同，就在于前者依据经验法则反映的前提事实与结论事实之间盖然性程度较高。而后者是基于法官的主观判断，法官运用经验法则推定的事实与前提事实之间存在的盖然性程度因案而异，有的盖然性程度高，有的盖然性程度较低。事实推定也与法官生活经验存在密切联系，而表现出较强的主观性。上述条文将法律推定与事实推定同等对待的原因，与对经验法则内涵外延的界定是有关的，正是由于在理论上将经验法则界定为不证自明的、反映事物之间内在必然联系的范畴，在规则的设计上就对事实推定与推论推定的适用不加区别。这一规定在实践中的运用，在我国法官整体素质偏低的情况下就很容易导致不公平的结果。

  从以上分析可以看出，间接证据证明案件主要事实的过程应当属于证据评价过程，是一种内在逻辑思维活动。在这个思维活动过程中，从间接证据到间接事实（或其他事实），再从间接事实到案件主要事实，推理或推论起到至关重要作用，可以说，从间接证据到案件主要事实的过程是基于证据进行推理或推论的过程。因此，我们在把握间接证据的概念时，必须注意，从间接证据到案件主要事实主要借助的是"推理"或"推论"这一环节。②

---

  ① 李浩：《民事举证责任研究》，中国政法大学出版社1993年版，第193页。
  ② 中国台湾地区学者蔡墩铭教授在谈到运用间接证据推断犯罪事实时，把推理或推论与推定混为一谈，把通过间接证据证明犯罪主要事实过程也称为推定，例如他说道："本来被告涉嫌犯罪难免出现各种异常反应（如谎言、逃亡等，即情况证据——笔者注），实不应因此而对其为有罪推定，惟由于刑事诉讼法对于证据之认定判断采自由心证主义，加以证据之调查，不采当事人进行主义而采职权进行主义，使法官遇有相关联事实出现时，难免对被告为有罪推定……"（参见蔡墩铭《刑事证据法论》，台湾五南图书出版公司1997年版，第318页。）笔者认为，在上述论述中，用推理或推论代替推定一词则更为科学，这可以避免不利于被告的间接证据评价（即有罪推理或推论）与"无罪推定"原则产生冲突。

2. 对间接证据定义中"推论次数要求"的把握

运用间接证据证明案件主要事实必须借助推论才能进行，那么，在进行推论时有无次数要求呢？按照边沁的观点，运用间接证据证明案件主要事实，至少需要两次推论：从间接证据到间接事实（或称证据性事实）的证明运用了第一次推论；从间接事实再到待证事实（或称案件主要事实）则运用了第二次推论，即称为"特别的推论"。边沁的这一观点并未得到现代多数学者的认同，现代学者在给间接证据下定义时一般只是提到其对案件主要事实进行证明时须借助推论，以示与直接证据（无须推论）的区别，一般不提及推论次数。他们言下之意，间接证据对案件主要事实的证明只需要一次推论就可以进行。笔者认为，上述两种表述并无本质上的差别，只是在用语方面存在差异，使人产生了迷惑。边沁把间接证据到间接事实的"直接证明"关系也称为"推论"了，其只是承认这种"推论"与间接事实到案件主要事实中的"特别推论"不同；而现代学者为了区分间接事实到案件主要事实的特别推论与间接证据到间接事实的直接证明关系，在称谓上严格区分"直接证明"与"推论"。据此可以看出，从间接证据到案件主要事实的证明只要一次严格的"推论"即可。对于推论次数的上限问题，一般不做要求，因为其他事实与主要事实之间的关联性可能是间接的或多环节的，关联性本身就不存在环节或次数限制，只有强弱度的问题。

在运用间接证据对案件主要事实进行推论的次数要求上，美国联邦和各州有很多判例对之进行了严格规范，认为运用间接事实对最终事实进行推论只能基于间接事实属于被证明了的事实或间接事实属于众所周知的事实（proven or known facts），也就是说，在进行案件证明活动中，严格禁止多次推论，即反对推论之上的推论（against an inference based on an inference，或 piramiding inference）。[①] 但是，上述做法为了追求案

---

① 参见 *Calp v. Tau Kappa Epsilon Fraternity*, 75 S. W. 3d 641 (Tex. App. Amarillo 2002), reh'g overruled, (June 20, 2002). *State v. Cooper*, 2002-Ohio-617, 147 Ohio App. 3d 116, 768 N. E. 2d 1223 (12th Dist. Butler County 2002). *Dildine v. Town & Country Truck Sales, Inc.*, 577 S. E. 2d 882, Prod. Liab. Rep. (CCH) P 16535 (Ga. Ct. App. 2003). *Mitchell v United States* (1996, Dist Col App) 683 A2d 111. *Kmart Corp. v. Bassett*, 769 So. 2d 282 (Ala. 2000). *Russell Corp. v. Sullivan*, 790 So. 2d 940 (Ala. 2001)。

件事实的可靠性，妄图把众多关联性较弱、联系环节层次较多的间接证据全部排除在外，因而招致很多反对意见。例如威格摩尔教授就认为，在使用间接证据时，进行推论的次数不应该受到限制，他指出，所有推理必须基于一系列的推论进行（all reasoning must proceed upon a series of inferences），当然，他也指出，只有证据性事实才能作为推论的基础。[①]美国现代也有相当多的判例赞同在证明过程中可以在推论的基础上再进行推论以最终得出案件系争事实的认定，当然这中间必须介入其他证据和事实因素。[②]

综上，笔者认为，间接证据的定义可以简单表述为：不能直接证明，必须经过推论才能证明案件主要事实的证据。在定义的理解上，一是要明确把握：刑事诉讼中的案件主要事实是指"何人实施了何种犯罪行为"，即须同时包含"何人"以及"何种行为"等两个要素；二是应当明确：间接证据虽然对案件的某些事实环节（即间接事实）可予以直接证明，无须推论，但其证明案件主要事实必须经过一次以上的推论环节才能达到。

（二）间接证据的特点

间接证据不同于直接证据，其本身无法直接证明案件主要事实，因而只能证明整个案件事实的某一个环节或者片段。虽然说单个的案件事实某一环节或者片段对于认定案件事实无法发挥决定性的作用，但众多片段聚集在一起就能够对还原案件事实发挥作用。通过间接证据来认定案件事实的过程，就如同发掘历史碎片，并将这些历史碎片进行还原、整合的过程。案件中的间接证据就如同历史遗留的碎片，仅凭单个碎片无法窥见历史全貌，还原历史原貌必须依赖众多碎片才能实现。作为案

---

① W. E. Shipley. Modern Status of the Rules Against Basing an Inference upon an Inference, a Presumption upon a Presumption. 5 *A. L. R.* 3d 100.

② 参见 *Dirring v United States* (1964, CA1 Mass) 328 F2d 512, cert den 377 US 1003, 12 L ed 2d 1052, 84 S Ct 1939, reh den 379 US 874, 13 L ed 2d 83, 85 S Ct 27. *Daniels v Twin Oaks Nursing Home* (1982, CA11 Ala) 692 F2d 1321, reh den (CA11 Ala) 698 F2d 1238. *State v. Orhan*, 52 Conn. App. 231, 726 A.2d 629 (1999). *Pollock v Rapid Industrial Plastics Co.* (1985, 2d Dept) 113 App Div 2d 520, 497 NYS2d 45。

件事实的留存碎片，间接证据与直接证据有着明显区别，其特征如下：

1. 间接证据的间接性。间接证据与直接证据的划分标准就在于能否直接证明案件的主要事实。直接证据能够单独直接地证明案件的主要事实，而间接证据则与案件主要事实之间的关系是间接的，间接性是间接证据最为本质的属性，是区分直接证据与间接证据最主要因素。间接证据对案件主要事实的证明，必须以相应的事实或者情节为基础，从这一事实或者情节出发，结合其他证据经过推理，才能完成整个证明活动。也有的学者将这种间接性特点称为中立性特征。"所谓中立性是指间接证据的证明作用并不是来自本身，而是来自它和其他证据事实的联系。"① 中立性表明间接证据要想能够发挥出证明作用，就必须要以一定的事实或者情节为基础，只有与其他的证据事实产生一定联系后，才能得以发挥出一定的证明作用。

2. 间接证据的依赖性。单个的间接证据只能证明出整个案件事实的某个环节或者某个片段，就像要还原历史真相一样，单一的或者较少的碎片无法拼凑出完整的历史，间接证据也同样如此，需要诸多的间接证据共同作用之后才能产生相应的证明作用。依据间接证据认定案件事实，需要大量间接证据相互结合，形成一个相互依赖、相互连接的证据体系。总之，间接证据的运用必须要依赖于一系列间接证据的共同作用。

另外需要注意的是，由若干相互依赖的间接证据形成的证据体系如何称谓的问题，在学界与实务界一直存在纷争。传统观点一般将其称为"证据锁链"，比如有学者指出，对所有应予证明的案件事实和情节，都有相应的确实的间接证据加以证明，"这些事实环节包括犯罪事件、地点、过程、手段、工具、后果、动机、目的、被告人的个人情况等环节，由此这些事实环节如同锁链一般环环相扣，形成了相应的证据锁链"②。笔者认为，运用间接证据组成证据体系来证明案件事实的前提是

---

① 黄鑫：《浅议间接证据在刑事诉讼中的作用和适用规则》，《兰州教育学院学报》2012年第5期。

② 参见唐永禅《论运用直接证据与间接证据定罪规则》，《法商研究》1994年第4期；陈光中、徐静村主编《刑事诉讼法学》，中国政法大学出版社2002年版，第151页。

缺乏直接证据，意味着在案件主要事实这一环节上缺少直接证据。因此，在运用间接证据独立证明案件事实时，并不可能形成所谓的"证据锁链"，如果说存在"证据锁链"，那也是不完整的，或称为"有缺口的证据锁链"。用间接证据推论案件主要事实，就是用"推论"的手段来弥补证据锁链上直接证据证明的主要事实这个缺口。目前，国内已有不少学者认识到将间接证据所组成的体系称为证据锁链并不恰当。其实，国外研究者对此问题早就提出了类似的看法，比如英国法官波洛克（Pollock）对间接证据组成的证据体系所做的比喻："环境证据（即间接证据）像一条用几条绳子织成的绳索。其中一条可能力量不大，但三条捆在一起力量就大得多。"① 综上，传统上将用于证明案件主要事实的间接证据体系称为证据锁链是不科学的，"锁链"的结构以及形态都不符合间接证据体系的证明结构与特点；相反"绳索"的比喻更加符合间接证据体系的特点。笔者以为，单一的绳子无法承受证明案件主要事实的重量，同样单一的间接证据也无法完成证明案件主要事实的任务，因此将证据锁链改称为证据绳索反而更加符合间接证据证明体系的实际情况。不管是称为"证据锁链"也好还是"证据绳索"也罢，其实都反映出间接证据的依赖性特征。间接证据要想完成证明案件主要事实的任务就必须环环相扣、相互依赖，缺少了任何一环最终都无法证明案件的主要事实。

　　3. 间接证据的推理性。间接证据对案件主要事实的证明过程并不如同直接证明那般一帆风顺，而是通过不断的推理最终达到证明案件主要事实的效果。"直接证据的证明具有直接性，即可以不依赖于其他证据一步到位地证明案件的主要事实；间接证据的证明则具有间接性，即必须与其他证据连接起来，经过多次推论，才能证明案件的主要事实。"②"由于间接证据不能直接证明案件的主要事实，所以它在案件的证明过程中往往存在一定的空间，而这些证明空间就需要一定的推理来填充，或者以一定的推理为桥梁，连接事件的原因与结果、行为与动机、现象

---

①　沈达明：《英美证据法》，中信出版社1996年版，第29页。
②　何家弘、杨迎泽：《检察证据使用教程》，中国检察出版社2006年版，第232页。

与本质。"① 间接证据的推理一般需要两个过程：首先，由间接证据直接证明得到间接事实，据以确认案件某一环节或者某一个片段（即间接事实）的真实性，这是运用间接证据进行推理的前提条件。其次，将已经得到认定的间接事实作为小前提，生活中的经验法则作为大前提，进行三段论推理。正如笔者前文所说，间接证据证明案件主要事实必须进行一次以上的推理过程才能实现。

（三）间接证据的表现形式

间接证据数量较多，表现形式纷繁复杂。在案件诉讼证据体系中，间接证据构成了这座"冰山"的大部或全部，根据证据二分法，只要不能单独直接证明案件主要事实的证据便是间接证据，所以，间接证据可以表现为包括犯罪嫌疑人、被告人供述和辩解在内的一切形式证据。以物证为例，物证是最为典型的间接证据。"物证是以其客观存在或与外界的客观联系来证明案件与案件相关的一切事实的物质或痕迹。"② 物证在诉讼证明中存在历史悠久，并且物证的可信度一般而言相对较高，从古到今不论是大陆法系还是英美法系都将物证作为诉讼证明的一种重要手段。即便如此，物证的缺陷也是明显的，其除了能说明自身特性外，不可能包含"某人实施了某犯罪行为"这一信息，因而从理论上讲，物证永远不可能成为直接证据。再如，口供一般情况下表现为直接证据，但在少数情况下，口供也可能只包含某一片面信息，并不涵盖"某人实施了某犯罪行为"信息，此时口供则只能属于间接证据。除了物证和口供之外，间接证据还有诸多表现形式，笔者不再一一赘述。

二 间接证据对主观要件的证明作用

犯罪主观要件的证明问题一直是刑事证明领域的难题，就如研究者所说："像非法占有目的和故意等犯罪主观心理态度的证明本来就是一个世界性难题，这是人类认识局限性的结果。"③ 但是即便如此，司法者在面对证明"非法占有为目的"、理解"故意杀人罪和故意伤害罪的区

---

① 何家弘、刘品新：《证据法学》，法律出版社2007年版，第141页。
② 魏琼：《物证定义新解》，《西南民族大学学报》2004年第11期。
③ 康怀宇：《刑事主观事实的证明问题研究》，法律出版社2010年版，第27—30页。

别在于主观心理态度不同"① 等这些难题时，仍然需要寻找到一种合理的解决方式。

正如笔者前文所说，目前解决主观要件认定问题，最便捷最有效的是通过直接证据证明方式来完成，但是由于被告人趋利避害特性以及被告人人权保障等因素，导致现实中通过寻求直接证据来证明犯罪主观要件变得越来越困难。另外，虽然推定对于认定犯罪主观要件是一种较为有效的方法，但是鉴于推定理论的混乱及推定制度本身的有限性问题，目前完全依靠推定制度去解决犯罪主观要件认定问题显得不合时宜，且缺乏科学性。因此，不管从理论出发还是基于实践需求，寻求以间接证据推理方式来解决犯罪主观要件认定问题就显得很有必要。

（一）间接证据体系的运用规则

2010年"两高三部"联合发布的《关于办理死刑案件审查判断证据若干问题的规定》中就明确规定了依靠间接证据独立定案的规则，这是我国首次在立法层面对间接证据独立定案规则的规定。② 虽然该规定是针对死刑案件的证据运用规则，但是根据中央政法机关负责人就两个"证据规定"答记者问中的说法，该规定为办理刑事案件的标准程序，可以运用于所有刑事案件的办理。

相对于运用直接证据判定案件而言，完全依靠间接证据判定案件的过程是一个非常复杂的推理证明过程。因为案件中如果存在直接证据，直接证据一经查证属实，案件主要事实便可以得到确认，但如果完全依靠间接证据定案，不仅要求组成证据体系的每一项间接证据在质上有保障，即达到证据内容确实，并与案件主要事实存在一定程度的关联，而且在量上间接证据也要形成一定程度的规模，即拥有足够数量的间接证据，并组成完整的间接证据体系，由这种完整的间接证据体系证明出完整的间接事实体系，再由完整的间接事实体系推论出案件主要事实。在

---

① 高铭暄、马克昌主编：《刑法学》，北京大学出版社、高等教育出版社2011年版，第467页。

② 虽然之前的刑事诉讼法学和证据法学著述都对间接证据独立定案规则有所涉及，但此规则在立法方面一直属于空白。

推论过程中，所有的间接事实应当协调一致，共同指向案件主要事实这一结论，不允许有与主要事实不协调的间接事实或间接证据存在。其证明过程如图3-2所示。

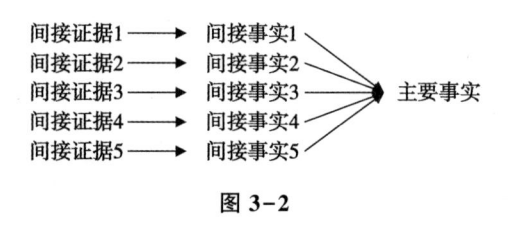

```
间接证据1 ——→ 间接事实1
间接证据2 ——→ 间接事实2
间接证据3 ——→ 间接事实3 ——→ 主要事实
间接证据4 ——→ 间接事实4
间接证据5 ——→ 间接事实5
```

图 3-2

仅从这一过程，我们就可以察觉完全依靠间接证据组成证据体系证明案件事实的复杂性和困难性。以下笔者就针对这一过程中的几个关键环节做一些简要分析。

第一，所有据以定案的间接证据都已经查证属实。这就是说，只要将间接证据用于认定案件事实，都应当查证属实，严格确保间接证据的客观真实性，否则一律不得作为据以定案的根据。运用间接证据认定案件事实，是多项间接证据共同作用的结果。如果有间接证据无法确认其真实性，那么经由间接证据进行推理得到的案件事实真实性将无法得到保证。运用间接证据定案，首先必须确保间接证据本身的客观真实性，苏联学者维辛斯基曾说："正是在物的这种客观性上存在着作为证据、作为审判员确信来源的物的巨大力量。……物，当然可能伪造、变造，从而也可能欺骗人，但是骗人的事实比起人们说谎来是无比地更加困难和危险。"①

第二，据以定案的间接证据之间要相互印证，不存在无法排除的矛盾或者无法解释的疑问。"所谓印证，是指两个以上的证据在所包含的事实信息方面发生了完全重合或者部分交叉，使得一个证据的真实性得到了其他证据的验证。"② 之所以会产生印证一说，主要是要对各自证据的真实性进行审查认定，每个间接证据都涵盖着一些信息，而这些

---

① 转引自［美］约翰·斯特龙主编《麦考米克论证据》，汤维建等译，中国政法大学出版社2004年版，第360—361页。

② 陈瑞华：《论证据相互印证规则》，《法商研究》2012年第1期。

信息难免会有一部分重合或者存在交叉的可能,通过这些重合或交叉据此验证,最终确认相关的证据是否真实。印证的最终结果是要确保间接证据的真实性,具体来说就是确保据以定案的间接证据不存在无法排除的矛盾或者合理怀疑。比如某项证据反映出犯罪嫌疑人 A 具有杀害被害人 B 的时间,而另一项证据却显示 A 在被害人死亡之前已经前往国外,由此这两项证据也就不可避免地存在矛盾。如果无法排除矛盾或者对证据的怀疑无法进行解释的话,那么也无法依据这些证据来认定案件事实。

第三,据以定案的间接证据已经形成完整的证据体系。证据体系,传统上被称为证据锁链,即"案件中的各个间接证据结合起来,必须能构成一个完整的证据体系。也就是对所有应予证明的案件事实和情节,都有相应的确实的间接证据加以证明"[1]。在概念方面,笔者认为将证据体系称为证据锁链存在着明显的不妥,根据英国法官波洛克(Pollock)的观点,"环境证据(即间接证据)像一条用几条绳子织成的绳索。其中一条可能力量不大,但三条捆在一起力量就大得多"[2],因此,间接证据体系更像是一条证据绳索。不论是证据锁链还是证据绳索,间接证据必须形成证据体系,才能发挥独立定案功能。

间接证据体系的组成分为推论体系和相互支撑体系两个部分。如果将间接证据体系看作是一个动态过程,那么推论就好比纵向深入挖掘案件事实的过程,相互支撑则是横向协调整合众多间接证据的过程,二者有机结合,共同构成完整的间接证据证明体系。

首先,间接证据体系在纵向层面表现为推论体系。关于推论,笔者之前已做论述,就如学者所言:"所谓刑事推论,是指通过众多间接证据进行逻辑推理而获得事实结论的一种事实认定方法。它主要是在没有直接证据的情况下,对事实进行认定的方法,它所遵循的是一种如何从证据到事实的认识规律,即根据经验法则与逻辑法则,运用归纳法,从

---

[1] 唐永禅:《论运用直接证据与间接证据定罪的规则》,《法商研究》1994 年第 4 期;陈光中、徐静村主编:《刑事诉讼法学》,中国政法大学出版社 2002 年版,第 151 页。

[2] 沈达明:《英美证据法》,中信出版社 1996 年版,第 29 页。

已知的证据事实推理得出待证事实。"[1] 单一的间接证据完成从证据到主要事实的推论过程主要表现为三段论推理过程，其整个过程就如同一根细细的绳子，其可以连接起案件主要事实，但无法承担起主要事实的重量。但是，一系列间接证据经过推论之后，汇集拧结形成一条粗壮绳索，才能支撑起案件主要事实的重量。运用间接证据体系证明主要事实，间接证据的数量越多，结成的绳索就越粗壮有力，据此推论所认定的事实也就越趋近于案件事实真相，案件主要事实的盖然性程度也就越高。

其次，间接证据体系在横向层面表现为相互支撑体系。证据间的相互关系，按照亲密程度可以粗略分为四个层次，即印证性关系、同向性关系（或一致性关系）、不矛盾性关系[2]以及矛盾性关系。印证关系要求印证证据间具有最高的一致性，即达到共同性或吻合性。同向性则要求证据具有共同的指向性，不要求证据间的内容或信息高度吻合。由间接证据组成证据体系来证明案件主要事实，要求组成证据体系的各个间接证据之间的关系，一般要达到最低的一致性。也就是说，每一项间接证据的证明方向都能够指向案件主要事实这一目标，或每一项间接证据的存在都会使案件主要事实的存在更为可能。例如，在一起杀人案中，甲某曾扬言要杀乙某的证言（间接证据）如果存在并且属实的话，那么乙某是被甲某所杀（主要事实）的可能性就会增大；如果在甲某居所搜出杀害乙某所使用的凶器（间接证据），甲某杀乙某（主要事实）的可能性也会增大。这两个间接证据之间并未形成所谓印证关系，但它们却达到了间接证据体系定案所要求的证据间的一致性或同向性关系的要求，两个间接证据的证明方向是一致的，即共同指向"甲某杀害乙

---

[1] 樊崇义、吴光升：《论犯罪目的之推定与推论》，《国家检察官学院学报》2012年第2期。

[2] 不矛盾性并非就具有一致性或同向性，比如"今晚月亮很圆"与"甲请乙到某歌厅唱了一晚"这两个命题就具有不矛盾性，这两件事本来就是风马牛不相及的事情，何谈"矛盾性"。这两个命题虽然处于不矛盾状态，但它们也并未达到同向性，因为它们并不能共同指向某一事物。

某"这一主要事实。① 这种同向性或一致性在动态方面表现为间接证据间的相互支撑作用,即笔者所说的间接证据横向相互支撑体系。间接证据相互之间的支撑关系,目的在于验证间接证据的真实性,以及检验间接证据体系的完整性。

第四,依据间接证据认定案件事实,结论是唯一的,足以排除一切合理怀疑。依据间接证据所构成的证明体系进行逻辑推理,得出的结论只能是一个,即只能得出被告人为实施某犯罪行为的犯罪人,完全排除了他人作案的可能性。即完全依靠间接证据判定案件的证明程度必须达到"内心确信的必然性"或"高度盖然性"程度。对间接证据定案的证明标准后文将作专门论述。

第五,运用间接证据进行推理应符合逻辑规则和经验法则。证据的推理包含着两个层面的意思,其一为关于证据的推理(Reasoning about evidence);另一个是运用证据的推理(Reasoning with evidence),二者的主要区别在于前者的重心是证据本身,后者的重心是指案件事实。

运用间接证据认定案件事实,只有经过大量的推理之后才能据以认定,但是由于间接证据本身不能证明案件主要事实,因此在运用间接证据进行推理时风险相对较高,是否符合逻辑和经验规则便成为衡量间接证据的推理是否正确的一个标准。间接证据推理的关键问题主要集中在两个方面:"其一是推理前提的真实性;其二是推理形式的正确性。"② 前者主要是指作为前提的判断是否符合客观实际,而后者主要是指推理的形式是否符合逻辑推理的相关规则。间接证据推理过程充满了经验法则与逻辑规则的运用,比如,推理的大前提通常是指推理前业已形成的一般有效的经验法则,小前提则是通过间接证据直接证明所得到的一个判断;推理的形式实质上就是逻辑上的三段论。间接证据证明的前提越正确,运用间接证据进行推理所得出结论的正确性也就越高。如果间接证据的推理前提本身就是处于或然状态,推理得到的结论则不可靠。

---

① 当然,间接证据体系中也可能存在间接证据相互印证的关系,比如两个间接证据包含的信息高度吻合,都能够直接证明犯罪动机的情形。

② 何家弘:《证据的审查与认定原理论纲》,《法学家》2008年第3期。

（二）间接证据独立证明犯罪主观要件事实

以上是间接证据体系证明案件主要事实的一般规则梳理。其实，司法实践中运用间接证据推论案件主要事实，包括案件主观要件事实，并非如上述规则那么简单，其思维过程极为复杂，笔者对这一过程试作分析。

间接证据除了协助直接证据，或者说在和直接证据共同作用下证明犯罪主观要件事实之外，间接证据本身也能够独立完成对犯罪主观要件的证明。间接证据独立证明主观要件事实分为两种情形：第一种情形是，用单个间接证据直接证明主观要件事实。主观要件事实相对于主要案件事实而言属于间接事实，用单个间接证据直接证明主观要件这一间接事实是可能的，比如在贷款诈骗罪中，被告人自认"非法占有贷款的目的"，如果不做其他主要案件事实的考量，只关注于这一目的环节，被告人的这一供述是可以直接证明"非法占有目的"这一主观要件的。当然，这与前文所表述的直接证据可以证明主观要件存在细微的、理论上的差异。作为一项直接证据，既能证明"非法占有目的"这一主观事实环节，也可以同时证明案件其他主要事实。因此从此角度而言，口供并不是一概属于直接证据，口供既可以成为直接证据，也可以表现为间接证据，不完整的口供或口供的片段可能被视为间接证据。因此，在上述特定情形下，用单个间接证据证明主观要件如同直接证据证明主观要件一样简单直白，其机理与过程无须赘述。真正复杂的是，在大多数情况下，很难出现上述单个间接证据能够直接证明主观要件的情形，如此，在证据证明方面，我们仅剩下依赖间接证据体系来推论证明主观要件事实这一途径了。本部分重点讨论此一机理和规则。

利用间接证据证明犯罪主观事实不同于直接证据那般直接，间接证据证明犯罪主观事实需要经过大量的推理和推论，依据间接证据从犯罪嫌疑人、被告人的客观的外在行为以及客观结果等客观事实推理或者推断出行为人实施犯罪时的主观心理状态。著名学者边沁认为，使用证据推断案件事实的过程中都要经过至少一次推理，无论其为直接证据抑或间接证据。直接证据只需要经过一次推理即可称为"直接推理"，而间接证据所进行的"间接推理"是一种较为特殊的、额外的以及多次的推断。美国学者乔恩·R.华尔兹认为:"所谓直接推理即为直接的、不经过二次推理的方式进行的,直接推理总是能够直接地一步的到达案件中的实质性争议问题。间接证据推理讨论的是证据经过两次或两次以上的推论才能弄清其与待证事实之间的关系,即从这一事实或与其他一系列事实相联系而推断出最终的事实主张的存在。"[1] 一般情况下,国内学者们认为"推理是为人类理性与经验所保证的、事实裁判者可以在既定事实的基础上做出一种推断,它是在没有法律规则的指导效力影响的情况下从前提中推出结论的过程"[2]。关于推理与推断之间的关系,何家弘教授认为:"推断和推论都是以推理为基础的。就思维过程而言,一定是先有推而后有断和论……就内容和形式而言,推理是推断和推论的实质内容,而推断和推论都是推理的表现形式。"[3] 陈瑞华教授指出,"所谓推论、推断、推理,都属于一种做出某种判断或者认定某一事实的逻辑方法……司法证明的过程包含着对各项证据事实的揭示以及对全案证据的综合判断过程,其中对全案证据的综合判断过程往往需要运用推论、推断或者推理的方法,否则这些证据事实就可能处于孤立存在的状态,它们的逻辑联系也无法得到揭示,案件待证事实的真实性也难以得到令人信服的证实"[4]。"推论是推理的具体运用和表现形式,推论是用语言的形式进行推理。但是,作为证明方法的推论,并不仅仅是语言形式的推理,而是有着独立意义的论证活动。它要运用推理的方法,但与逻辑推理不同的是,它不是发现,而是论证,更强调结论。当然,结论会受制于其大前提的正确性以及小前提的可靠性。推论并不是为了自己查明案件事实,而是向他人证明案件事实,因此它属于一种证明方法。"[5] 根据沃尔顿的观点,"推论时一组命题,其中一个命题被称为结论(即终

---

[1] [美]乔恩·R.华尔兹:《刑事证据大全》,何家弘等译,中国人民公安大学出版社2004年版,第14页。

[2] 劳东燕:《推定研究中的认识误区》,《法律科学》2007年第5期。

[3] 何家弘:《论推定概念的界定标准》,《法学》2008年第10期。

[4] 陈瑞华:《论刑事法中的推定》,《法学》2015年第5期。

[5] 吴丹红:《犯罪主观要件证明——程序法和实体法的一个联接》,《中国刑事法杂志》2010年第2期。

点），其余的命题被称为前提（即起点）。推论强调的是从前提'走向'结论的过程。推理是一个推论序列，更特别地说，是一个链接在一起的推论序列，其中一个推论的结论也充当了下一个推论的前提。论证是一个推理序列。因此推论存在于推理之中"[1]。不论是直接证据抑或是间接证据，都需要运用推理的方法将证据同案件主要事实结合起来。直接证据的推理过程更为简单和快捷，因此通过直接证据的方式进行推理来证明犯罪主观要件事实也不可避免地成为一种首选，间接证据的运用在某种程度上说或许就是在直接证据失去其作用时所起到的一种补充作用，以替代直接证据完成对犯罪主观要件事实的证明。

众所周知，运用间接证据组成证据体系来证明案件事实的前提是缺乏直接证据的存在，直接证据的缺乏本身意味着在案件主要事实这样一个环节上缺少证据，而案件主要事实无非是指被告人实施了某个犯罪行为，主要事实也属于案件事实的一个环节。因此，在运用间接证据独立证明案件事实时，并不可能形成所谓的"证据锁链"，如果说存在"证据锁链"，那也是不完整的，或称"有缺口的证据锁链"。用间接证据推论案件主要事实就是用"推论"的手段来弥补证据锁链上的主要事实这个"缺口"。[2] 而用间接证据组成体系来推论证明案件事实中的主观要件事实，则意味着在主观要件事实这一环节缺乏直接证据，也就是说，我们通常所说的"证据锁链"在行为人主观心理态度方面缺少了一环，"证据锁链"断裂。用间接证据体系推论主观要件事实，就是为了填补上述心理态度方面的空白，弥补证据锁链的断裂缺口。试举一例说明。

香港陆氏实业（武汉）有限公司注册资金只有 500 万美元，从 1994 年到 1999 年 6 月末，该公司就以资产抵押、房地产抵押等形式（其中相当一部分是重复抵押或虚假抵押）从武汉市农村信用联社等金融机构获得贷款人民币 8.75 亿元，其中有近 3 亿元已逾期，欠息就达 8000 万元。1999 年 7 月 30 日，公司总经理唐某被司法机关收审，然而

---

[1] 熊明辉：《论法律逻辑中的推论规则》，《中国社会科学》2008 年第 4 期。
[2] 参见拙著《间接证据理论的思辨与实证》，人民出版社 2009 年版，第 167 页。

因缺乏"不法占有"的证明,一个多月后,唐某被批准离境,当然国家的巨额贷款也就无从追缴。①

本案主观要件事实认定陷入困境。如前所述,本案没有嫌疑人有罪供述的直接证据,也未获得能够直接证明"非法占有"目的这一间接事实的间接证据,要实现本案认定,只能依靠其他间接证据组成的证据体系,通过推论来进行。其过程大致如下(见图3-3)。

```
间接证据1 ──→ 注册资本500万美元,
               贷款达8.75亿元      ┐
                                    │
间接证据2 ──→ 重复抵押、虚假抵押贷款 ├──→ 唐某骗取银行巨额
                                    │    贷款(主观要件:
间接证据3 ──→ 3亿元逾期、欠息       │    非法占有为目的)
               8000万               ┘
```

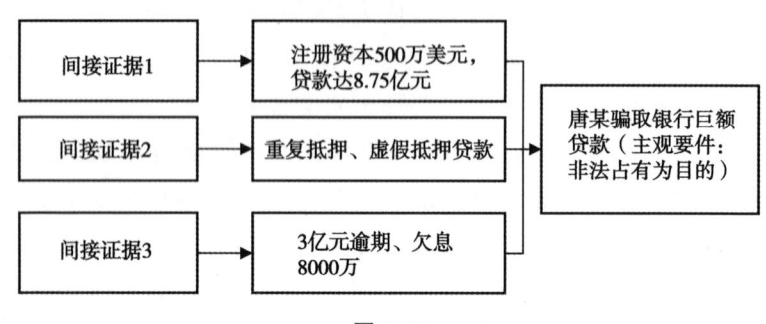

图 3-3

在上述案例中,犯罪嫌疑人唐某辩称,其向银行贷款,系正常商业合同行为,并不具有为非法占有而骗取银行贷款的行为,也就是说,本案中没有一项证据能够直接证明唐某为实现非法占有目的而骗取银行巨额贷款的事实。同时,本案也不存在一项能够直接证明"非法占有"这一心理态度的间接证据——不能完整证明整体上的骗取巨额贷款事实,但能证明主观心理态度事实的证据。这就形成了上述案件审理法官所说的"缺乏'不法占有'的证明",最终放纵了可能的犯罪。按照笔者观点,上述案件并不缺乏"不法占有的证明",只是当时审判法官未能充分理解和掌握运用间接证据体系推论主观要件事实的规律和技能。根据上述案例提供的信息,我们最起码可以认为,该案件中存在一定量的间接证据,且每一个或几个间接证据均可以证明一项或几项间接事实,如"唐某注册资本500万美元,贷款达8.75亿元"、"重复抵押、虚假抵押贷款"、"3亿元逾期、欠息8000万"等间接事实。上述间接事实之

---

① 沈丙友:《诉讼证明的困境与金融诈骗罪之重构》,《法学研究》2003年第3期。

间不存在冲突与矛盾，且协调一致，共同指向"唐某骗取巨额贷款事实（贷款而不准备偿还的心理）"。因此，从理论上讲，本案并不缺乏"不法占有的证明"，运用间接证据组成的证据体系是可以对主要事实，包括主观要件事实实现推论证明的。至于间接证据体系推论证明主观要件所要达到的程度，笔者将在后文主观要件的证明标准部分做专门论述。

　　在犯罪主观要件认定方面，有关司法文件与国际公约均认同通过间接证据推论主观要件事实的方法。比如2008年最高人民法院《全国部分法院审理毒品犯罪案件工作座谈会纪要》规定，在毒品犯罪中，判断被告人对涉案毒品是否明知，不能仅凭被告人供述，而应当依据被告人实施毒品犯罪行为的过程、方式、毒品被查获时的情形等证据，结合被告人的年龄、阅历、智力等情况，进行综合分析判断。又如《联合国打击跨国有组织犯罪公约》第5条第2款规定，根据本公约确立的犯罪所需要具备的明知、故意、目标、目的或约定可以从客观事实情况推断。《联合国反腐败公约》第28条也规定，根据本公约确立的犯罪所需要具备的明知、故意或目的等要素，可以根据客观实际情况予以推断。因此，无论我国的刑事司法解释，还是应对犯罪的国际公约，都在一定程度上认同间接证据推论证明主观要件事实的方法。

第四章

犯罪主观要件的推定与司法认知

第一节 犯罪主观要件认定中的推定

无论我国传统的犯罪构成四要件学说，还是大陆法系犯罪成立三层次要件说，以及英美法系的罪体加犯意理论，就具有可罚性的犯罪成立意义而言，犯罪主观要件都是不可或缺的要素，在犯罪构成理论当中起着"半边天"的作用，在制度与实践方面，吸足了刑事立法者和司法者的注意力，成为国家刑罚权实现的关键因素。根据前文所述，尽管各个国家刑法理论对主观要件的内涵与外延表达不尽相同，但其本质是一致的，都承认主观要件是行为人在行为时所持的心理态度。

根据我国刑法理论与制度，犯罪构成要件分为必要要件与选择要件两种类型的要件。作为犯罪构成要件重要方面的主观要件，同样也分为主观必要要件与主观选择要件两类。主观必要要件是指除却严格责任类型犯罪外，所有犯罪构成都必须具备的主观心理要件，传统上一般指故意与过失这两个要素，即俗称的"罪过形式"。主观选择要件是指构成特定类型犯罪或特定罪名所必须具备的主观心理态度。此类要件并不为除严格责任类型之外的所有犯罪所必备，故称为"主观选择要件"，例如我们通常所说的"非法占有目的"即为此种要件。

本节主要以犯罪构成要件中的"明知"要素的认定作为研究对象，进一步探析推定在犯罪主观要件认定中的作用与机理。

一 "明知"认定困境

试举一例说明。

2004年11月29日，犯罪嫌疑人吴某在昆明机场被公安民警抓获，从其携带的旅行箱夹层内查获海洛因净重446克。据吴某称，其受老板之命到云南考察玉石生意行情，乘飞机经昆明到芒市，在芒市当地一家宾馆住下后，一位接待的妇女给了她一个旅行箱，打开后里面是一件女式衣服，该妇女说是送给她的礼物。后吴某从芒市乘飞机返回昆明，在昆明机场被公安民警查获。吴某自始至终皆辩称自己不知旅行箱夹层内藏有毒品，是被老板利用、欺骗所致。对于该案，检察院以运输毒品罪向法院提起公诉，法院经过审理后认为证明被告人运输毒品"主观明知"的证据不足，拟判无罪，后检察机关撤回起诉，公安机关又对该案做出撤案处理，将嫌疑人释放。①

上述案例反映了我国刑事司法实践中的犯罪主观要件认定困难问题。

我国犯罪构成理论坚持主客观相一致的原则。在犯罪构成要件要素的证明过程中，作为客观面的行为和结果等容易得到证明，但作为主观面的故意、目的等因素则较难认定，因为主观要件要素属于人的内在心理态度，无法用传统意义的证据来证明。这导致了刑法规定以故意等主观因素为构成要件的一些犯罪难以获得定罪的问题。就拿上述毒品运输罪中主观故意的证明为例。②正是由于检控方无法证明犯罪嫌疑人吴某对其所运输毒品"明知"这一环，导致法院无法定罪判刑。对于这一司法证明难题，理论界与实务界进行了很多尝试和努力，如通过运用间接证据来推论证明主观要件等，但是收效甚微。近年来，随着证明责任制度理论研究不断深入，理论界和实务界逐渐注意到证明责任分配和转移机制对案件主观要件认定的帮助，尤其是案件事实认定中的推定规则的适用，更为主观要件认定提供了便利。

二 "明知"证明的有限性

正如笔者前文所述，证明是案件事实认定的最主要方法，是现代证

---

① 参见褚福民《证明困难的解决模式——以毒品犯罪明知为例的分析》，《当代法学》2012年第2期。

② 毒品犯罪案件中要求检察机关证明行为人明知其走私、贩卖、运输、制造的是毒品，这在没有被告人供述的情形下，是相当困难的。参见吴丹红《犯罪主观要件的证明问题——程序法和实体法的一个连接》，《中国刑事法杂志》2010年第2期。

据裁判主义的要求，其构成案件事实认定方法的核心。由于直接证据和间接证据的区分，又可将证明分为直接证明和间接证明两种，直接证明，是以直观的方式直接说明案件主要事实，不需要"演绎之推论"，如犯罪嫌疑人、被告人的供认笔录等，这些证据可以直观地反映行为人的主观方面是否为明知，且与推定不存在划分界限的模糊，故在此无须赘述。这里所说的证明，主要是指以间接证据进行的证明，即间接证明。因为在这一过程中存在一个推论即推理的过程，因此区别于采用直接证据直接反映事实情况的证明过程。也就是说，这里的证据事实，是就"可以据以引申推论其他之事实而言"，"是以采用及判断证据，在内部意识作用上，推论为不可或缺之程序"。[①] 由此可见，推论或推理是间接证据证明必不可少的要素。

"明知"要素的证明，是指以案件证据包括犯罪嫌疑人、被告人供述、被害人陈述、证人证言、书证、视听资料等来直接或间接证明行为人对认识客体的主观明知。如对幼女年龄的明知，有证人证实告诉过行为人幼女的实际年龄，行为人对此也承认，这就是明知的直接证明。明知的间接证明是指根据行为人的年龄、智力、生理状况、行为的时间、地点、特殊的交易方式等推理或推论行为人对认识客体的主观明知。正如塞西尔·特纳所言："无论在任何国家，每当法庭需要确定某一案件事实时，无非采取两种方法，要么通过获取实际证据（即直接证据——笔者注），要么采取较容易的然而也是不精确的方法，即依靠经验的推定（实为推论或推理——笔者注）。"[②] 对明知这一主观心理事实的认定，传统上正是通过这两种证明方法的运用才得以实现，依靠证据确认方法来认定案件事实，不失为占绝对地位的案件事实认定方法。

但是，通过直接证明或间接证明来达到对主观要件，比如"明知"要素的认定，也是不太令人满意的，证明在"明知"要素的判定中作用

[①] 李学灯：《证据法比较研究》，台湾五南图书出版公司1992年版，第299页。

[②] 塞西尔·特纳等学者并未将推定与间接证据证明区分开来，并把间接证据证明中的推理与推论视为推定，在术语概念上，他们是混乱的。但他们至少注意到了直接证明与间接证明的差异，并指出间接证据推论证明案件事实是"不精确的"，这一点笔者认为是可取的。

是有限的。其有限性主要表现在以下几方面：

一是能够直接证明行为人"明知"的证据极难获取，或其获取具有偶然性，即我们所说的"可遇不可求"。实践中，能够直接证明行为人"明知"等主观心理态度的证据一般表现为犯罪嫌疑人、被告人的供述，随着不被强迫自证有罪等原则被写入我国《刑事诉讼法》，司法机关获取有罪的供述会越来越难。可以预测，在未来的司法中，口供起到的作用会越来越小，口供定案只会是少数现象。

二是间接证明行为人"明知"具有不稳定性或"不精确性"，就是所谓的"一百位法官会有一百种判法"。判定者个体经验差异太大，导致裁判缺乏应有的统一性与公正性。

三是即使运用间接证据体系推论证明了"明知"等主观要件，但这种做法实质降低了证明标准。按照字面意义理解，"明知"即明确知道，指行为人主观上明确知道，这是一项极其严格而且要求较高的客观标准。而间接证据推论须依赖一般人的经验法则作为大前提，在此境况下，"行为人明知"实则演变为"一般人认为行为人明知"，[①] 如此，客观标准转化主观标准，实则降低了"明知"认定标准。该问题后文将专节讨论，此处不做赘述。

三 "明知"的推定

（一）推定的概念与特征

推定作为法律上的专门术语，以肯定基础事实与推定事实之间的常态联系为基础，通过对基础事实的证明来实现对推定事实存在状态的认定。推定是立法者基于一定的价值取向对司法实践中相对稳定的事实推定在法律上的确认。推定具有法定性，有严格的强制效力，即"法律要求事实认定者在特定的基础事实被证实时就必须做出推断"[②]。法律上的推定一般都具有可反驳性特性。相较于证明（推论），推定具有以下一

[①] "一般人认为行为人明知"在逻辑上等同于"应当明知"，只不过建立在逻辑基础上的"应当明知"被法律规范后，则演化为"明知推定"。所以"应当明知"是从纯粹逻辑发展到法律的一个概念。

[②] ［美］乔恩·R.华尔兹：《刑事证据大全》，何家弘等译，中国人民公安大学出版社1993年版。

些特征：

其一，推定具有"法定证据"的制度特征，而推论具有"自由心证"的制度特征。推定的"法定证据"的制度特征是指在案件的基础事实得以确认时，法官必须严格依法认定案件的推定事实，不得进行主观自由裁量。而证明中的推论具有"自由心证"制度特征，法官针对具体案情，只要根据经验法则、逻辑规则和自己的理性来判断证据和认定事实，其推论结果就合法有效。推定与推论都可能遇到反对证据，但二者不同的是，推定的反对证据一旦确认，该推定就如气泡爆裂，不再发生效力；而推论则不然，虽然反对证据成立，但仍需综合考量案件证据情况，斟酌支持推论事实的证据是否能够压倒反对证据，是否达到证明标准，从而完成对案件事实的认定。

其二，建立于基础事实与推定事实常态联系的推定降低了证明标准。推定是一种建立在两个事实的常态联系或某种法律价值基础上的法律规则，除了无关乎事实真相而单纯追求某种法律价值的推定外，建立于两个事实常态联系的推定规则的运用实则降低了证明标准，[①] 就如同前面讨论的间接证据推论证明主观要件一样。推定与间接证据推论均降低了证明标准，两者的差异在于：推定基于法律规则，间接证据推论基于经验法则和逻辑规则。至于学者们所主张的，在间接证据独立定案情况下，推论证明必须符合证据充分性的一般要求，推论证明的事实往往具有充分性和无可辩驳性，如在刑事诉讼过程中，当所收集的证人证言和痕迹物证等有序衔接组合，能够完整地证明行为人犯罪事实，方可得出其有罪的推论。笔者认为，这只是理论与立法上的一厢情愿而已，掩盖不了推论过程实质降低了证明标准的现实。

其三，推定转移了证明责任，而推论（证明）并未转移证明责任。根据美国《联邦证据规则》第301条的规定，推定的法律效果，是使出

---

① 虽然笔者认为推定很大比重属于价值，而非事实问题，主张应当将推定与证明标准问题分离，但由于部分建立在基础事实与推定事实常态联系的推定是以事实真相为目标，所以，笔者承认部分推定可以与证明标准等事实问题结合讨论。

示证据的责任由提出推定的一方转移到该推定对其不利一方当事人身上。① 在我国，以巨额财产来源不明罪为例，公诉方往往通过被告当事人个人财产远远大于其职业收入应当达到的水平来推定被告收入乃非法所得，这其实是由于公诉方无法一一查明被告当事人收入来源，为摆脱这一难题而将证明其收入合法的举证责任转移到被告的一种手段，所以推定首先是一种假定，它成立并得以维系的条件是不利后果的承受方未能提供必要的反证。推定机制需要转移证明责任是建立该机制的必然要求。

其四，推定确立了事实认定义务，而推论则没有这种义务。推定与推论同样需在基础事实与认定事实之间达成一种关系，但推定在基础事实已经获得的情况下，就必须认定推定事实的存在。而推论则不同，虽然基础事实成立，但仍允许司法机关斟酌处理，可以认定，也可以不认定，应视具体的事实与证据情况来确定是否认定某一事实。②

(二)"明知"的推定——"推定明知"的构建

理论界与实务界在"明知"认定方面实质上分了三步走战略：第一步，对于犯罪构成要件的"明知"要素，最先选择运用直接证据加以证明。第二步，对于不具备直接证据证明的情况下，退而求其次，依赖间接证据组成体系来推论"明知"。第三步，对于难以认定的构成要件"明知"要素，以一般有效经验为基础，构建法律上的推定规则，实现对"明知"的有效认定。

从理论上说，为了达到查清案件事实、保障被告人权利、实现司法理性等目标，使用证据证明刑法所要求的待证事实是认定案件事实的理想方式。事实裁判者根据刑法和刑事诉讼法的要求，通过证据一一证明犯罪构成的主客观要件，最终达到认定案件事实的目标，无论从认定方法方面，还是从实现待证事项的认定标准或程度方面来说，证据证明都是最为理想化的核心方法。如果说理想化认定案件事实的方式是从认定

---

① [美]罗纳德·J.艾伦：《民事诉讼中的推定再思考》，《爱荷华州法律评论》第66卷，第865页。

② 龙宗智：《推定的界限及适用》，《法学研究》2008年第1期。

方法和待证事实两个角度进行确定，那么解决证明困难的具体方式也可以从这两个角度进行归纳：或者对认定方法进行调整，或者对待证事实进行变更，或者同时降低两方面的要求。

从认定方法来看，法律推定和间接证据推论是两条很好的认定那些无法通过直接证据证明的明知的途径。法律推定即当法律明确规定，如果已知的基础事实甲存在时，可认定推定事实乙存在，除非有足够证明力的证据证明乙不存在。法律推定是以实体法或程序法的明确规定为表现形式的。立法之所以作出法律推定的规定是基于某些事物之间因果联系的高度盖然性。间接证据推论经过在司法中的实践，提出了证据推论的概括性认识的新观点。证据推论的概括性认识的具体含义是，在案件中，只要能够证明嫌疑人、被告人对于持有物品的非法性具有概括性认识，不需要证明行为的具体对象是什么，即可认定成立犯罪。

从待证事实来看，以上两种认定方法实际上归根结底都是对待证事实的变更。法律推定的具体规定，如我国最高人民法院、最高人民检察院、公安部联合发布的《办理毒品犯罪案件适用法律若干问题的意见》中以列举的方式规定，"具有下列情形之一，并且嫌疑人、被告人不能做出合理解释的，可以认定其'应当知道'，但有证据证明确属被蒙骗的除外"。该《意见》中规定的具有下列情形之一的八种情形中的七种情形，即除了第八条的保底条款外，其他待证事实即是以法律的形式赋予了它们认定明知的效力，这些待证事实本不足以认定明知，换言之就是通过变更待证事实的方法降低了认定明知的难度。证据推论的概括性认识是为了应对运输毒品犯罪中的证明困难，上海市高级人民法院早在2000年就在《关于审理毒品犯罪案件具体应用法律若干问题的意见》（以下简称"上海意见"）中提出了解决思路。"上海意见"中规定："如果没有足够的证据证实行为人在主观上明知是毒品，但能够证实其对所承运物品的非法性具有概括性认识，行为人为了赚钱不计后果接受他人雇佣，事实上实施了运输毒品行为的，可以认定运输毒品罪，在量刑时酌情给予从轻处罚。如果确有证据证实行为人不知是毒品，而系受蒙骗实施运输毒品行为的，则不能认定为犯罪。"也就是说，在没有足够证据证明嫌疑人、被告人具有犯罪的主观明知时，可以通过改变证明对象的方式解决证明难题。

由上可知，从认定方法入手归根结底是在待证事实方面做出相应的变更，认定方法是在对待证事实进行研究之后产生的结果，故同时降低两方面的要求也只是降低了对待证事实的要求。综上所述，笔者认为从减少待证事实的数量、改变待证事实的方向等方面降低证明的难度，不失为明知认定的一条根本出路。

第二节　犯罪主观要件认定中的司法认知

根据目前理论，解决主观要件认定难困境的途径主要有以下几种：一是通过刑法条款的修改，把主观要件从某些特定类型犯罪的构成要件中剔除，实行刑法上的"严格责任"制度。通过此种方法，彻底免除主观要件的证明任务或负担。比如此主张提出，针对实践中的持有型犯罪，司法机关只需证明行为人持有、私藏、携带、拥有特定物品等客观现状，便可认定行为人构成相应犯罪，而无须证明行为人在主观上具有故意或过失的心理态度。[1] 根据该主张，"故意"和"过失"等心理态度因素不再是非法持有毒品等持有型犯罪的构成要件，起诉方无须证明这一要件，只需证实毒品持有的客观状态。二是通过立法或司法解释，设立强制性的法律推定规则，对主观要件实施法律推定，即实行"罪过推定"制度，前文探讨的"推定明知"即为此制度的典型代表。三是通过间接证据体系推论主观要件。此种方法的优势在于无须进行立法或修法，事实认定者可以依据经验法则和逻辑规则，根据案情自由推论主观要件，能充分发挥事实认定者的主观能动性，并能兼顾个案特质，有利于真相发现。

刑法上的严格责任制度已经超越本书研究范围，主观要件的证明与推定在我国已经形成比较成熟的理论，相关制度构建与实践已经普遍展开，且效果良好。因此本节将集中讨论主观要件的司法认知问题，包括

---

[1] 苗有水：《持有型犯罪与严格责任》，《刑法问题与争鸣》第2辑，中国方正出版社1999年版，第41页。

主观要件司法认知的可行性与制度构建问题——即能否把主观要件视为"显著之事实",通过制度设置,对特定类型犯罪的主观要件免除双方举证责任,转由法官直接予以确认,实行主观要件的司法认知制度的问题。

一　司法认知的一般立法与认知对象分类

（一）司法认知的一般立法

如前文所言,司法认知概念最早产生于罗马法时代,著名的法谚"显著之事,无需证明"已经体现了证据法上的"司法认知"概念,而正式成为成文法,则始于1872年英国证据法学家斯蒂芬负责起草并实行的《印度证据法》。[①] 1975年生效的美国《联邦证据规则》第201条明确规定了司法认知的相关条款。该规则第201条（a）项把司法认知范围首先限定为"裁判事实",继而在（b）项里规定了司法认知的事实种类:"适用司法认知的事实必须不属于合理争议的范畴,即:（1）在审判法院管辖范围内众所周知的事实;或（2）能够被准确地确认和随时可借助某种手段加以确认,该手段的准确性不容被合理质疑。"

近年来,随着证据理论研究的深入,我国学者对司法认知展开了一定的研究,并相继推出了一些研究成果。在立法上,虽然我国基本法律未明确规定司法认知制度,但有关司法认知的规定散见于一些司法解释之中。例如最高人民法院《关于民事诉讼证据的若干规定》第9条规定:"下列事实,当事人无需举证证明:（一）众所周知的事实;（二）自然规律及定理;（三）根据法律规定或者已知日常生活经验法则,能推定出的另一事实;（四）已为人民法院发生效力的裁判所确认的事实;（五）已为仲裁所确认的事实;（六）已为有效公证文书所证明的事实。"其中除了第（三）种情形属于推定外,其他各类情形都属于司法认知对象范畴。在刑事诉讼领域,最高人民检察院《人民检察院刑事诉讼规则》第334条规定:"在法庭审理中,下列事实不必提出证据进行证明:（一）为一般人共同知晓的常识性事实;（二）人民法院生效裁判所确认的并且未依审判监督程序重新审理的事实;（三）法律、

[①] 转引自李学灯《证据法比较研究》,台湾五南图书出版社1992年版,第37页。

法规的内容以及适用等属于审判人员履行职务所应当知晓的事实；（四）在法庭审理中不存在异议的事实；（五）法律规定的推定的事实。"其中除了第（五）项情形外，均认为属于司法认知范畴。

(二) 司法认知对象的分类

比较分析中美两国立法关于司法认知的规定，可以看出，司法认知的对象范围基本可以概括为两类：一类是法律、法规。虽然美国《联邦证据规则》并未将法律规范纳入司法认知对象范围，但美国已然通过判例和其他成文法规将司法认知对象范围扩展到法律规范。另一类是裁判事实。按照抽象性程度不同，裁判事实又可以分为两类：一是抽象性的事实，即立法里表达的"常识性事实"或"众所周知的事实"。司法实践中何谓"常识性事实"或"众所周知的事实"，法官拥有较广阔的解释空间。因为法官拥有宽泛解释与自由裁量权，抽象性事实的司法认知体现了司法认知的自由主义倾向。二是具体性事实，即立法里表达的"人民法院生效裁判所确认的事实"、"已为仲裁所确认的事实"或"有效公证文书所证明的事实"等。上述各类事实含义明确，意义表达具体，理解上不会发生分歧，因此法官在这些事实的理解与认定上基本没有解释和发挥余地。具体性事实的司法认知则体现了司法认知的法定主义倾向。我国台湾地区学者李学灯在对司法认知对象进行分类时，即将认知的对象分为法律与事实，其中法律包括国内法、国际法及条约以及外国法；事实包括显著事实、政府事项（政府行为）、司法事项或者史、地、财经、科学、文艺、工商、社会及其他各种易于获知之事项。[①] 其中，李学灯法官所说的"显著事实"和"易于获知之事项"即为笔者所说的抽象性裁判事实，法官可以凭借一般经验进行解释适用。

二 主观要件司法认知的可行性

通过前文对司法认知与证明的比较，我们可以看到，司法认知与证明既有共同点，也有不同点，主观要件的认定可以通过证明进行，那么可否通过司法认知获得认定呢？

司法认知的思维过程中只有其认知的事实存在，并不像证明的过程

---

① 参见李学灯《证据法比较研究》，台湾五南图书出版社1992年版，第17—26页。

中存在已知事实与待证事实两个事实。司法认知的目的在于判定认知事实的真伪，由于没有相关基础事实的存在作为判定的依据，那么作为一种事实认定的方法，其依据必然要在逻辑法则与经验法则中寻找。在司法认知的此种机理中，并没有给予演绎、归纳等逻辑方法以用武之地，因为只有一个单一的需要解决其真伪问题的认知事实。既然逻辑法则无法成为司法认知运用机理中的依据，对司法认知来说，经验法则就成为唯一的选择。事实上，由于经验法则的模式就是对事实的经验总结，因此，经验法则完全能够成为对单独存在的认知事实的真伪进行认定的依据。

那么，作为司法认知中的认知事实依据的经验法则能否应用于主观要件认定领域呢？答案是明确的，经验法则在社会生活乃至司法证明运用领域应该没有范围限制，我们至少可以得出结论，主观要件的认定并不排斥经验法则的运用，也就是说，在主观要件认定方面，经验法则完全可以成为对主观要件是否存在及其真伪判定的依据。例如在一起杀人案件中，具备正常刑事责任能力的甲某把站立于悬崖边的乙某向外猛推，致使乙某坠崖而死。在诉讼中，即使甲某声称其没有杀人的故意，但作为正常的理性的法官都会认定甲某具备杀人的故意这一主观构成要件，这种认知主要基于这样一项经验法则，即将被害人推向悬崖的具备刑事责任能力的行为人具有剥夺被害人生命的故意——即具备明知自己的行为会导致被害人死亡而希望或放任结果发生的心理态度。上述主观要件认定过程不具备间接证据证明过程特质，即间接证据→间接事实→主观要件事实这一系列推理推论过程。如前文所述，证明过程最起码包含了基础事实（证据性事实）和待定事实两个要素，而上述主观要件的认定过程只包含了认知事实一个要素，认定过程只是通过经验法则运用来直接认知行为人是否具备故意，认定过程免除了证据的使用和基础事实的参与。

下面以案例说明。

1999年10月30日晚9时许，武汉佳丽广场豪仕俱乐部发生枪击案，犯罪嫌疑人黄光辉、万小斌、邓辉等人手持4支滑膛猎枪向坐在酒吧的另一伙人开枪射击，近10声枪响后，现场有4人中弹，1人当场倒地死亡,3人受伤。此案经公安机关侦查终结移送人民检察院审查起诉,最后被法院定为故意伤害罪。法院之所以定故意伤害罪而没有定为故意杀人罪,其理由在于起诉机关未能获得足够证据证明被告人在开枪时具有剥夺他人生命的故意,通俗地说,检控方无法证明被告人行为时的心理态度究竟是意图杀人还是意图伤害,鉴于被告人避重就轻的辩解和刑法谦抑精神,法院自然做出了故意伤害的判决。

笔者认为,如果依据司法认知原理,法院可以依据经验法则径行认定被告人黄光辉等人具有杀人的故意,从而免除控诉方主观要件的证明责任,因为被告人黄光辉等人连续扫射、不计死亡后果的行为,依据一般经验就可直接认知故意的心理态度。法院如果放弃司法认知的职权,转而要求控方举证证明,则放弃了自身的职责,最终因为主观要件证明不能而放纵或轻纵犯罪。

三 主观要件司法认知制度的构建

主观要件司法认知制度的构建应当从实体、程序和救济途径等几方面综合考虑:

(1)在实体方面,把司法认知对象范围扩展到主观要件事实认定领域,具体地说,就是把特定类型犯罪中的主观要件纳入抽象性的认知对象范围类别,比如纳入"众所周知之事"或"显著之事"范围。根据我国目前相关司法解释的规定,刑事诉讼中的司法认知对象包括:(1)一般人共同知晓的常识性事实;(2)人民法院生效裁判所确认的并且未依审判监督程序重新审理的事实;(3)法律、法规的内容以及适用等属于审判人员履行职务所应当知晓的事实。其中第(1)种情形"常识性事实"作为一个抽象概念,具有较大的解释空间,而第(2)、(3)种情形含义具体明确,概念特有所指,所以,如果把特定类型犯罪中的主观构成要件纳入司法认知对象,只宜将它归类于"一般人共同知晓的常识性事实"范围,因为这些事实均以一般经验法则为依据。

(2)在运作程序方面,主观要件司法认知的启动实行法官依职权主动进行和法官依控辩双方申请进行两种情形。美国《联邦证据规则》第201条第(c)项规定了司法认知的"任意采用原则",即"无论被请求与否,法庭可以采用司法认知"。第(d)项规定了"强制采用原则",

即"如果当事人提出请求并辅之以必要的资料,法庭应当采用司法认知"。因此,构建主观要件司法认知制度时,我们可以参考美国《联邦证据规则》的这一规定,构建法官依职权主动对主观要件进行司法认知和法官依当事人申请对主观要件进行司法认知两种情况,也就是说,在主观要件认定上,一方面,当事人(主要是控诉方)可以基于自身利益向法官提出直接进行司法认知的申请,由法官根据申请方的资料与理由决定是否采用司法认知;另一方面,如果没有当事人提出司法认知的申请,裁判法官可以依据职权,主动对某个主观要件事实进行司法认知。只有这样,才能保证主观要件司法认知在实践中得到落实。

(3) 在救济途径方面,主观要件司法认知应当构建允许不利一方进行质疑与反驳的制度。俗话说,无救济则无权利,只规定司法认知对象范围及其运作程序而忽略其被不当适用后的救济途径,就相当于剥夺了相关当事人的一部分权利,对相关当事人相当不公平。

在司法认知制度运行中,不管是依当事人申请还是法官主动依职权进行的主观要件司法认知行为,其总是对某一方当事人构成不利益。这是因为,司法认知基于"显著之事"免除了证明责任,自然对原本负有举证责任的一方有利,对另一方则不利。因此,要保证司法认知事实的可靠,除了依据的经验法则能经得起考验外,必须在程序上赋予认知事实的不利方拥有质疑与反驳司法认知的权利与机会。就像美国《联邦证据规则》第201条(e)项规定的那样:"对于采用司法认知是否妥当和关于认知的要旨,当事人有权及时请求给予听证的机会。在未事先通知的情况下,可以在司法认知做出后提出这样的请求。"举例来说,就前面所举的黄光辉等故意杀人案,法官如果根据案件实际情况,对主观要件"杀人意图"进行司法认知时,就应当允许被告人黄光辉等不利方对"杀人意图"提出资料与理由进行质疑或反驳,如果反驳合理,则取消司法认知结论。

第五章

犯罪主观要件认定与严格证明原则

第一节 严格证明概述

严格证明理论起源于德国诉讼法理论。作为大陆法系证据法的基本概念，严格证明最早由德国学者迪恩茨在1926年提出。[1] 严格证明理论的提出，极大地拓宽了证明理论的研究范围，随着对严格证明理论研究的不断深入，其概念与理论逐渐被大陆法系其他国家或地区所接纳。

一 严格证明的概念

德国学者迪恩茨在《刑事诉讼程序之三种证明》中最早提出了严格证明的概念，"认为刑事诉讼法对有关罪责问题与刑罚问题的证明，明文规定了详细严格的限制，这种证明称为严格证明；反之，法律上不设严格限制的证明，则称为自由证明"[2]。德国学者克劳思·罗科信认为，"对严格证明有以下两种限制：其一为有关法定证据之限制，即被告、证人、鉴定人、勘验及文书证件。其二为严格证明之证据需依法定的证据调查程序使用"[3]。总结来说，德国诉讼法学界认为严格证明主要包含两个方面——法定证据形式的限制和证据在搜查调查程序的限制，并且这一观点在德国已成为通说。

日本学者小野清一郎教授将严格证明理论引入日本，并且将严格证

---

[1] [日] 松冈正章：《严格证明与自由证明》，《法学译丛》1981年第5期。
[2] 转引自黄东熊《刑事诉讼法研究》，黄东熊自版，1999年版，284页。
[3] [德] 克劳思·罗科信：《刑事诉讼法》（第24版），吴丽琪译，法律出版社2003年版，第208页。

明理论同犯罪构成要件理论进行结合,极大地推进了严格证明理论的发展与传播,对日本诉讼证明理论产生了重大影响。之后日本学者松冈正章撰写了《严格证明与自由证明》一文,较为详细地介绍了严格证明理论,其指出,"严格证明系根据刑事诉讼规定所认定的证据力,而且系根据在公审庭上经过合法的证明调查的证据而得出的证明,自由证明系根据证据力和证据调查的要件不完全充足的证据而得出的证明"①。

日本学者一方面积极引进德国关于严格证明的理论,另一方面也对德国学者的定义进行了修正。比如日本学者田口守一认为,"用有证据能力的证据并且经过正式的证据调查程序做出的证明,叫做严格证明,其他的叫做自由证明"②。就自由证明而言,"自由证明的证据是否在法庭上出示,出示以后用什么方式调查,由法院裁量"③。对比田口守一与德国学者关于严格证明的概念,日本学者要求严格证明的证据必须是具有证据能力的证据。在民事诉讼领域,日本学者岩松三郎在其论文《关于民事裁判判断的界限》中对自由证明概念进行了阐释,认为有关诉讼要件以及其他职权调查事项确认的方法,属于法官的自由裁量的范畴。另外,日本学者在研究简易审判以及量刑程序时,还提出了"适当的证明"这一概念,并认为"适当的证明"处于"严格证明与自由证明之间,强调尊重当事人的争论权,听取当事人的意见"。④

我国台湾地区学者对严格证明理论的研究也相对较早。台湾学者林钰雄在其《严格证明与刑事证据》一书中指出,"严格证明是指法院使用的证据方法和待证事实的调查证据的程序是否合法,两者受到严格的形式性支配法则。严格证明之严格性,表现在两个方面,一是法定证据方法之限制,二是法定调查程序之限制"⑤。

---

① [日]松冈正章:《严格证明与自由证明》,《环球法律评论》1981年第5期。
② [日]田口守一:《刑事诉讼法》,刘迪等译,法律出版社2000年版,第219—221页。
③ 同上书,第221页。
④ 康怀宇:《比较法视野中的定罪事实与量刑事实之证明——严格证明与自由证明的具体适用》,《四川大学学报》2009年第2期。
⑤ 林钰雄:《严格证明与刑事证据》,法律出版社2008年版,第8页。

近些年,我国大陆地区学者也对严格证明与自由证明理论有所涉猎,针对严格证明概念问题也都提出了各自的观点。比如有学者认为,"严格证明是运用法定形式的有证据能力的证据并经过正式的证据调查程序进行的证明"[①]。也有学者指出,"严格证明是指用具有证据能力并经过正式证据调查程序的证据所做出的证明"[②]。总体来看,关于严格证明的定义,从德国学者迪恩茨以降,所有学者都认为严格证明至少包括法定证据形式和法定的证据调查方法两个方面,至于具备证据能力方面的要求,则有的定义包含,而有的定义没有包含。笔者认为,具备证据能力应当是严格证明的必备要素,因此,严格证明是指运用具备法定形式且具有证据能力的证据,并经过法律规定的证据调查程序展开的证明。

二 严格证明的特征

严格证明作为大陆法系证据法上的一个概念,本质上属于证明方法,只不过这种证明方法必须受到法定的证据方法和合法证据调查方法的限制。基于前文对严格证明概念的分析,笔者认为严格证明具有以下几个特征:

第一,严格证明具有法定性。如前文所述,严格证明所运用之证据必须符合法定证据形式,具备法律规制的证据资格,并经过法律规定的证据调查程序来展开,具有鲜明的法定性。正如台湾学者林钰雄所说,严格证明的严格性主要在于两个方面。其一是法定证据方法的限制,其二是法定调查程序的限制。也就意味着,严格证明的严格首先来源于法律对其证据方法与调查程序规制上的严格约束。"严格证明之下,证据方法采法定主义,即有关罪责和刑罚问题的证明,法官只能在法律规定所准许的证据方法范围内践行调查程序,认知证据资料并评价证明力,最终得出心证。"[③] 无论是从证据方法上还是从证据的调查程序上,严格证明都强调法定性。通过采用法律明文规定的方式,对证据进行严格的

[①] 陈卫东、谢佑平:《证据法学》,复旦大学出版社2005年版,第231页。
[②] 魏晓娜、吴宏耀:《诉讼证明原理》,法律出版社2002年版,第52页。
[③] 胡帅:《刑事诉讼中的严格证明》,人民法院出版社2012年版,第8页。

限制，这样才能最终达到裁判者认定案件事实时所需要的形成内心确信的要求。

第二，严格证明程序和证据形式具有确定性。程序的确定性主要是指严格证明必须遵循合法的调查程序。为了确保正确地追诉犯罪、有效地发现案件事实真相和保障诉讼当事人的正当权益，证据的收集与调查程序应当由法律予以确定。现代刑事诉讼要求，严格证明过程一方面必须符合法律确定的一些原则，比如非法证据排除原则、直接审理原则、证据裁判主义等；另一方面必须符合法律确定的具体程序规定，比如证据调查程序必须遵循《刑事诉讼法》第160条规定："经审判长许可，公诉人、当事人和辩护人、诉讼代理人可以对证据和案情发表意见并且可以互相辩论。"

形式的确定性主要表现在证据种类的确定性。虽然目前刑诉法对于证据种类的规定饱受理论界诟病，[①] 但是"一般来说，在刑事诉讼法中明确规定证据的法定种类，具有两个法律意义：一是限定证据的法定表现形式，将已经确立的证据种类视为证据，而在此之外的其他实物、文件、笔录则被排除于证据之外；二是为证据转化为定案根据设立一种独立的资格要求，否则就不具有证据能力，而应当被排除于法庭之外"[②]。严格证明就是要杜绝把那些本应该排除在证据调查之外的证据资料纳入到法庭审判中来。

第三，严格证明主体具有特定性。主体的特定性是指严格证明要求证明主体特定。按照刑事诉讼理论与现行立法，刑事诉讼证明过程包括取证、举证、质证和认证等环节，所以，严格证明主体的特定性要求包括取证主体、举证主体、质证主体以及认证主体等都符合法定要求。比如严格证明在取证主体上要求，讯问犯罪嫌疑人必须由两名以上侦查人员进行；举证必须由控辩双方进行，"国家公诉机关和诉讼当事人在法庭审理中依照法律规定的程序和要求向审判机关提出证据，运用证据阐

---

① 比如有学者质疑刑诉法是否穷尽了证据的种类，对于没有被立法纳入到证据种类中去却在实践中经常运用的问题提出了质疑。

② 陈瑞华：《证据的概念与法定种类》，《法学论坛》2012年第1期。

明系争事实，论证诉讼主张的活动"；① 认证必须由法官进行，"法官行使审判权，他可以判人生死、给人定罪，这是国家最严厉的一种刑罚权……在这里，一定要慎重，一定要受到约束，一定要提到严格证明程序，要求他的严格性"②。

第四，严格证明对象具有特定性。需要进行严格证明的事实，对保障诉讼当事人正当权利、发现案件事实真相、维护司法公平正义来说都至关重要。诉讼中并不是所有事实都需严格证明的，为了提高证明效率，同时兼顾证明公正性，一般将构成要件事实和量刑事实的实体法事实作为严格证明的对象，就像有学者说的："严格证明的范围包括定罪事实即决定罪名是否成立的事实、法定量刑事实、违法阻却、责任阻却事由。"③ 虽然对于严格证明的适用范围目前学界观点还存在细微差别，但是基本认识是一致的，基本上都认为需要进行严格证明的事实是对于整个刑事案件处理具有重要意义的事实。笔者后文对此问题再做详述。

三 严格证明与自由证明的区分

严格证明与自由证明的划分，实际上是从证明方式和过程的角度对证明进行的分类，二者对诉讼证明活动的进行都发挥着重要的作用，实现着不同的价值。在对严格证明进行简要介绍后，为了进一步掌握严格证明在诉讼中的运用情况，有必要对严格证明与自由证明之间的差异、严格证明与自由证明间的转化等问题进行阐释。

（一）严格证明与自由证明的差异

随着诉讼证明规范化与法定化程度不断提高，严格证明已经形成较为成熟的理论观念以及明晰的制度体系，而作为与之对应的自由证明，至今也未有明确的概念界限以及形成相应的制度体系。以德国为例，"在德国的刑事诉讼中，自由证明的程序一般按照贝林及迪恩茨所倡导

---

① 卞建林、郭志媛、韩阳：《诉讼证明：一个亟待重塑的概念》，《证据学论坛》2001年第2期。

② 林钰雄、杨云骅、赖浩敏：《严格证明的映射：自由证明法则及其运用》，《国家检察官学院学报》2007年第5期。

③ 竺常赟：《刑事诉讼严格证明与自由证明规则的构建》，《华东政法大学学报》2009年第4期。

的方法进行,但是并未形成一套完整的理论"①。自由证明虽然未形成完整理论,但作为严格证明对应概念,我们还是可以将之与严格证明进行充分比较的,目前学界一般从证据种类、证据调查程序、证明标准三个方面对之进行比较。②

第一,严格证明需要受到严格证据法定形式的限制,而自由证明则没有相应的证据形式上的要求。也就是说,严格证明适用的证据种类,必须是由法律明确予以规定的,不符合法律规定的证据种类,则不能作为证据使用。在自由证明领域,不论该证据是否为法律所明确规定,均能进入到诉讼程序当中。我国《刑事诉讼法》第 48 条规定的物证、书证、证人证言、被害人陈述、犯罪嫌疑人、被告人供述和辩解、鉴定意见、勘察、检查、辨认、侦查实验等笔录、视听资料、电子数据等法定的证据形式即为严格证明的表现。

第二,证据的调查过程和证据能力上存在差异。在诉讼过程中,严格证明一方面要求证据的运用必须遵循一系列的诉讼原则,包括公开原则、集中审理原则、言词原则等,以及法定的证据调查程序。诉讼证明只有通过严格遵循直接审理原则、言词原则等一系列原则及证据调查程序,才能保障法官亲身经历案件的审判过程,认真听取控辩双方的意见,形成完整的内心确信。另一方面严格证明也要求证据必须具备相应的证据能力。判断证据是否具有证据能力,主要是看证据是否满足合法性要求,证据的合法性要求证据的表现形式以及证据的收集程序必须合法。

自由证明对证据能力以及证据的调查程序都不做明确要求,这意味着某些在严格证明中禁止运用的不具有证据能力的证据在自由证明中却能够得以运用。例如英美证据法中的品格证据,如果坚持严格证明,则

---

① [德] 克劳思·罗科信:《刑事诉讼法》,吴丽琪译,法律出版社 2003 年版,第 236 页。
② 比如林钰雄《严格证明的映射:自由证明法则及其运用》,《国家检察官学院学报》2007 年第 5 期;黄东熊《刑事证据法则之新发展》,学林文化事业公司 2003 年版,第 464 页;[日] 松尾浩也《日本刑事诉讼法》(下),丁相顺译,中国人民大学出版社 2005 年版,第 12 页。

必须严格遵循英美证据法中的品格规则，原则上要对品格予以排除，但如果按照自由证明处理，裁判者则可以自由裁量决定其取舍。根据品格证据规则的规定，对于被告人的品格证据，除了一些例外情况之外，原则上不得用于证明他在某些特定场合的行为与他的品格特征具有一致性。但是在自由证明之下，在证据的可采性的问题上完全采取自由认定的原则。自由证明同严格证明相比，由于没有对证据的准入条件做出严格的限制，因此在证据的真实性上无法和严格证明看齐。

第三，严格证明和自由证明所要求达到的心证的程度不同。严格证明由于对证据的法定形式以及证据的调查程序都做出了严格的限制，因此其证明标准比自由证明的心证标准要高，需要达到足以排除合理怀疑，或者达到法官对案件真实性确信无疑的程度。自由证明因为并未对证据的运用做过多的限制，其认定的真实性程度必然受到质疑，因此心证标准倘若要求达到足以排除合理怀疑的程度则显然不合时宜。也有学者指出，自由证明的心证标准只需要达到释明的标准即可。证明与释明之间的区别正如罗科信所说，"证明乃指使法官对所指陈之事实产生确信。相对地，释明则使人相信其具有可能性即可"[1]。严格证明与自由证明分别需要达到不同的心证标准，同严格证明与自由证明适用不同的证明对象相匹配。

（二）严格证明与自由证明对象范围的转化

需要注意的是，严格证明与自由证明作为证明的两种分类，其适用对象范围并不是一成不变的，从宏观看，它们一直处于相互转化的过程。从发展过程来看，某一个时期可能是严格证明的对象，之后可能演变为自由证明的对象。每个国家在不同历史时期有着不同的立法倾向、价值诉求以及诉讼结构，这些价值倾向或结构的改变会导致严格证明适用对象范围随之发生改变，严格证明与自由证明对象范围呈现此消彼长的现象。这种由严格证明向自由证明转变，或者由自由证明向严格证明转变的现象反映出严格证明对象的不确定性，但即使存在此种不确定

---

[1] ［德］克劳思·罗科信：《刑事诉讼法》，吴丽琪译，法律出版社2003年版，第207页。

性，也并不是说严格证明与自由证明的适用范围处于飘忽不定状态，在一定历史阶段或对于一些基本的对象范围是适用严格证明抑或自由证明还是较为固定的。比如说犯罪构成要件事实以及某些实体法所规定的事实一直以来都属于严格证明的对象，对于某些程序法事实，在大多数情况下属于自由证明的范围，这一点历来不存在争议。从整个历史过程来看，严格证明与自由证明对象的转变是双向的。以下对之分别做介绍。

第一，严格证明向自由证明转变。日本在"二战"之前主动学习采取大陆法系的德国的法律制度，实行职权主义的诉讼模式，但在"二战"之后积极吸收英美法系国家的诉讼制度，开始转向更倾向于当事人主义诉讼模式的混合式诉讼，这使日本在刑事诉讼方面呈现出兼具当事人主义和职权主义的诉讼特色。因此日本在严格证明与自由证明理论方面，也随着诉讼模式的调整而发生着变化。

当今世界各国都在普通审判程序之外设置相关的简易程序以快速解决一些轻微案件，优化司法资源，提高刑事诉讼效率。日本2004年修改《刑事诉讼法》时在第二编第三章之后增加了第四章的"即决裁判程序"内容。该程序的适用应当满足一系列的条件，比如"首先应当为轻微且没有争议的案件，并且检察官在提出适用该程序时要求被告人及其辩护人同意，最后在适用该程序时被告人应当做出有罪陈述"[①]。即决裁判程序在证据方面的适用同普通审判程序有着明显的区别，比如法院在决定适用即决裁判程序时，可以选择"以适当的方式"来调查证据，并且不受传闻证据规则的限制，除非检察官、被告人对于适用的传闻证据存在异议。由此可见，即决裁判程序分别在证据的调查程序以及证据能力方面都进行了不同程度上的弱化。首先，在调查程序上，即决裁判程序允许法官自由选择通过适当的手段来调查证据，相较于严格证明之下明确要求依据法律规定的程序来进行证据的调查与搜集，即决裁判程序中证据调查的规定有着明显的自由证明倾向。其次，即决裁判程序中适用的证据可以不受传闻证据规则的限制。传闻证据规则主要包括两种情形：一是当庭陈述的人所陈述的内容是原陈述人在庭外所陈述的内

[①] 宋英辉：《日本刑事诉讼制度最新改革评析》，《河北法学》2007年第1期。

容；二是庭审中提交原陈述人在庭外所提交的书面记录。传闻证据最初只在普通法系国家适用，"日本在'二战'后制定的法律极大地受到了美国法的影响，不仅在《宪法》第37条中规定了被告人的证人询问权，更在《刑事诉讼法》第320—328条中明确规定了传闻排除的原则以及例外"①。在被告人作出认罪陈述的前提下，允许传闻证据进入诉讼有利于诉讼效率的提高，也符合自由证明的适用目的。日本通过设立即决裁判程序，出于诉讼效率的考虑，使一些证据的适用从严格证明转向自由证明。

第二，自由证明转向严格证明。自由证明向严格证明的转变，最为常见的情形即是原本某些属于自由证明的事项，因为存在某些特殊情形而转为适用严格证明。这种情形比如说对自白任意规则的证明，有学者指出，"一般来说，涉及某一证据是否存在的事实属于诉讼法上的事实，经过自由的证明即可"②。但是如果当事人对自白任意规则存在争议时，即需要以严格证明的方式进行。"自愿性规则已经成为一个自动撤销原判的规则。如果提出和接受供述的供述是受到强迫的，那么该有罪判决就必须撤销。即使没有表明被告人实际上由于该供述的采纳而受到不公正的判决。"③ 非任意性的自白的虚假的可能很高，理查德·梅指出，"如果检控方无法证明供述是自愿做出的，就不能被采纳，形成这一规则的理由是非自愿的供述不可信"④。自白任意性规则常常同法律正当程序相联系，因此，一旦在自白任意规则的适用上存在争议，必然涉及刑讯逼供、侵犯人权等一系列问题。检察机关在因为自白任意的适用发生争议时的证明标准，也应当达到排除合理怀疑的证明程度，应当据以适用严格证明。

---

① 樊崇义、李静：《传闻证据规则的基本问题及其在我国的适用》，《证据科学》2008年第3期。

② [日] 田口守一：《刑事诉讼法》，刘迪等译，法律出版社2000年版，第221页。

③ [美] 乔恩·R.华尔兹：《刑事证据大全》，何家弘等译，中国人民公安大学出版社2004年版，第332页。

④ [英] 理查德·梅：《刑事证据》，王丽、李贵方译，法律出版社2007年版，第260页。

除却上述情形之外,由自由证明转向严格证明还存在另外一种情形,即本身是由严格证明转向自由证明,但是由于出现某种特殊情况从而导致再由自由证明转向严格证明。比如在简易程序中,由于对证据调查程序的简化以及证据能力限制的弱化,在简易程序的审判当中一般适用自由证明,但是如果出现被告人因为某些情形不能继续适用简易程序而必须转为普通程序审理时,其证明规则也就随之由自由证明转化为严格证明。也就是说,在诉讼程序中,由普通程序到简易程序再到普通程序,其证明规则实际上完成了由严格证明转向自由证明再转向严格证明的过程。

综上,严格证明与自由证明在适用范围上并不是一成不变的,而是受诉讼结构、价值追求、立法倾向等因素影响。当一国立法较为强调倾向于公正法律价值时,严格证明的适用范围可能更广;当考虑司法成本、注重诉讼效率因素比重上升时,自由证明的运用就更为普遍。因此,在探讨严格证明与自由证明对象范围时,应当注意到二者之间的适用范围存在相互转化的情形。不过,虽然严格证明与自由证明之间可能因为某些情形而存在转化的现象,但是这并不意味着严格证明与自由证明对象可以随意改变,一般认为,在一个具体案件证明过程中,自由证明可以任意向严格证明转化,但是反之则不被允许,这是由司法过程中公正优先于效率价值决定的。就像林钰雄教授所说的,"仅需自由证明之事项,法院亦得慎重其事而以严格证明程序来证明,反之,应经严格证明之事项,则不得仅经自由证明程序"[1]。

四 严格证明与自由证明对象范围界定

"严格证明与自由证明的范围界定,实际上是对于作为证明对象的要证事实是适用严格证明还是自由证明的划分。"[2] 哪些事实需要严格证明,哪些事实允许自由证明,是证明理论的核心内容。采用严格证明抑或自由证明方式,意味着该待证事实所依据的证据范围、形式、证据的调查程序等方面会有所不同。究竟采用严格证明还是自由证明,不仅对

---

[1] 林钰雄:《刑事诉讼法》(上册),中国人民大学出版社2005年版,第353页。
[2] 陈卫东、谢佑平:《证据法学》,复旦大学出版社2005年版,第261页。

待证事实认定影响重大，对整个诉讼活动进行也会产生重大影响，因此构建一个合理的严格证明与自由证明对象划分标准显得十分急迫。

一般认为，严格证明对应着实体事实，自由证明对应着程序事实。比如对于非法获取口供的证明而言，传统上认为，对于被告是否曾被施以法律禁止之询问方法的询问，应当采用自由证明的方式认定。

但是这一观点因其过于简单，一刀切，很快遭到了学者们的否定。例如台湾地区学者林钰雄认为，"自白之任意性必须经严格证明，并认为以此会杜绝违法侦查的风气"[①]。笔者赞同将非法证据等程序性事实纳入严格证明对象范围，笔者认为，口供作为证据之王的情结在传统上并未得到彻底的根除，以至于在运用证据证明被告人有罪时，被告人的口供仍然处于一种必不可少的地位。绝大多数案件仍然需要口供来使法官足以达到形成内心确信、排除合理怀疑的标准。因此，对于自白任意性的审查认定如果仅通过自由证明的方式的话，无疑会增加非法获取口供的风险，导致通过刑讯逼供等非法手段获取的一些口供无法排除，从而加大冤假错案的发生。因此，对于非法获取口供等程序方面的事实，有必要纳入严格证明范畴之内，正如闵春雷教授指出的，"首先，从立法规定上看，并非实体法事项证明均适用严格证明。比如对于阻却违法性事由，如正当防卫、紧急避险的事实；阻却责任性事由，如心神丧失的事实及量刑事实，均属于自由证明的范围。其次，从学说争论看，并非程序事项的证明均适用自由证明"[②]。我国2012年《刑事诉讼法》对非法证据这一程序性事实制定了严格的调查程序规范，足见对某些程序性事实进行严格证明的合理性与可行性。

那么，究竟如何区分严格证明与自由证明对象范围呢？国内学者对此进行了较为细致的研究。比如有研究者提出，"在划分严格证明与自由证明适用范围时，应当把握几个原则：1.要与待证事实对案件的重要程度相对应，即越重要的事实越需要采用严格证明；2.要根据待证事实的紧急程度决定证明方式，在审判程序中越紧急的待证事实，其证

---

① 林钰雄：《自由证明法则之新开展》，《台湾法学》2007年第7期。
② 闵春雷：《严格证明与自由证明新探》，《中外法学》2010年第5期。

明方式就越应宽松；3. 要有利于被告人，即在被告人承担证明责任的情形，证明方式应宽松；4. 应当有利于诉讼效率的提升"[①]。

闵春雷教授在否定依据实体事实和程序事实作为严格证明和自由证明的划分同时，提出了划分严格证明与自由证明的另外标准。他认为，对严格证明与自由证明的划分标准主要是重大事项标准和证明责任分担标准。

重大事项标准是指控辩双方对于关系到被告人重大实体权利或者基本权利的实体法或程序法事实存在针锋相对的意见无法达成一致认识的事项。笔者认为重大事项标准其实与之前学者提出的与待证事实对案件的重要程度标准相类似，通常来说对于认定案件事实越是重要的证据就越应当严格证明。刑事诉讼不同于民事诉讼，一旦被追诉犯罪进入诉讼程序，可能会导致对自由甚至是生命的剥夺。因此对于涉及犯罪事实认定的重大事项以及涉及被告人重大权利的事项，都应当进行严格证明。"在刑事诉讼中，对涉及被告人重大实体权利或基本权利的事实采取严格证明，赋予被告人充分的争辩机会，不仅是程序正义的基本要求，反过来还可以降低上诉率。促进诉讼效率的提高。"[②]

证明责任分担标准，是指对于控方的证明责任应当采取严格证明标准，要求达到排除合理怀疑的程度，而对于被告方负有证明责任时，则适用自由证明标准，即实现"优势证据的标准"即可。笔者认为证明责任分担标准其实与前述有利于被告人原则标准规定类似。被告人虽然同公诉人一样居于诉讼主体地位，但是从被告人受到羁押或者收集证据能力受到限制的现实情况来看，被告人的证明能力不可能与国家公诉机关处于完全对等的对位。另外，被告人与国家公诉机关所需要承担的法律后果也不对等，作为被告人一旦被宣判有罪则可能被剥夺自由。因此，从证明责任分配的角度来说，被告方负有证明责任时，仅要求达到优势证据标准符合公平正义的要求。

前述学者的观点或严或松，难以寻找到严格证明与自由证明的平衡

[①] 罗海敏：《刑事诉讼严格证明探究》，北京大学出版社2010年版，第145页。

[②] 吴宏耀、魏晓娜：《诉讼证明原理》，法律出版社2002年版，第62页。

点。笔者结合前述学者观点中的要素认为，严格证明与自由证明对象的划分，应考虑以下几个标准：

第一，重大事项原则。严格证明作为诉讼证明的一种划分，其实质目的仍然是希望通过严格证明的方式，对证据的资格、证据的调查程序进行严格的限制，以图发现案件事实真相，达到实质公正。虽然不同国家地区以及不同学说对于严格证明的适用范围的划分并不一致，但是无法否认，严格证明的对象是整个案件事实中的一些重大事项，对案件处理影响意义重大。据此，有研究者将严格证明的对象概括为以下几点："第一，犯罪事实。根据犯罪构成理论，犯罪事实除构成要件该当性事实之外，还包括违法性事实和责任性事实，都是严格证明的对象。第二，刑罚事实。第三，处罚条件事实。第四，间接事实，用以间接地推定主要事实的事实，为间接事实，自然也是严格证明的对象。第五，自白任意性的基础事实。第六，特别经验法则。比如 DNA 检测结果等对于案件事实影响重大的。"[①] 不管这种概括科不科学，这些事实都属于诉讼中的重大事项这一点是毫无疑问的。由此可见，严格证明的对象总体来说对于案件事实的认定和处理都起着举足轻重的作用。

第二，有利于被告人原则。有利于被告人是刑事诉讼坚持的基本准则。刑事诉讼中，作为控诉方的国家公诉机关，拥有强大的司法资源调度运用权力和调查能力，加之被告人本身处于被羁押或者权利受限制状态，被告人及其律师凭借一己之力与强大的国家机关进行对抗，本身便处于天然的不平衡状态。在案件事实证明领域，为了扭转天然的不平衡状态，将有利于被告人的事实划归自由证明对象范围，不失为一种可行的做法。具体来说，对于公诉方承担的举证责任事项，采用严格证明的方式，必须要达到法官的内心确信或排除合理怀疑的程度，而对于被告人承担证明责任的事项，仅需要达到优势证据标准即可认定。

第三，诉讼效率原则。公正并不是刑事诉讼的唯一价值，效率也是刑事诉讼所需要考量的价值之一。随着犯罪率的上升和犯罪方式方法的复杂多样，如何进行有效诉讼，节约司法成本，值得深入思考和研究，

[①] 胡帅：《刑事诉讼中的严格证明》，人民法院出版社 2012 年版，第 45—50 页。

这是世界各国司法共同面临的问题。在诉讼证明领域，严格证明虽然能够促进诉讼公正的实现，但往往以牺牲诉讼效率为代价，比如严格证明通过对法定的证据方法和合法的证据调查形式进行种种限制，必然导致耗费司法资源、降低诉讼效率。因此，严格证明与自由证明的对象的划分标准的不同自然而然会对诉讼效率产生影响。就像有学者指出的，"区分严格证明与自由证明属于一种程序分流措施，而且相对于其他程序分流措施其适用范围广泛，能够较好地实现公正价值与效率价值的结合"[1]。因此，在划分严格证明与自由证明对象分类标准时，除了考虑重大事项和有利于被告人原则之时，也要注意诉讼公正与效率的价值平衡。

五　严格证明与自由证明的分类意义

严格证明与自由证明之间的划分标准，实质是严格证明与自由证明之间所包含的价值的平衡问题。不同的严格证明与自由证明对象划分标准反映了不同价值的选择和取舍。笔者认为，严格证明与自由证明的区分主要有以下两点意义：

第一，有利于促进诉讼公正与效率价值的平衡。公正与效率是现代刑事诉讼的两大价值追求，刑事诉讼每一项制度背后都有一定的价值诉求做支撑，例如非法证据排除制度即体现了刑事诉讼公正的价值追求，而简易程序则体现了刑事诉讼的效率价值。在证明理论中，严格证明与自由证明的划分也恰恰体现了公正与效率的不同价值追求与平衡。如前所述，严格证明是严格依据法定形式的证据，按照法定的证据调查程序所进行的证明，在这样的证明过程中，各种证明要素、环节以及程序都要受到严格法律制约，因而其证明效率是低下的。总之，严格证明是一种为了实现诉讼上的公正而适当牺牲效率的证明方式。作为与严格证明对应的概念，自由证明则正好与严格证明的价值诉求相反，自由证明是一种为了实现诉讼上的效率而适当牺牲公正的证明方式。严格证明与自由证明的分类与实践，恰恰有利于促进司法证明中公正与效率价值的平衡。

---

[1] 吴宏耀、魏晓娜：《诉讼证明原理》，法律出版社 2002 年版，第 61 页。

总之，严格证明与自由证明的分类能够在最大程度上协调好诉讼公正与追求诉讼效率价值之间的关系，保持两个价值之间的平衡，既不会因为单纯追求真相而牺牲诉讼效率，也不会因为片面追求诉讼效率而掩盖事实真相。约翰·罗尔斯曾说："正义是至高无上的，是社会制度的首要价值，如同真理是思想体系的首要价值一样。"[1] 司法活动的公正性的重要表现之一便是诉讼活动是否公正，而证据又是诉讼证明活动进行的基础。"证据乃正义之基础，而诉讼中的事实都要靠证据来证明，依据充足的证据而确定的裁判才有可能是公正的裁判。"[2] 通过划分严格证明与自由证明，确立严格证明与自由证明的范围，实际上是对证明规则的一种规制，从而为法官的审判活动增加了证据上的保障。因此，对于追求诉讼公正和诉讼效率价值方面，严格证明与自由证明分类发挥着重要平衡作用。

第二，有利于促进诉讼中的人权保障。从2004年国家尊重和保障人权写进宪法，到2012年《刑事诉讼法》明确"维护社会主义法制，尊重和保障人权"，对人权的重视和保障已经成为中国法治发展的必然趋势。严格证明方式可以促进被告人的人权保障，这一点是显而易见的，严格证明主要是通过法律对证据调查程序进行限制来保障被告人权利。比如，根据严格证明要求，刑讯逼供等非法方法获取的犯罪嫌疑人、被告人的口供必须予以排除，这样的规定或要求能够起到遏制刑讯逼供、保护犯罪嫌疑人和被告人权利的作用和效果。

自由证明方式能否起到促进人权保障的作用，这需要辩证进行考察。一方面，严格证明有利于被告人人权保障的实现，那么自由证明就可能损害被告人利益；自由证明在损害被告人利益的同时，却给被害人带来了实实在在的利益。另一方面，按照证明责任分配制度，被告方承担证明责任的情况下，如果允许采用自由证明方式进行，实质上降低了被告方的证明难度和要求，这无疑是被告人权益实现的最好途径。比如被告方对实体性的"不在犯罪现场"事实的证明，被告方对程序性的

---

[1] 沈宗灵：《现代西方法理学》，北京大学出版社1992年版，第99页。
[2] 王利明：《司法改革研究》，法律出版社2001年版，第375页。

"刑讯逼供"事实的证明，如果可以采用自由证明，对被告人权利保障来说，是能够起到积极作用的。

第二节 严格证明与犯罪论体系

犯罪论体系，也就是犯罪成立要件体系，是刑法理论体系的核心，有着"刑法理论体系王冠上的宝石"的美誉。以德国、日本为代表的大陆法系犯罪构成三阶层理论以及以美国为代表的英美法系犯罪构成双层模式理论，目前占据刑法理论的主导地位。严格证明作为刑事证明方式，主要是针对刑事诉讼证明对象的不同而做出了不同的要求，对证据资格、证据调查程序与心证程度有着更严格的要求。严格证明到底和犯罪构成要件有着怎样的关系，严格证明对象范围是否含涉了所有的犯罪构成要件，这需要进一步澄清。笔者拟从两大法系的犯罪论体系严格证明学说与实践入手，探讨严格证明的对象与犯罪构成要件的关系。

一 大陆法系犯罪构成体系的严格证明学说及实践

（一）大陆法系犯罪构成体系的严格证明学说

大陆法系犯罪论体系学说历史悠久、理论纷繁复杂，就如我国学者总结的那样："典型的犯罪论体系学说包括：区分犯罪客观要素和主观要素的体系，区分行为、违法性、责任和犯罪类型的体系；区分行为、违法性、责任和客观可罚性条件体系；区分行为、构成要件符合性、违法性和有责性的体系；区分行为、不法和责任的体系；区分行为、构成要件、违法性、责任和可罚性条件的体系，以及区分行为和行为人的体系。"[①]在上述各种犯罪论体系学说中，"构成要件符合性、违法性和有责性"三阶层理论处于德日刑法理论通说地位。犯罪构成要件符合性、违法性、有责性之间具有递进关系，即对某一犯罪的认定要进行各层次的评价。对构成要件符合性的判断也就是事实判断，主要包括实行行为、因果关系以及主观上存在的故意或过失等。违法性判断是一种价值判断，如果认为是出于正当防卫、紧急避险、自救行为等原因的话，则

[①] 赵秉志：《外国刑法原理》，中国人民大学出版社2000年版，第68页。

否定了其违法性。有责性判断主要是用来确定是否具有责任能力以及是否负责的问题，包括故意责任还是过失责任的认定问题。

严格证明作为大陆法系证据法的基础理论，与大陆法系的犯罪论体系有着紧密的联系。笔者主要以德国、日本以及我国台湾地区的关于严格证明在犯罪论体系中的运用进行论述。

在德国，构成要件符合性、违法性和有责性三阶层理论是刑法犯罪论体系的通说。犯罪论三阶层理论不仅决定了行为人的行为是否构成犯罪的问题，还直接决定了行为人最终是否承担责任的问题。不管是三阶层理论还是其他犯罪构成理论，都无一例外承认实体法上的事实，包括构成要件事实和刑罚裁量事实，均须以严格证明方式进行。例如，最先提出严格证明理论的德国学者迪恩茨认为，应当将有关实体法上的事实以严格证明的方式进行，而诉讼程序法上的重要事实则用自由证明的方式进行，对于诉讼法上的特殊事实则以释明的方式进行。[①] 目前在迪恩茨研究的基础上，罗科信更明确提出："刑事诉讼中有关认定犯罪行为之经过、行为人之责任以及刑罚之高度等问题的重要事项，需要采用严格证明的方式。"[②] 因此可以看出，德国主流观点基本认同构成要件事实——包括该当性事实、违法阻却事由、责任阻却事由等——以及刑罚裁量事实等实体法事实应当采用严格证明方式予以认定。

日本在"二战"之前一直深受德国刑法理论影响，在犯罪构成要件和严格证明理论方面与德国有相似之处。日本对犯罪构成要件严格证明理论的研究，比较早的代表性学者当属小野清一郎教授。小野教授认为，日本《刑事诉讼法》规定的"认定事实必须根据证据"（第317

[①] 这里的释明是指对于自由证明与严格证明之外的一种证明方式。大陆法系时常根据证明所要求达到的程度不同，将证明进一步划分为证明以及释明。证明同释明之间的区别主要在于要求达到的心证的程度不同，对于某项事实的认定而言，证明要求达到十分确信的程度，而释明所要求的程度更低，仅需裁判者达到推定的程度即可。释明的对象主要是程序法上的事实，但是一般是由法律明确规定的特殊事项并且在适用条件以及方法上较之于严格证明则更为宽松。释明的出现主要是立法者希望裁判者要区分重点，提高裁判的诉讼效率。

[②] ［德］克劳思·罗科信：《刑事诉讼法》，吴丽琪译，法律出版社2003年版，第208页。

条）中的事实，是指诉讼法上的实体和程序上的一切事实。并且不管是实体法上的事实或者是程序法上的事实，法律上的重要事实都必须根据证据来认定。这种证据必然是在日本《刑事诉讼法》中规定并且有证明力的证据，是经过公开审理中合法调查后所认定的证据。笔者认为，对证据能力的限制实际上也就是要求进行严格证明的一种表现形式，具有相应的证据能力是进行严格证明的前提条件。因此小野清一郎教授把严格证明对象扩展到了程序法事实上，实质上扩展了严格证明对象。虽然小野教授随后指出，"关于犯罪事实，它的心证有必要达到最高度的确信，不得残留合理的怀疑。在这个意义上，对犯罪事实的证明也不能不是严格的证明"①。但我们还是不能从他的表述中推论出其限缩严格证明对象的意图。因此我们认为，小野清一郎教授基本赞同对实体法事实和程序法事实均采用严格证明方式进行。比起德国学者观点，严格证明对象范围有过之而无不及。

目前，日本学者基本否定了程序法事实作为严格证明对象的做法，但对于实体法事实中的刑罚裁量事实是否应予严格证明问题则产生了争执。主要存在以下几种学说：

第一，严格证明说。持该观点的学者认为，首先，在量刑上的认定同犯罪事实的认定同样重要，既然对于犯罪构成要件事实的认定需要采取严格证明的方式，那么在量刑上的认定也同样应当适用严格证明。其次，对量刑的认定，不仅要考虑到法官根据案件事实自由裁量，同样也应当考虑到双方当事人的实际情况尤其是被告人的实际情况。最后，量刑上的裁量同犯罪事实之间的关系较为紧密，不能简单地割裂开来，一个适用严格证明、一个适用自由证明存在不妥之处。

第二，自由证明说。日本学界传统上较为赞成自由证明说，其理由在于：首先，犯罪构成事实的成立是确定量刑的前提条件，没有犯罪事实则量刑事实也无从谈起，因此犯罪构成事实比量刑事实更为重要，既然犯罪构成事实采用严格证明，那么量刑就应当采用自由证明。其次，

---

① ［日］小野清一郎：《犯罪构成要件理论》，王泰译，中国人民公安大学出版社2004年版。

量刑事实缺少一般的类型性，不能适用于严格证明。最后，倘若在量刑上适用严格证明，则最终的量刑结果可能更不利于被告人。

第三，折中说。此观点认为，量刑的证明既不应当适用严格证明、也不能采取自由证明，而是赞成由平野龙一提出的"适当之证明"的观点。平野龙一认为，"刑之量定采取自由证明即可，但是因为刑事责任仍有界限，不顾被告积极之异议，而采用无证据能力之证据认定之，这并不公正，在公判庭中，有必要聆听提示证据后之辩解意见"。平野龙一认为，从刑事被告人的角度来说，采用没有证据能力的证据来据以确定被告人的刑罚有失公正。松尾浩也教授同样也是站在折中说的角度上，将量刑事实分为两个部分，分别是属于犯罪事实部分的量刑事实以及同犯罪事实无关的量刑事实。其认为，对于犯罪事实相关的量刑事实应当适用严格证明，与犯罪事实无关的应当适用自由证明。

笔者认为，对量刑事实是否采用严格证明，应当分为有利于被告人的量刑事实和不利于被告人的量刑事实两种情况来对待。首先，刑事审判的结果往往会使被告人被剥夺一定的权益，甚至自由和生命，因此，刑事审判的公正性是衡量的基本要素，而严格证明对证明规则的规制恰巧是对刑事审判的公正性的保障。严格证明要求对证据的法定形式以及证据的调查程序做出严格的限制，目的在于通过严密的证明规则来限制国家权力，尽可能保障刑事被告人正当利益不受损害，避免因为不真实的、虚假的证据而使被告人受到刑事追诉的危险。因此，针对不利于被告人的量刑事实而言，适用严格证明符合严格证明原本的适用目的，能够更好地保障被告人的利益不被侵犯。而对于有利于被告人的量刑事实，则可以适用自由证明，倘若将有利于被告人的量刑事实也适用严格证明的话，"则恐将导致对被告人有利之情状事由无法采用，其结果反而有违采取严格证明以保障被告人权益之初衷"[①]。其次，要求被告人提供的量刑事实的证据满足严格证明的适用条件难以符合实际条件。刑事被告人在判决做出之前，其人身自由往往受到约束，或被采用逮捕、拘留等羁押性措施，或者虽然采用羁押替代性措施但是其自由程度仍然达

[①] 黄东熊：《刑事证据法则之新发展》，台湾学林文化事业公司2003年版，第517页。

不到能够调取证据的程度。因此，要求被告人达到能够提出具备法定的证据形式以及相应的证据调查程序的证据，并不符合被告人的实际情况，超出了被告人获取证据的能力。过于强调要求适用严格证明，只会让部分有利于被告人的证据因为不能满足严格证明条件而无法采纳，从而使被告人陷入更加不利的境地。因此，对于被告人有利的量刑情节，如果能够适用自由证明，将更大程度地实现刑事诉讼对被告人权利保障的目的。

我国台湾地区深受日本刑法理论影响，在严格证明理论研究方面与日本类似，多数学者也认为严格证明的事项应以犯罪构成要件事实为主，如台湾学者黄朝义认为："严格证明之对象事实，亦即'刑事诉讼法'第154条第2项所言之'事实'，系指构成犯罪之事实。而该犯罪之核心内容者，即为公诉或自诉（起诉）之犯罪事实。犯罪事实为该当于犯罪之特别构成要件之事实，且具有违法性与责任之要件。因此，其全部之要件皆为严格证明之对象。未遂、共犯等所谓的构成要件修正形式之要件事实，由于系属构成要件事实，严格的证明亦属必要。共谋共同正犯之共谋（一旦承认共谋概念），亦为构成犯罪事实之一部分，理应依严格的证明以为确认。"[①] 蔡墩铭教授则通过扩大自由证明对象范围角度，进一步缩小了严格证明对象范围，其认为："适用自由证明的事项包括：第一，与犯罪有关的部分事实包括违法阻却事由，比如量刑的事实，正当防卫和紧急避险的事实；第二，具有诉讼意义的事项，包括诉讼能力、诉讼时效、撤回告诉等方面的问题；第三，与证据的真实性相关的辅助性事实，包括自白任意性事实、鉴定人适格的事实等。"[②] 当然，也有部分学者扩大了严格证明对象范围，将量刑事实也纳入严格证明适用范围，此观点影响不是太大。但无论哪种观点，犯罪构成要件事

[①] 黄朝义：《严格证明与自由证明》，载黄东熊等《刑事证据法则之新发展：黄东熊教授七秩祝寿论文集》，台湾学林文化事业公司2003年版，第78页。

[②] 台湾一般学者把犯罪构成要件事实视为严格证明对象范围，但蔡墩铭教授不适当地把违法阻却事由等部分犯罪构成要件事实纳入了自由证明范围，进一步缩小了严格证明对象范围，与其他学者观点形成反差。参见蔡墩铭《刑事诉讼法论》（修订版），台湾五南图书出版公司1992年版，第205—206页。

实属于严格证明的范围在目前台湾学界基本没有太大争议。

总体来说，大陆法系关于犯罪构成体系的严格证明学说都承认犯罪构成要件事实属于严格证明对象范围，其心证标准必须达到足以排除合理怀疑的程度。严格证明在法官根据证据认定犯罪事实时形成对自由心证的一定约束，使裁判结果更加符合事实真相，从而更有利于实现诉讼公正。

（二）大陆法系犯罪构成体系严格证明的实践

"严格证明涉及犯罪事实是否存在、被追诉人是否构成犯罪等重要问题，不仅关系到国家刑罚权的实现与否，也直接关系到被追诉人的切身利益。"① 因此，日本司法实践对严格证明范围不断进行摸索和扩展。目前来看，在实体事实方面，严格证明主要适用于犯罪构成要件事实、犯罪阻却事由以及所有决定刑罚权存在与否及范围大小的事实。其中犯罪阻却事由包含违法阻却和责任阻却两个部分。其他决定刑罚权大小及范围的事实则主要包括处罚条件事实、刑罚加重减免事实、数罪并罚事实、妨碍犯罪成立事实等。就像日本学者松尾浩也所说的，在日本，一般而言"法定减免刑罚事由应当严格证明"②。在日本的相关判例上，也有着相应的规定，比如"作为加重处罚累犯事由的前科是法定加重事由，实质上相当于犯罪构成要件，因此必须严格予以证明"③。

另外，在程序事实方面，严格证明在实践中也有所表现，比如"二战"后的战败国开始吸收英美当事人主义诉讼因素，对本国的刑事诉讼制度进行当事人化的改造，严格证明范围也随着这一制度变革在实践中得到了扩展。上述国家纷纷引入了美国有关传闻证据制度、交叉询问制度等相关证据制度，对证据的准入资格以及证据的调查程序做出明确的限制。比如大陆法系国家在立法中借鉴了英美的证据排除规则，对非法证据排除等程序事实做了具体规定。德国《刑事诉讼法典》第136a条

---

① 罗海敏：《刑事诉讼严格证明探究》，北京大学出版社2010年版，第108页。
② ［日］松尾浩也：《日本刑事诉讼法》，丁相顺译，中国人民大学出版社2005年版，第13页。
③ ［日］田口守一：《刑事诉讼法》，刘迪等译，法律出版社2000年版，第221页。

第 3 款第 2 项规定，违反《刑事诉讼法典》第 136a 条第 1、2 款（主要关于使用暴力、威胁或者欺骗的方法）的禁止性规定而取得陈述，即使经被告人同意也不得使用。意大利 1988 年《刑事诉讼法典》在第 191 条中规定，违反法律禁令的情况下取得的证据不得加以使用，包括被告人口供，证人证言以及物证、书证。日本《刑事诉讼法》第 319 条第 1 款规定，"出于强制、拷问或者胁迫的自白，在经过不适当的长期扣留或者居留后的自白，以及其他可以怀疑并非出自于自由意识的自由，都不得作为证据"[①]。总之，随着战后人权保障呼声的提高，对某些程序性事实实施严格证明逐渐成为一种实践潮流，非法证据排除规则在各国的确立即说明了这一点。

二 英美法系犯罪构成体系的严格证明学说及实践

（一）英美法系犯罪构成体系的严格证明的学说

与大陆法系犯罪三阶层理论对应，学者们将英美法系的犯罪论体系表述为"双层模式"学说。该学说包含两个层次：第一个层次是犯罪本体要件，包括犯罪行为和犯罪心态。犯罪行为（actus reus）在拉丁文的意思是"罪恶的行为"。"从广义上说，actus reus 是指除犯罪心态以外的一切犯罪要件，包括犯罪行为，犯罪结果和犯罪情节。"[②] 犯罪心态是行为人在实施犯罪行为时应受社会谴责的心理状态。在美国刑法中，犯罪心态包含四种情况：蓄意（intention）、明知（knowledge）、轻率（recklessness）以及疏忽（negligence）。其中轻率是指虽然已经认识到存在法律风险，对结果持否定态度，但是最终仍然实施了该行为。疏忽是指行为人在实施犯罪行为人没能意识到存在法律禁止的风险，而一般的公民应当认识到这种风险的存在。轻率与疏忽之间还是存在着较为明显的区别。第二个层次是责任充足要件，即将那些免除责任的情形排除出去，比如未满足刑事责任年龄，存在正当防卫、紧急避险等原因以及精神病等情形。在英美法系，犯罪本体要件和责任充足要件共同构成了

[①] 《日本刑事诉讼法》，宋英辉译，中国政法大学出版社 2000 年版，第 72 页。
[②] 于改之、郭献朝：《两大法系犯罪论体系的比较与借鉴》，《法学论坛》2006 年第 1 期。

英美法系的犯罪论体系。当然，也有学者对双层模式做出了不同的解读，认为英美法系的双层模式应当是由犯罪表面成立要件——犯罪行为与心态、犯罪实质成立要件——辩护事由不存在这两种要件组成。① 英美法系在证据法上并没有明确的严格证明与自由证明的相关概念。但是在英美法系，对于定罪程序以及被告人是否被指控有罪的问题上，对证明方式往往进行了较多的限制。对在量刑程序方面的问题，其限制则相对较小。虽然没有明确的严格证明概念，但是从英美法系的证据规则运用上来看，也有着与严格证明殊途同归的地方。因此，与大陆法系不同，讲求实用主义与经验主义的英美法系学者对严格证明概念这些理论问题不甚关注，英美法系根本不具备形成各种概念学说的土壤。

（二）英美法系犯罪构成严格证明的实践

虽然没有形成逻辑化的严格证明理论，但严格证明实践在英美法系司法证明过程中的表现还是相当突出的，这种表现主要体现在以下几个方面：

第一，对证据资格有严格限制。英美法系采取陪审团审判方式。② 在陪审团制度之下，案件的事实问题审理由陪审团负责，即陪审团负责对案件证据材料以及裁决起诉的犯罪事实是否成立等问题进行审查判断。由于陪审团成员并非法律职业人员，容易受到不适当证据误导，因此有必要通过详细的证据规则对有误导性证据予以阻隔。这些复杂的证据规则体系，能够对案件事实认定过程起到严格约束作用。就像美国学者达马斯卡所说："英美法系采用以非专业人士充当事实裁判者的陪审员审判制度，基于对陪审团成员认知能力、情感控制能力等方面的担心，对陪审团集体评议过程及其所做出的秘密裁决进行有效控制的目的，也是陪审制下这类证据资格规范得以产生的重要原因。"③ 英美法系在立法上对证据资格规定较为全面，比如美国《联邦证据规则》在相关

---

① 赖早兴：《英美法系国家犯罪构成要件之辩证及启示》，《法商研究》2007年第4期。

② 传统上一般将现代陪审制度划分为两种形式，一种是英美法系所采用的诞生于英国的陪审团制度；另一种是以大陆法系为代表的参审制。

③ ［美］米尔建·R. 达马斯卡：《漂移的证据法》，李学军等译，中国政法大学出版社2003年版，第51—61页。

性规则基础上就延伸出了一系列证据排除规则，如非法证据排除规则、传闻规则、意见规则等。英国《1984年警察与刑事证据法》也规定了一些证据运用规则，比如具体规定了适用非法证据排除规则的四种情形：（1）强制排除以刑讯、不人道或者有辱人格的待遇，以及使用或者威胁适用暴力的压迫方式取得的供述。（2）排除因实施任何语言或行为导致可能不可靠的被告人的供述，除非检察官能向法庭证明该供述并非以上述方式取得，并且要将此证明到排除合理怀疑的程度。（3）在任何程序中，法庭可以拒绝将审查官据以做出指控的证据予以采纳，如果法庭在考虑到包括收集证据情况在内的所有情形以后，认为采纳这种证据将会对诉讼的公正性造成不利的影响。（4）法院根据其自由裁量权排除证据。澳大利亚《1995年证据法》第138条中规定，因不当行为、违反澳大利亚法律或因不当行为、违反澳大利亚法律产生的结果所获取的证据，予以排除；除非采纳以上述方式取得的证据利大于弊时，法官才可以考虑采纳。

　　第二，对证明责任与证明标准作了明确分类与限制。不同于大陆法系的职权主义的诉讼模式，英美法系采取当事人主义遵循辩论主义原则。由于英美法系犯罪论体系是双层模式，包括犯罪本体要件和责任充足要件，因此从当事人主义的诉讼模式来看，犯罪成立的要件和合法的抗辩事由成为控辩双方在诉讼中所争议的重点。根据证明责任在控辩双方之间分配的不同，犯罪成立要件的证明标准也有所不同。从犯罪本体要件来看，控方需要提出证据证明被告人所实施的行为以及意识符合犯罪本体要件的要求，也就是说要满足关于犯罪行为和犯罪心理方面的规定。作为控方的证明责任，犯罪本体要件必须在陪审团面前形成足以"排除合理怀疑"的程度。[①] 而被告方对责任充足要件所提出的抗辩事由的证明，则并不需要达到排除合理怀疑的证明标准。由于被告人所提出的对犯罪成立要件的抗辩仅是一种质疑，并且这种抗辩代表的是一种

[①] 美国司法制度中通常有四个标准：优势证据（preponderance of the evidence）、清晰且有力的标准（clear and convincing evidence）、清晰、不含糊且有力的标准（clear、unequivocal and convincing evidence）和排除合理怀疑的证明标准（proof beyond a reasonable doubt）。

可能性，所以说仅需要形成一种优势证据即可，并不需要达到排除合理怀疑的程度。但是犯罪成立要件的证明并不能因为存在相应的可能性就据以认定，控方基于犯罪本体要件即可以初步认定犯罪成立，而被告人对于责任充足要件的抗辩则可以对这种推断造成妨碍。英美法系国家的犯罪构成要件体系是在证据法的基础上建立起来的，控辩双方注重举证与对抗。犯罪本体要件和责任充足要件的证明标准存在明显差异。

总的来看，英美法系在诉讼证明方面并没有形成严格证明理论体系，对于需要严格证明的事项通过结合英美法系诉讼本身的特点而形成。譬如针对由陪审团进行对案件事实审理的特点而对证据的可采性、对证据准入资格做了较为严格的规定，以防止由于陪审团成员不具有法律专业知识而造成事实认定错误。在诉讼模式上，英美法系国家注重控辩双方之间的对抗，因此，法律对控辩双方在举证责任分配以及双方证明所需要达到的证明标准差异都做了明确规定，体现了英美法系国家案件事实严格证明实践的丰富多彩。简言之，英美法系虽没有形成严格证明的相关概念学说，但是在司法证明实践上却有着与严格证明理论相同的证明理念。

第三节 严格证明与犯罪主观要件

一般认为，"犯罪构成要件的各项事实是刑事诉讼中主要的，而且是必须首先运用证据加以证明的对象，是证明对象的关键和核心部分"[1]。犯罪主观要件在刑法领域产生之初，并不为人们所重视。在定罪方面，往往仅从客观方面出发，而不考虑行为人在实施犯罪行为时的主观心理。随着社会的发展，人们对犯罪的认定也逐渐从客观归罪过渡到了主客观兼顾。不管是从大陆法系还是英美法系的刑法制定情况来看，犯罪主观方面的构成要件也都在各国立法中有明确的规定。我国刑法就将犯罪主观要件分为故意和过失两种情形，包含认识因素和意志因素两种。"认识因素和意志因素都是行为人内在的心理活动，无法捉摸、不

---

[1] 卞建林：《刑事证明理论》，中国人民公安大学出版社2004年版，第135页。

易把握,也很容易遭到行为人的事后否认。一旦犯罪主观要件成为辩方的抗辩理由,证明就成为一个异常艰难的任务,有限的证明手段让控方处于一个相当不利的境地,也使事实审理者难辨真伪。"[1] 在严格证明的标准下,依据证据裁判原则对犯罪主观要件的证明必须达到排除合理怀疑的程度。定罪的高标准也使犯罪主观要件的证明困难重重,从而加大了公诉方的举证难度。本节主要探讨犯罪主观要件是否必须通过严格证明来认定,以及犯罪主观要件自由证明的可能性问题。

一 以严格证明的方式认定犯罪主观要件的必要性

犯罪主观要件的认定问题一直为学界所困扰,不论是区分故意或者是过失,还是刑法总则和分则中规定的明知以及相应的目的犯和持有型犯罪的证明的问题,都存在争议。而对于行为人的心理状态的认定不外乎通过两种方式,其一,根据犯罪行为人自身的口供来认定行为人在实施犯罪行为时的心理状态。其二,除口供之外的其他方式进行认定,比如根据其外在行为以及其他证据来推理出行为人的内心状态,等等。一旦行为人拒不供述,则很难准确地认定行为人的内心状态。严格证明与犯罪主观要件的认定两者之间具有一定的联系,"严格证明法则就是一种严格形式性条款,就是探知证据要用什么样的证据方法,什么样的证据方法必须使用什么样的调查程序,这两件事情做限定"[2]。一般来说,对犯罪主观要件的认定也只能通过严格证明而不能以自由证明的方式进行。

第一,严格证明是犯罪主观要件特征的要求。(1)法定性是犯罪主观要件的主要特征之一。《刑法》虽然并没有对犯罪主观要件给出一个明确的定义,但是在规定故意犯罪和过失犯罪时我们可以十分清晰地把握出故意和过失的相关概念。除却《刑法》总则中有所规定之外,在《刑法》分则中从一些具体的罪名中也可以找到一些关于犯罪主观要件

---

[1] 吴丹红:《犯罪主观要件的证明——程序法和实体法的一个联接》,《中国刑事法杂志》2010年第2期。

[2] 林钰雄、杨云骅、赖浩敏:《严格证明的映射:自由证明法则及其运用》,《国家检察官学院学报》2007年第5期。

的规定。比如《刑法》第 172 条明确规定,"明知是伪造货币而持有、使用、数额较大的",要求行为人明知自己持有使用的是伪造的货币,并且希望或者放任这种危害结果的发生。对于犯罪主观要件的规定,都是由法律明确规定下来,而不能随意去更改和变动。(2)犯罪主观要件具有主观性。犯罪主观要件的认定也就是说要对行为人的内心状态进行认定,而行为人的内心活动表现为一种主观状态。特定的目的、动机以及明知都是一些具体的犯罪中所需要的主观因素。这些主观因素并不是一成不变,往往在实施犯罪行为之前、实施犯罪行为过程中以及实施犯罪行为之后都存在着不同的心理状态,难以准确地把握。(3)犯罪主观要件具有时间性。无行为则无犯罪,犯罪主观要件的认定是行为人在实施犯罪时的心理状态。刑法上构成要件行为相应地也包括多种形式,包括预备行为、未遂行为、实行行为等。(4)犯罪主观要件具有危害性。刑法所需要惩罚的是行为人所实施的行为具有危害性,从犯罪主观要件上来说这种社会危害性依然存在。因为"行为人本身所具有的认识能力、意志能力是责任能力的内容,而行为人以自身的认识能力、意志能力,对自己行为的危害结果以及其他说明行为危害性的价值认识、价值取向的心态,则为主观要件的内容"[①]。

第二,犯罪主观要件严格证明是证明标准的要求。证明是诉讼程序的核心和中心,没有证明自然也就谈不上诉讼。证明标准是诉讼证明的核心问题,不同的证明标准往往会导致案件裁判结果的不同。传统上我国刑事诉讼中追求"事实清楚,证据确实充分"这样一种追求客观真实的证明标准。"事实清楚"要求法官对有关定罪量刑的事实都已经查清,"证据确实充分"则要求据以定案的证据都要具有证明力并且案件事实需要有足够的证据加以证明。2012 年新《刑事诉讼法》修改在证明标准的问题上,在对"证据确实、充分"的解释中明确规定了:(1)定罪量刑的事实都有证据证明;(2)据以定案的证据均经法定程序查证属实;(3)综合全案证据,对所认定事实已排除合理怀疑。"2012 年通过的刑事诉讼法则更是将排除合理怀疑全面纳入证明标准,并使其成为证

[①] 张小虎:《犯罪主观要件结构分析》,《河北大学学报》2004 年第 4 期。

据确实、充分的三大法定条件之一。"[①] 我国刑事诉讼的证明标准相对于之前的纯粹以追求客观真实、发现案件事实真相为目的标准更为合理。"将排除合理怀疑引入我国刑事诉讼证明标准，意味着在原来客观化的证明标准中注入了一种带有主观性的证明要求，法律对裁判者认定案件事实提出了内心确信程度的要求。"[②]

"排除合理怀疑"，在英美法系中最早可见于英国18世纪关于死刑案件的判例法之中。英美法系证据规则将诉讼证明分类，分别做出了不同的证明标准要求，"排除合理怀疑"是整个诉讼证明中所需达到的最高的程度。"排除合理怀疑"强调的是事实裁判者对于根据所有证据对所需要认定的案件事实所需要达到的一种状态。对于合理的怀疑，19世纪的美国首席法官指出，"是在一起证据经过全部比较和考虑之后，审理事实的人出于道义和良知，对所指控的事实，不能信以为真"[③]。合理怀疑是建立在足够的证据支撑基础之上的怀疑而不是凭空猜测，一旦事实认定者有对案件事实的认定有合理怀疑，那么对于指控被告人犯罪的事实也就存在问题。相较于纯粹的客观证明标准，这种"排除合理怀疑"的证明标准对于法官裁判的要求则更高，增加了更多主观化和内心的因素，因而其适用难度也要更大。但是，"排除合理怀疑的证明标准提出了一个可供司法人员判断所涉案件据以定罪量刑的证据是否达到确实、充分目标的具体的操作的标准，而原来的犯罪事实清楚、证据确实充分的证明并没有这种可供司法人员判断、操作的功能"[④]。"排除合理怀疑"的最终目的就是希望使法官能够确认被告人是否实施了犯罪事实。就目前中国的司法实践来看，"排除合理怀疑"的刑事证明标准的运用不应当是孤立的，而应当是对每一个案件证据进行审查认定最后要从整体上达到"排除合理怀疑"所需要的程度。"法律规定的排除合理

---

① 郎胜主编：《中华人民共和国刑事诉讼法修改与适用》，新华出版社2012年版，第123页。

② 陈瑞华：《刑事证明标准中主客观要素的关系》，《中国法学》2014年第3期。

③ 樊崇义：《客观真实管见——兼论刑事诉讼证明标准》，《中国法学》2000年第1期。

④ 顾永忠：《从定罪的证明标准到定罪量刑的证明标准——新刑事诉讼法对定罪证明标准的丰富与发展》，《证据科学》2012年第2期。

怀疑作为对办案人员主观方面的要求，就是要求其对案件事实的认定在主观上已经达到确信无疑的程度。"①

第三，犯罪主观要件严格证明是现代证据规则的要求。现代刑事诉讼建立了一系列的证据规则，通过相应的证据规则的规范来运用证据认定犯罪构成要件事实，发现事实真相。龙宗智教授指出，"为防止主观臆断，保证判断的准确性，对证据的取舍和运用不能不受某些规则的制约。这些规则在法律上的体现，即为证据规则"②。证据规则的具体内容在不同的诉讼体制国家内可能会产生不尽相同的局面，尽管一些国家法律制度趋于完善，但是在大陆法系国家和英美法系国家之间在证据规则方面仍然存在着差异。这种由于英美法系和大陆法系不同所产生的证据规则的差异，龙宗智教授主要概括为"前者证据规则复杂而严格，后者十分简略而灵活"。笔者认为，龙宗智教授的概括不无道理，两大法系对于诉讼证据规定的不同，主要原因还是基于两大诉讼制度本身。大陆法系国家由于诉讼进程的推进都由法官掌控，法官主导诉讼的进行，因此极少会出现控辩双方模糊诉讼争论的焦点而误导法官的判断的情况。对诉讼规则的过分规定，不仅对于法官主导之下的诉讼无法发挥出其应有作用，同时详细而复杂的证据也有可能妨碍法官对于诉讼程序的掌控，更多地产生消极作用。大陆法系国家的证据规则更多的则是反映在灵活性方面，相反在遵从以当事人主义为主导的英美法系国家，完善的证据规则则又显得十分必要。较为人熟知的证据相关性规则、传闻证据规则、证人意见规则、非法证据排除规则、最佳证据规则等共同构成了英美法系的证据规则体系。英美法系需要构建完善的证据规则，其原因不仅在于陪审团审判的原因，笔者认为其本质还是在于控辩双方对于整个诉讼程序的影响作用。法院作为一种国家机器的运行不仅需要保证裁判的公信力、正确性，同时也应当注重诉讼程序的效率问题。完善的证据规则能使控辩双方的举证质证在证据规则的规范下进行，从而避免分

---

① 卞建林、张璐：《我国刑事证明标准的理解与适用》，《法律适用》2014年第3期。
② 龙宗智、李玉花：《论我国刑事诉讼的证据规则》，《南京大学法律评论》1997年第2期。

不清争讼焦点、拖延诉讼等情形的发生。

虽然两大法系在证据规则上存在着较大差异，但是当代刑事诉讼的运行无疑都遵从两个证据规则，分别是无罪推定原则和证据裁判原则。无罪推定原则自1764年贝卡利亚在其著作《论犯罪与刑罚》明确规定以来，迅速传向世界各国，并被各国写进宪法，成为刑事诉讼的一项基本的证据规则。联合国也在《公民权利和政治权利国际公约》第14条第2款中明确规定，"凡受刑事控告者，在未依法证实有罪之前，应有权被视为无罪"。无罪推定作为人权保障的重要一环，对于保障被告人的诉讼权利、尊重被告人的诉讼主体地位发挥着重要作用。我国虽然并没有明确确立无罪推定原则，但是在1996年《刑事诉讼法》第12条中明确规定了"未经人民法院依法判决，对任何人不得确定有罪"。无罪推定原则提升了诉讼证明标准，要求在必须达到"排除合理怀疑"的程序下才能最终认定被告人有罪，否则一律应当视为无罪。与无罪推定原则相对应，证据裁判规则同样也为当代法治国家所承认，并且成为刑事诉讼运行的基本规则。证据裁判规则最基本的要求便是相关司法人员对于案件事实的认定应当依据证据来认定，而不能主观臆断。司法机关进行审判的方式经历了从神明审判的方式到证据裁判的方式的漫长变化过程，这种裁判方式的变化也是审判者力图寻找真相、追求事实公正的必然结果。"凡断罪依证据"是最早规定证据裁判规则的条文，日本《刑事诉讼法》也在第317条中指出，"认定事实，应当依据证据"。我国在2010年《办理死刑案件证据规定》中明确规定了"认定案件事实，必须以证据为根据"。2012年修改的《刑事诉讼法》并没有将证据裁判规则明确纳入法条当中。就如学者所言："证据裁判原则只是在刑事司法解释中得到确立，但是却没有得到刑事诉讼法的确认。"[①] 但是这并不妨碍我国司法机关对于证据裁判规则的运用，并且我国也逐渐在对证据补强、证人出庭作证方面进行完善，以便更好地运用证据认定案件事实、发现真相。

---

① 陈光中：《证据裁判原则若干问题之探讨》，《中共浙江省委党校学报》2014年第6期。

第四，犯罪主观要件严格证明是由其在犯罪构成要件中的地位要求所决定。犯罪主观要件对于最终是否能够认定构成犯罪发挥着重要作用，对于在主观方面有着特殊规定的相关罪名，如果行为人在实施犯罪时主观上不具有符合相关罪名的规定，那么被追诉人最终很有可能无法据以定罪。对于犯罪构成要件理论，我国一直深受苏联刑法理论的影响。苏联在四要件理论的逻辑顺序上，一直是遵从犯罪主体—犯罪客体及对象—主观方面—客观方面的顺序。1948年孟金沙教授主编的《苏联刑法总论》将逻辑顺序重新归纳为犯罪客体—犯罪客观方面—犯罪主体—犯罪主观方面。然而，我国刑法学者赵秉志教授经研究后认为，"犯罪构成要件的实际逻辑顺序应是：犯罪主体—犯罪主观方面—犯罪客观方面—犯罪客体"[①]。犯罪主体是行为人，而犯罪主观方面则是行为人的犯罪时的主观心理，至于犯罪行为则是犯罪心理的一种外化表现。只有基于犯罪心理的产生，才会实施相应的犯罪行为，且会侵犯一定的客体。犯罪人想要实施犯罪，必然会受到犯罪人主观心理状态的支配和制约。如果一种行为缺乏相应的主观罪过，那么则无法构成犯罪。因此，单从逻辑顺序上来看，犯罪主观方面对于犯罪事实的认定起着至关重要的作用。

二 犯罪主观要件自由证明的实践探究

作为犯罪构成要件体系中重要一环的主观要件，是否必须通过严格证明方式予以认定？如果通过自由证明方式来实现对其认定，是否有悖于基本法理？对此问题前文已做充分论述。众所周知，严格证明对证据的法定种类、证据能力、证据调查程序以及证明标准等都有着严格的规范。传统诉讼理论出于促进被告人的权利保障和实现诉讼公正的目的，一般要求对犯罪构成要件事实与量刑事实等重要的实体性事实必须通过严格证明方式进行认定，比如，在认定程度上必须要达到足以"排除合理怀疑"的标准。因此，按照传统理论，犯罪主观要件的认定与自由证明之间似乎格格不入。但是如果深入分析犯罪主观要件的证明方式，我们可以发现，对主观要件的严格证明过程中或多或少蕴含着一些自由主

[①] 赵秉志：《论犯罪构成要件的逻辑顺序》，《中国政法大学学报》2003年第6期。

义因素，更有甚者，在某些主观要件的认定上，还存在着一些自由证明方式的实践。笔者承认，犯罪主观要件的证明应当以严格证明为主，但这并不说明主观要件认定就完全排斥自由证明，笔者认为，主观要件认定应当以严格证明方式为主，辅之以自由证明之精神，将严格证明与自由证明二者之间进行有机结合，或许能对解决现今犯罪主观要件认定困境有所帮助。

犯罪主观要件自由证明的实践主要表现在以下几个方面：

第一，主观要件的严格证明过程中蕴含着自由主义成分。之所以说犯罪主观要件在严格证明时存在着自由主义的成分，主要是从犯罪主观要件在证明过程中证据推理的自由运用上来看。

就运用证据来认定犯罪主观要件来说，严格证明虽然在证明的根据以及证明的程序上有着明确的限制，并且在证明标准上也要求达到"排除合理怀疑"的标准。但是法官如何根据证据进行推理认定行为人的主观心理状态并没有具体机械的规定，也就是说证据在裁判者头脑中的思维推理的过程实际上是一种自由推理的过程。比如在一起凶杀案中，对于犯罪行为人 A 在主观上是出于故意还是过失而杀死了 B，对于其犯意的认定实际上裁判者内心存在自由推理的因素。具体地说，如果没有获取犯罪嫌疑人 A 的口供，所拥有的证据只是包括凶器、被害人 B 的尸体以及目击证人 C 关于犯罪嫌疑人 A 和被害人 B 之间的关系的证言等一些无法直接认定犯罪嫌疑人 A 的主观要件的证据时，最后得出犯罪嫌疑人 A 是故意还是过失的结论实际上是裁判者根据相关证据在头脑中根据现有的证据推理之后得出的。这种证据推理的思维运用过程虽然受到一定的限制，但是其中不可避免地会出现自由的因素。"证据推理是诉讼中建构司法裁决三段论小前提的推理，它是事实裁判者在查明案件事实过程中，为发现或确认证据以及基于证据确认案件事实所进行的推理活动。"[1] 不管是在直接证据还是在间接证据之中，都会存在这种推理的运用。特别是在间接证据运用领域，更是拓展了证据推理的自由运用范围。间接证据的运用虽然存在着诸多的限制，比如要求在根据间接证据

---

[1] 秦波：《论诉讼中的证据推理》，《湖南科技大学学报》2015 年第 2 期。

认定案件事实时要相互印证，形成证据锁链，但是这种限制与证据推理的自由之间并不冲突。

第二，在简易程序中，主观要件认定一般以自由证明方式进行。首先，简易程序的出现是和效率价值追求密不可分的，简易程序设置的直接目的就是提高案件的诉讼效率。在严格证明与自由证明分类理论中，严格证明主要是为实现公正价值而设定，自由证明主要是为实现效率价值而设定，严格证明与自由证明对象的合理区分，主要是为了追求公正与效率价值在证明领域的平衡。因此，从简易程序与自由证明两者的设定来看，其都是以追求诉讼效率价值为直接目标，两种制度设置的初衷是一致的。

其次，简易程序之所以称为"简易程序"，除了审理和判决程序相较于普通程序做到简化，即不受《刑事诉讼法》关于普通程序规定的约束外，在案件事实证明方式上也可以进行简化处理，比如适用简易程序审理案件时，对证明案件事实的证据种类、证据形式、证据的提出方式、证据的质证与认知等调查程序，法律不做严格要求，具体过程由法官和控辩双方自由协商决定。简单说，针对适用简易程序审理的案件事实，可以采用自由证明方式进行。例如1994年德国《抗制犯罪法》对德国刑事诉讼简易程序做了简化，如对证人、鉴定人、共同被告人的讯问可以通过朗读以前的讯问笔录或朗读含有相关内容的证件文书来代替，并且庭审中朗读官方书面说明材料的范围也得到了扩大。① 再如日本《刑事诉讼法》第320条第2款规定，对已经做出适用简易公审程序裁定的案件的证据，不适用有关排除传闻证据的规定，除非检察官、被告人或辩护人对作为证据已经表明异议；该法第307条第二项规定，对于适用简易程序审理的案件，可以在公审期日以认为适当的方法进行证据调查，而不适用有关检察官开头陈述、证据调查申请顺序、书证调查方法等方面的规定。② 综上，我们可以得出这样的结论：犯罪主观要件

---

① ［德］克劳思·罗科信：《刑事诉讼法》，吴丽琪译，法律出版社2003年版，第569页。

② 罗海敏：《刑事诉讼严格证明探究》，北京大学出版社2010年版，第189页。

作为案件事实的一部分，在适用简易程序审理认定时，自然可以采用自由证明方式进行，不必受到复杂的强制性法律规范的约束。

第三，主观要件的证明标准在实践中被降低。我国《刑事诉讼法》对刑事案件证明标准做了统一要求，但由于规定过于抽象和原则，其与诉讼实践中的证明标准运用存在天壤之别。对于主观要件证明标准，司法实践孕育出了一套新标准。例如在主观要件"明知"的认定中，发展出"应当明知"理论和制度。"应当明知"实质是对"确信明知"程度的降低。主观要件证明标准的弱化与降低，践行了主观要件自由证明理论。对此问题，后文将专节讨论，此处不再详述。

第四，被告方承担主观要件证明责任情形时采用自由证明方式。被告人承担主观要件证明责任主要有以下两种情形：

一是被告人承担法律意义上的主观要件证明责任。主观要件证明责任的转移一般是通过法律推定实现的，比如实践中的"明知推定"。按照传统证明责任分配理论，作为主观要件的"明知"的证明责任应当由控诉方承担，并且控诉方承担构成要件等重大事实的证明责任应以严格证明方式进行。但是出于解决认定难问题考量，[①] 理论界与司法实践提出并创制了"推定明知"制度，通过此制度将主观要件"明知"的证明责任转移给了被告方，被告方须提出证据证明主观方面"不明知"，以反驳法律上的"明知"推定。在上述过程中，被告方则成为主观要件的证明责任主体，在法律上承担起了主观要件的证明责任。按照前文所述的严格证明与自由证明对象分类标准原理，根据被告方承担证明责任的对象应采用自由证明方式进行的要求，被告方在证明上述主观要件"不明知"时，就可采用自由证明方式进行，在证明过程中，无须遵循"依据法定形式证据，且具备证据能力，符合法定证据调查程序，达到确实充分程度"的要求，在证明标准上，只要能够使人对"明知"产生合理怀疑即可，这就如同前文所说的"优势证据"标准。

二是被告人承担逻辑意义或实质意义上的主观要件证明责任。按

[①] 主观要件证明难问题，一方面由主观要件本身特性如隐蔽性、心理性等因素决定，另一方面是因为控诉方在证明主观要件时必须按照法律规定进行严格证明这一要求所致。

照一般学者的看法，法律推定可以转移证明责任，而逻辑推论不能转移证明责任。笔者也基本认同这种看法，因为从概念上说，逻辑推论属于证明概念范畴，用证明手段转移证明责任从概念上或法理上说不通。但是理论归理论，实践中，逻辑推论是否在实质意义上起到了转移证明责任的效果呢？笔者认为，答案是肯定的，控诉方对主观要件的逻辑推论（即证明）在实质意义上起到了转移证明责任的效果。例如，控诉方通过一系列的间接证据推论出主观要件"明知"，根据传统的证明原理和法律规定，"明知"便可以得到认定。但这并不一定是过程的终点，在此情况下，被告方可以提出证据，对抗控方的"推论明知"，以证明手段对抗逻辑推论（证明），实现对"明知"的否定。在上述过程中，如果被告方消极应对，不积极提出证据反驳"明知"推论，"明知"会被确认，被告方将承担败诉结果。从实际效果来看，逻辑推论与法律推定一样，都起到了转移主观要件证明责任的实质效果。因此，被告方在主观要件认定上，是以证明对抗证明（逻辑推论）的方式进行，法律不应该对被告方的反驳证明做严格限制或过高要求，相反，对其证明的限制或要求应大大低于对控诉方的限制与要求。换句话说，在被告方对主观要件的反驳证明中，应当适用自由证明方式进行。例如实践中，被告方只需对主观要件"明知"反驳证明到对"明知"产生合理怀疑程度。

总之，当代诉讼证明是严格证明与自由证明的结合。严格证明与自由证明作为诉讼证明的两种方式，学者们往往只注重对严格证明的探讨，而忽视了对自由证明的研究。严格证明对证据的种类以及证据的调查程序做出了严格限制，但这并不意味着自由证明就是一种随意的证明。"自由证明在程度上并非完全自由，只能认为属于免除严格证明之全部或一部分而已。"[①] 自由证明虽然对证据的准入资格以及证明的标准没有严格证明那般严格，但是仍然必须要遵循宪法及诉讼法所规定的一些共同的法律规则，同时也必须遵循一般的逻辑规则与经验法则。随着社会的不断发展与进步，诉讼活动中的案件事实认定过程也会变得越来

[①] 纵博：《论自由证明的限度》，《中国刑事法杂志》2010年第11期。

越复杂，这对立法者和司法裁判者提出了更高要求，不仅在制度层面要划定科学合理的严格证明与自由证明的界限，在实践层面，基于公正与效率的价值平衡考量，还要懂得和掌握如何实现严格证明与自由证明的适度平衡，避免走实践极端。

第六章

犯罪主观要件认定与证明制度

第一节 犯罪主观要件认定与证明责任

一 证明责任制度的一般概念

"证明责任"一词出现的历史已不可考,但我国具有现代意义上的"证明责任"规定最早出现在清政府1910年起草的《大清民事诉讼律草案》中,如其第230条规定:"当事人应立证有利己之事实上主张。"由于受早期的大陆法系证明责任理论影响,清末民国时期的证明责任理论与制度虽然有所展开,但主要限于民事诉讼领域,刑事诉讼中控辩双方举证意义上的证明责任理论和制度却没有明显出现,刑事诉讼还是特别强调法官在调查分析案件事实真相方面的职责,正如当时学者所述:"在刑事诉讼,以系采职权主义,证据之收集及调查,均为法院之职责。故举证及调查证据,并举证责任,无区别及研究之必要。不过当事人在审判程序,虽无举证之责任,但有举证之权利。"[①] 新中国成立后,证明责任理论并未获得更好发展,受苏联诉讼理论影响,证明责任概念仅限于相当于大陆法系主观证明责任理论的范围,即证明责任被单一地理解为提出证据的责任。例如,20世纪80年代初具有代表性的观点就提出:"证明责任,也叫举证责任,是指谁对案件事实有提出证据证明的义务。"[②] 这种单一的证明责任概念与理论一直对我国证明责任制度建设产生着消极影响,截至目前,我国刑事诉讼证明责任制度依然表现单一,

---

[①] 陈瑾昆:《刑事诉讼法通义》,法律出版社2007年版,第152页。
[②] 张子培、陈光中等:《刑事证据理论》,群众出版社1982年版,第140页。

缺乏细密规则。

我国现行《刑事诉讼法》第 49 条规定："公诉案件中被告人有罪的举证责任由人民检察院承担，自诉案件中被告人有罪的举证责任由自诉人承担。"由此我们可以看出，我国刑事诉讼证明责任制度构建主要关注于提出证据义务方面，较少涉及大陆法系证明责任理论中所说的结果责任承担。①

综上，我国传统的刑事诉讼证明责任制度缺陷主要表现为两个方面：一是过分强调法官调查案件事实的职责，混淆控辩双方的举证责任与作为裁判者法官的证明职责；二是在确立证明责任制度时，轻视了结果责任制度构建，这如同大陆法系证明责任理论中只谈及主观证明责任，而忽略客观证明责任的情形。

二 两大法系证明责任理论及制度

（一）大陆法系证明责任理论及制度

大陆法系国家一般采用传统职权主义诉讼模式，以及以日本为代表的混合主义诉讼模式。其在证明责任理论和证明责任分配制度上，更多地具有职权主义诉讼模式特色。

在德国，由于受到传统职权主义诉讼模式的影响，关于证明责任的理论主要有三种观点：

第一种观点认为，德国不存在证明责任问题，因为其对真实的发现实行职权探知原则，审判法官承担发现事实真相的职务义务，检察官是完全献身于探求真相和正义的司法官，检察官与被告人对案件争议事实的证明不存在责任分配问题，也不会因为不去证明争议事实而受到不利的裁判，因而没有证明责任承担之说。

第二种观点认为，在德国，法官在诉讼中占据主导地位，当事人处于附属地位，证明责任由法官来承担，检察官在起诉时只需将侦查期间

---

① 我国现行《刑事诉讼法》虽未直接规定证明责任中的结果责任，但有相关条款间接地涉及结果责任问题，如第 195 条第（三）项规定："证据不足，不能认定被告人有罪的，应当作出证据不足、指控的犯罪不能成立的无罪判决。"这本质上属于控方有罪证明责任中的结果责任承担的内容。

收集的证据移交给法院即可，检察官与被告人都没有法定的证明责任，而法官则必须尽可能地查明事实真相，必要时依据职权积极主动地收集、调查证据。最终达到确信被告有罪的程度，如果达不到这一程度，对本案还存在有合理怀疑之处，就只做有利于被告人的判决。

第三种观点认为，在职权主义诉讼模式下，不存在主观证明责任，只有客观证明责任。所谓主观证明责任是指，控辩双方为了避免在诉讼中败诉而通过自己的举证行为对案件中争议的事实进行证明的责任，又称为"形式证明责任"或行为责任。在此过程中，控方的证明责任表现为须就犯罪成立承担提出证据、说服法官的责任。辩护方的证明责任表现为可以基于违法阻却事由或责任阻却事由提出抗辩主张，被告人需要就上述主张承担提出证据，说服法官，以支持其主张合理性的责任。所谓客观证明责任是指，当诉讼进行到法庭审理的最后阶段，仍无法确定争议事实的真伪，法官无法形成确信时，不利后果应由哪方承担的问题。无法确定争议事实的真伪是指：（1）原告已经提出有说服力的主张；（2）被告也已提出实质性的对立主张；（3）对争议事实主张需要证明（自认的事实、众所周知的事实、没有争议的事实不在此限）；（4）所有程序上许可的证明手段已经穷尽，法官仍不能获得心证；（5）口头辩论程序已经结束，上述第3项或第4项状况仍然没有改变。[①]客观证明责任又称为"实质证明责任"或"结果责任"。[②]客观证明责任主体为控辩双方，即检控方与辩护方，但由于刑事诉讼中采用无罪推定原则，检控方成为客观证明责任主体的核心，并且不得转移，辩护方的客观证明责任，主要表现为对其积极抗辩主张的证明失败时承担不利后果的责任。法官在案件审理过程中，依职权展开调查，努力发现案件真相，实现司法正义，但这些行为都是出于职务的行为，属于一种法务的承担，如不积极行使并不导致不利后果或风险的发生，因此，法官并

---

① ［德］汉斯·普维庭：《现代证明责任问题》，吴越译，法律出版社2000年版，第三章第一节。

② 参见孙长永、黄维智、赖早兴《刑事证明责任制度研究》，中国法制出版社2009年版，第100页。

不承担客观证明责任，仅履行职务义务。

同为大陆法系国家的日本，在证明责任理论上主要接受了德国关于客观证明责任和主观证明责任的划分，但由于其在诉讼模式上吸收了当事人主义诉讼结构的一些成分，因此在证明责任理论上也借鉴了英美法系关于提供证据责任与说服责任的划分，所以与德国不同，日本在刑事诉讼实践中，存在主观（形式）证明责任，而且这种责任也会在控辩双方之间来回移动，受到一定的修正。

在日本，证明责任与德国一样不存在分配问题，证明犯罪事实存在、犯罪事实的具体要件、有关量刑的事实以及违法阻却事由等的责任都由检察官承担，被告人只在法律明文规定的情况下才承担一定的证明责任，例如，在诽谤罪案件中，被告人对于被指控的诽谤事实如果主张其是真实的，应当对该事实的真实性承担证明责任，当然被告人承担证明责任的证明标准一般比检察官要低。相比较德国，被告人的证明责任有所加强，法官不承担证明责任，在诉讼中的证明作用也有所削弱。在证明主体未履行证明责任的情况下，法官可以履行职权展开调查，也可以放弃调查行为，直接做出判决。

总之，由于在大陆法系采取职权主义诉讼模式的国家，法官往往负有依职权查明案件事实的职责义务，一般情况下由控方检察官承担客观证明责任，关于犯罪成立的事实、影响量刑的事实、违法阻却及责任阻却事实都属于检察官应当证明的内容，被告人也可以提出证据，但大多数情况是一种保护自身利益的权利行为而非证明责任，并且最终法院的判决结果与控辩方是否举证没有必然联系。而在混合制诉讼结构中，被告人的证明责任更为明确与加强，法官并无证明责任，在诉讼中的证明作用也不再起主导作用。

（二）英美法系证明责任理论及制度

在英美法系国家，以何种理由起诉被告人由控方检察官决定，在诉讼程序上，也是由控方检察官与辩方被告人通过证据的收集、举证、质证等行为向前推进的，法官并不主动调查案件事实，而是根据控辩双方的辩论质证等行为，对案件作出裁判，因此，就有必要明确规定哪些事实应该由控方检察官来证明，哪些事实应该由辩方被告人来证明，这就涉及一个证明责任的分配问题。因此，在英美国家当事人主义的诉讼模式下，刑事证明责任就成为刑事诉讼理论中一项非常重要的内容。

证明责任在英美国家一般包括两种责任：一是说服责任，指当事人所承担的说服法官或陪审团相信其所主张的事实存在或不存在的责任。具体而言，在刑事诉讼中，包括检察官说服法官或陪审团相信本案被告人犯有其所指控的犯罪事实，被告人说服法官或陪审团存在有辩护事由，如没有作案条件，接下来，检察官就承担说服法官或陪审团有作案条件，否则，法官或陪审团会判决被告人无罪。说服责任一定程度上是不能说服时应承担的不利法律后果，而这种法律后果通常是由实体法事先确定，因此又称为不能说服的风险或是法定责任。二是提供证据责任，是指提供证据使提出方的主张成为争议点以使法官决定将其交付裁决。具体而言，在刑事诉讼中，如果检察官指控被告人犯谋杀罪，检察官必须提供足够的证据让法官相信被告人的行为符合犯罪构成的每一个实体构成要件，这时法官将会把案件提交陪审团继续审判，否则，如果检察官不能提供足够的证据让法官相信被告人的行为符合犯罪构成的每一个实体构成要件，法官可以直接宣告被告人无罪。

提供证据责任和说服责任既相互独立又不可分割，提供证据责任是双方当事人面对法官所应当履行的责任，目的是使法官相信，一方当事人提出的主张成立，并有必要提交陪审团审理或是继续审理。说服责任则是双方当事人面对事实的裁决者所应当履行的责任，目的是说服承担责任的一方当事人的事实主张成立。

在英美法系刑事证明责任理论中，刑事证明责任的分配问题是核心问题。证明责任的分配是指对于诉讼中的待证事实分别应当由哪一方来承担证明责任。英美国家宪法规定的无罪推定原则，决定了刑事诉讼中证明责任分配是以控诉方承担证明责任为主导，被告人承担证明为例外的基本原则。具体而言，针对控诉方提起公诉的案件，应由控方检察官承担提供证据的责任并承担说服裁决者被告人实施了所指控的犯罪行为，否则，将承担不利的法律后果，被告人并没有证明自己有罪或无罪的责任。但是，由于无罪推定原则仅适用于犯罪实体要件的事实，如果被告人主张辩护事由的存在，则不适用无罪推定原则，此时，应由被告人承担提供足够的证据证明辩护事由的成立，否则，该事由不会被法官提交陪审团考虑。当然，接下来关于辩诉事由是否成立的说服责任应当由哪一方来承担，英美两国有一些差异。在英国，关于辩护事由的说服责任一般还是由控方来承担的，也就是说由控方检察官来说服裁判者，被告人所主张的辩护事由不成立，这样才能最终确定被告人成立犯罪应承担的刑事责任。因此，在英国，控方的证明责任极为广泛，从积极方面要证明犯罪成立的实体要件事实，从消极方面要证明被告人的辩护事由不存在。但是普通法对于被告人有限证明责任的规定也有例外，例如，如果被告人以其患有精神病为由提出抗辩，那么该被告人不仅需要承担提供证据的责任，还需要承担说服责任；再如，如果被告人提出他杀害被害人是因为要履行与被害人之间的自杀协议，那么该被告人就要举证证明他与被害人之间自愿签订了自杀协议，并且他杀害被害人是为了履行该协议，并说服裁判方。在美国，关于辩护事由的说服责任的分担则更加明确，"如果辩护事由是对犯罪成立要素的否定，那么就应当由控方承担说服责任；相反，如果辩护事由并没有否定犯罪成立要素，则应当由辩护方承担说服责任"①。

总之，英美法系在采取当事人主义诉讼结构基础上产生其刑事证明责任制度，结合其特有的陪审团审判中法官与陪审团职责的分离原则，导致了说服责任与提供证据责任的区分。无罪推定的宪法原则是证明责任分配的决定因素，辩护事由产生证明责任分配的例外情形。

三 我国犯罪主观要件证明责任制度现状及不足

（一）我国现行刑事诉讼中的证明责任制度

梳理我国现行《刑事诉讼法》关于证明责任的相关规定，我们发现，《刑事诉讼法》第49条规定：公诉案件中被告人有罪的举证责任由人民检察院承担，自诉案件中被告人有罪的举证责任由自诉人承担。主要提及的是举证责任，那么举证责任与证明责任是否同一概念？《刑事诉讼法》第50条又规定：审判人员、检察人员、侦查人员必须依照法定程序，收集能够证实犯罪嫌疑人、被告人有罪或者无罪、犯罪情节轻

---

① 赖早兴：《证据法视野中的犯罪构成研究》，湘潭大学出版社2010年版，第41页。

重的各种证据。提出了审判人员也可以收集证实犯罪嫌疑人、被告人有罪或者无罪、犯罪情节轻重的各种证据，这是不是意味着法官在刑事诉讼中也承担证明责任呢？综合第 49 条、第 50 条的规定，当前在我国刑事诉讼领域，证明责任的分配是怎样的呢？

首先是第一个问题：刑事诉讼法第 49 条规定的举证责任是不是就是证明责任？我们认为证明责任是指证明主体为了使自己的诉讼主张得到法院裁判的确认，所承担的提供和运用证据支持自己的主张，以避免对于己方不利的诉讼后果的责任。[①] 这就意味着，证明主体在诉讼中提供证据证明自己的诉讼主张说服裁决者，并且在不能证明时还要承担不利的后果，从这个角度上来讲，证明责任包含举证责任，即举证据证明自己诉讼主张的责任，并且从我国刑事诉讼法第 49 条的立法规定来看，当前在我国，对证明责任制度的构建上，更偏重于提供证据的义务。其次，第二个问题，刑事诉讼法第 50 条规定的审判人员也可以收集证实犯罪嫌疑人、被告人有罪或者无罪、犯罪情节轻重的各种证据，是不是意味着法官也承担证明责任呢？根据我们对证明责任的理解，法官只是承担查明案情的职责，这种职责并不必然伴随着收集证据进行证明，也不承担不能证明的不利后果，所以不是证明责任。再次，关于证明责任的分配问题。一般情况下，公诉案件，法官没有证明责任，证明被告人有罪的责任由检察院承担，被告人并不承担证明自己有罪或无罪的责任，但当被告人在诉讼中提出积极抗辩事由时，由被告人承担证明责任，例如，在被告人涉嫌巨额财产来源不明罪时，被告人应提供证据证明其财产的来源合法，并说服裁判者，否则认定其构成巨额财产来源不明罪。又如，当被告人被发现持有国家机密文件时，被告人应提供证据证明其持有行为合理合法，否则，认定其为非法持有。

（二）现行制度下控方承担主观要件证明责任的困境

根据我国《刑事诉讼法》第 49 条的明文规定，我国公诉案件由检察院承担证明被告人有罪的证明责任，这意味着，刑事公诉案件中控诉方要承担我国刑法规定的犯罪构成中全部要件的证明责任，按照目前我

[①] 卞建林主编：《刑事证明理论》，中国人民公安大学出版社 2004 年版，第 173 页。

国刑法学理论的通说,成立任何犯罪都必须具备四个构成要件:犯罪客体方面要件;犯罪客观方面要件;犯罪的主体方面要件;犯罪的主观方面要件。其中犯罪的主观方面作为成立犯罪的必不可少的要件,是指行为人在实施犯罪构成要件的行为时,对自己行为的危害结果所抱的心理态度以及其他说明行为危害性的有关心理状态。具体包括两个方面的内容,一是对犯罪行为及其结果的认识状态,二是对犯罪行为的控制状态,因此而形成了犯罪构成要件主观方面的故意与过失两种罪过形式。其中故意指明知自己的行为可能产生危害社会的结果,并且希望或者放任这种结果发生的心理态度,包括直接故意和间接故意;过失指应当预见自己的行为可能发生危害社会的结果,因为疏忽大意而没有预见或者已经预见而轻信能够避免,以致发生这种结果的心理态度,包括过于自信的过失和疏忽大意的过失。由此可见,行为只有在故意或者过失的心理支配下,才可能被认定为犯罪,否则即使在客观上造成了损害结果,也不认为是犯罪。因此,证明被告人的主观方面要件,成为刑事诉讼程序中无法绕开的问题。

但实际上,犯罪主观要件在认定上比较困难。我国犯罪构成理论,始终坚持主客观相一致的原则,即构成犯罪必须同时成立犯罪的客观构成要件与主观构成要件。在对这些要件进行证明的过程中,作为客观构成要件的行为和结果等要素一般比较容易证明,但作为主观要件的故意、过失、犯罪目的等要素则比较难以认定,这主要是因为犯罪主观要件要素属于犯罪人的内在心理状态,外人很难深入其中加以证明,而刑事诉讼中犯罪嫌疑人成立犯罪的主观要件又应该由控诉方而非犯罪嫌疑人自己来证明,再加上以人权保障为宗旨的现代证据法对控方的证明还做出了一系列的要求,这导致了刑法规定以故意等主观因素为构成要件的一些犯罪在司法实践中难以得到有效认定的问题。

我国刑法中犯罪主观方面的故意是指明知自己的行为可能产生危害社会的结果(从认识角度来评价),并且希望或者放任这种结果发生的心理态度(从意志控制角度来评价),表面上看,体现了从行为人的认识与意志控制两方面评价行为人,符合行为产生的生理学原理,但是,如何认定"明知",如何证明行为人已经明知行为可能产生危害社会的后果呢？又如何认定行为人在主观上对结果的发生持"希望或放任"的态度呢？对于过失的罪过形式也存在同样问题：如何认定"应当预见"，如何证明行为人应当预见行为可能产生危害社会的后果呢？又如何认定行为人在主观上对结果的发生持"疏忽大意而没有预见或者已经预见而轻信能够避免"的态度呢？这些都是行为人内在的心理活动，无法捉摸，不易把握，即使控诉方使用讯问方法获取了行为人承认"故意"、"明知"的供述，往往因为没有其他客观证据加以固定，也很容易遭到行为人事后否认。如果行为人拒不承认，且把犯罪主观要件作为其抗辩理由，由控诉方来完成主观要件的证明变得异常艰难，有限的证明手段及保护嫌疑人诉讼权益的法律理念会让控方处于相当不利的境地，同时，也会使事实的裁判者难辨真伪。例如，我国刑法规定的构成毒品犯罪，要求行为人主观方面必须是直接故意，即明知是毒品而走私、贩卖、运输、制造。于是，检察机关要想成功指控行为人构成毒品类犯罪，就必须证明行为人明知其所走私、贩卖、运输、制造的是毒品，而实践中，很多毒品案件中，行为人为了逃避刑事追诉，往往会使用各种伎俩辩称其"不知道是毒品"，涉案的"上家"又多为化名、交易过程单线联系，难于查证，此时，检察机关要完成证明行为变得异常艰难。

还有在认定此罪与彼罪的主观方面，如行为人到底是以杀人的故意还是伤害的故意对被害人实施侵害，涉及定性的问题，此时，行为人往往会选择避重就轻，而有时候这种侵害从后果上来看，区分又不是十分明显，要求检察机关证明行为人主观故意的内容十分不易。

认真梳理我国现行法律与相关司法解释，《最高人民法院关于执行〈中华人民共和国刑事诉讼法〉若干问题的解释》第64条第四款规定："需要运用证据证明的案件事实包括：被告人有无刑事责任能力，有无罪过，实施犯罪的动机、目的。"该司法解释说明了认定犯罪构成的主观要件应当以证据证明。在2012年修订后的《中华人民共和国刑事诉讼法》第64条第二款规定：证据包括物证，书证，证人证言，被害人陈述，犯罪嫌疑人供述和辩解，鉴定意见，勘验、检查、辨认、侦查实验等笔录，视听资料、电子数据。上述规定交代了证据的种类与内容，但都没有明确规定如何用证据对犯罪的主观方面有无罪过、犯罪动机与目的展开证明。

(三) 现行制度下控方承担主观要件证明责任的努力

在我国现行证明责任制度下,犯罪主观要件的证明,最便捷的方式就是借助直接证据尤其是犯罪嫌疑人、被告人的供述与辩解证明。如果犯罪嫌疑人或被告人愿意供述犯罪时的目的、动机等心理态度,犯罪主观要件便获得了完美的证明,控方就能借助口供这一证据,很好地完成犯罪主观方面的证明。但是,在许多案件中,承认犯罪并供述作案目的与动机的口供并不易获取,而在我国刑法明确规定的"目的犯",如果犯罪嫌疑人明确知道成立犯罪,必须由控方证明其主观上存在一定的犯罪目的,并且不能对其实施刑讯且遵循无罪推定的前提下,犯罪嫌疑人会在侥幸心理的支配下不予供述,通过直接证据——口供来完成对犯罪主观方面的证明行不通了,如何解决呢?只有通过间接证据来证明这条路径了,如何通过间接证据来认定行为人的主观明知就显得尤为重要。

犯罪心理学告诉我们,基于心理与行为之间关系的原理,可"借助收集到的证据即行为痕迹,揭示犯罪人的犯罪心理"[①]。在刑事诉讼中,即为通过对间接证据进行推理和推论,有时还需要借助法律推定来实现对犯罪主观要件事实的认定。

如前所述,推理是指由一个或几个已知的证据事实,推导出一个未知的案件基础事实的思维过程;推论则是指通过案件中的若干间接证据或基础事实进行一系列的逻辑推理而获得案件待证事实的一种事实认定方法。在诉讼中,推理是一种思维方法和逻辑工具,往往完成从证据到基础事实或是证据事实的过程;推论则是一种证明方法,它需要借助于推理这种思维过程,在没有直接证据的情况下,对待证事实进行认定,它所完成的往往是从已知的证据事实推理得出待证事实。

例如,侦查人员在盗窃案件现场的保险柜上收集到了某甲的新鲜汗液指纹,通过推理,证明某甲曾到过案发现场(这里运用的推理),再结合其他证据如某甲没有其他合理的理由到犯罪现场、在某甲家里搜到的作案工具与犯罪现场遗留的痕迹同一等一系列间接证据,可以推导出

[①] 罗大华、何为民:《犯罪心理学》,中国政法大学出版社2007年版,第55页。

某甲是本案中实施盗窃的人（这里运用的推论）。推理在司法证明中的作用，是通过已知的证据，推导出一个未知的结论，它的主要意义在于"发现"事实。

推论则是在推理的基础上，进行严谨的逻辑推导，它要运用推理的方法，但它的重点不是"发现"，而是"论证"，强调更多的是结论。当然，结论的正确性也会受制于作为大前提或小前提的经验或常识等的可靠性，有时推论的结果也并非正确或唯一。但在司法证明的过程中，推论的适用要严谨得多。推论并不只是为了自己"查明"案件事实，更重要的是向他人证明案件事实。

总之，推理是基础，推论是在推理的基础上运用推理的方法对案件事实进行证明的手段。

例如，在判断故意杀人罪的时候，通常可以通过以下方法来认定其犯罪主观是故意而不是其事后辩解的"没有杀人的故意，只是过失致人死亡"：（1）查明犯罪嫌疑人有杀害被害人的事实，如被害人尸体、被害人身体有嫌疑人的血迹、目击证人等；（2）根据犯罪嫌疑人的作案手段，如杀人用的工具是刀、钢管等致命器具，嫌疑人在攻击被害人时的部位，主要是致命部位如头部、胸部等；（3）调查嫌疑人在发生该事件之前与被害人之间发生的冲突、过节等；（4）调查嫌疑人案件前的行动轨迹，发现嫌疑人在该事件发生之前是否有准备工具的情况；（5）讯问嫌疑人，获取其关于犯罪动机、目的、手段、方法、作案过程等陈述。即使在讯问嫌疑人时，他辩解的"没有杀人的故意，只是过失致人死亡"，我们也可以通过收集到的目击证人证言、作案工具、现场及被害人身上的血迹等证据，推理出他作案前与被害人存在冲突、案件发前有准备作案工具的行为、攻击被害人选择致命工具击打致命部位等事实，在这些基础事实的基础上，再综合推论出犯罪主观要件具有杀人故意。其实，在很多情形下，推理和推论也并不是泾渭分明，两者是相辅相成、相互补充的。

如上文所述，犯罪构成的主观要件是可以通过推理和推论来证明的，它解决了刑事司法实践中的部分问题。但是，对于前文提及的认定毒品案件主观要件中"明知其所走私、贩卖、运输、制造的是毒品"，仍无能为力。因此，这里涉及另一种事实认定方法——推定。推定是一种事实认定方法，具体是指根据已知或是已经得到证明的某基础事实，认定存在某推定事实。基本公式是：如果 A，那么 B，其中，A 为基础事实，B 为推定事实。有人认为推定可以分为事实上的推定和法律上的推定，其中事实上的推定是指在诉讼过程中，根据已经确认的事实，按照一定的经验法则和逻辑规则，推断出别一事实的存在。这个事实认定的过程实际上是笔者上文所提及的推论。因此，笔者认为，推定只存在法律上的推定，也就是说只有在法律有明文规定时，当某一事实存在时，则认定另一事实存在。可以用公式表述为：

$$\text{基础事实} \xrightarrow[\text{推定}]{\text{法律规则}} \text{待证事实}$$

例如，根据最高人民法院《关于办理毒品犯罪案件适用法律若干问题的意见》（下称《意见》）及《全国部分法院审理毒品案件工作座谈会纪要》（下称《纪要》），具有下列情形之一，并且犯罪嫌疑人、被告人不能做出合理解释的，可以认定其应当知道，但有证据证明确属被蒙骗的除外：（一）执法人员在口岸、机场、车站、港口和其他检查站检查时，要求行为人申报为他人携带的物品和其他疑似毒品物，并告知其法律责任，而行为人未如实申报，在其所携带的物品内查获毒品的；（二）以伪报、藏匿、伪装等蒙蔽手段逃避海关、边防等检查，在其携带、运输、邮寄的物品中查获毒品的；（三）执法人员检查时，有逃跑、丢弃携带物品或逃避、抗拒检查等行为，在其携带或丢弃的物品中查获毒品的；（四）体内藏匿毒品的；（五）为获取不同寻常的高额或不等值的报酬而携带、运输毒品的；（六）采用高度隐蔽的方式携带、运输毒品的；（七）采用高度隐蔽的方式交接毒品，明显违背合法物品惯常交接方式的；（八）行程路线故意绕开检查站点，在其携带、运输的物品中查获毒品的；（九）以虚假身份或者地址办理托运手续，在其托运的物品中查获毒品的；（十）其他有证据足以证明行为人应当知道的。如果有犯罪嫌疑人在面对执法人员合理要求检查携带物品时，拒绝接受检查，当执法人员强行进行检查时，其放弃所携带物品强行逃跑，经检查其所携带物品中藏有毒品，那么如果犯罪嫌疑人不能对所携带的毒品给出合理解释（当然，这里合理解释的证明标准并不需要达到排除合理怀疑的程度，而只需要达到优势证明的程度，也就说足以让法官认为嫌疑人可能确实不知道所携带的是毒品），则根据法律规则进行推定认定本案中犯罪嫌疑人系"明知"其携带的是毒品，控方完成其构成持有毒品罪的主观要件的证明。

与推理、推论相比较，推定是一种"发现"真相的方法，推论是一种"论证"方式，而推定则既不是"发现"真相的方法，也不是"论证"方式，而是一种"认定"案件事实的方法。推定，是根据已知或已经得到证明的某基础事实，认定存在某待证事实，它省却了从证据到事实的论证过程，直接从基础事实的存在，到认定待证事实的存在，依据是基础事实与待证事实之间存在必要的逻辑关系和法律对此做出的明文规定，一般情况下，只要没有反证，推定的结果直接被认定为事实，可以作为裁判依据。

推定很好地解决了实践中主观要件证明困难的问题，是因为：一方面，由于法律的规定，推定并不需要对案件待证事实进行证明，而只需要证明案件中的基础事实，再运用推定规则得出案件中的待证事实，从而达到认定案件事实的目的，减少了证明的难度。比如非法持有类型的犯罪，检察机关往往难以运用证据直接证明相关的犯罪构成要件，尤其是构成要件中的主观方面要件，但是通过推定的方式就可以减少检察机关要证明的事实。

另一方面，因为推定并不需要对案件待证事实进行证明，而只需要证明案件中的基础事实，再运用推定规则得出案件中的待证事实，实际上也就在一定程度上免除了主张待证事实的一方当事人提出证据的证明责任，并把证明不存在待证事实的提出证据的证明责任转移给了对方当事人。所以，推定是允许被告方进行反驳的，这样也可以保证推定结果的正确性，有效避免冤假错案的发生。

四 我国主观要件证明责任理论与制度革新的思路

（一）推定在转移主观要件证明责任中的作用

基于上述分析，我们发现犯罪构成的主观要件是可以通过运用推理、推论和法律推定等来认定的。

其中法律推定在一定程度上是通过转移对主观要件的证明责任,使证明简化,从而成为司法实践中解决问题的有效方法。比如上文中的持有毒品犯罪的案例,按一般情况,应该由控方承担证明犯罪嫌疑人构成犯罪的四个要件,比如客观上有持有毒品的行为,主观上明知是毒品而持有的故意。关于主观上的"明知"是毒品,因为是行为人的内在思想,除非行为人自己承认,控方是无法通过证据直接证明的,同时,通过已知事实也不能直接推理或推论出行为人的"明知"。为解决这一难题,《意见》和《纪要》指出,在出现法律规定的十种情况(见上文)时,如果行为人不能做出合理解释,就可以认定行为人"应当知道"。在这一规定下,行为人是否成立非法持有毒品罪的主观要件——明知,首先还是由控方来承担证明责任,只是证明过程发生了变化,控方只需要通过举出证据证明客观上行为人持有毒品,面对执法人员合理要求检查携带物品时,拒绝接受检查,当执法人员强行进行检查时,其放弃所携带物品强行逃跑,那么接下来,证明责任发生转移,由行为人证明其携带毒品是不知情的。如果行为人不能完成该证明,按法律规定,推定为行为人主观上"明知"是毒品而持有,接下来,由行为人证明其故意持有毒品的行为具有合法或合理性,否则,推定其明知是毒品而非法持有,本案中最难认定的主观要件事实通过转移证明责任运用法律推定得以证明。

从理论上来说,推定既可能转移提出证据的责任,也可能转移说服责任,但事实上,转移说服责任的推定在现实中几乎不能存在,因为把犯罪构成要素的证明责任加诸被告人在很多国家被认定是违宪的。①

虽然推定在一定程度上是通过转移对主观要件的证明责任使证明简化,但推定所转移的并不是全部的证明责任,而只是转移了提出证据的

---

① 例如,在美国,如果法官对陪审团做了不适当的指示,使陪审团认为推定是结论性的、不容推翻的,或者把说服责任转移给被告人,就会被认为违反宪法规定的被告人正当权利保障条款。参见 Christopher B. Muller, Larid C. Kirkpatrick, *Evidence*, *Third Edition*, Aspen Publishers, 2003, p. 142。

责任，而且是在控方承担提出基础性事实的证据，证明主体、客体、客观方面等构成要件事实的前提下，由被告人承担对部分主观要件事实提出证据责任，而最终的说服责任仍由控诉方承担。在这一过程中，被告人虽然对犯罪主观要件事实负有说明的义务，但并非结果意义上的证明责任，也没有必要达到"证据确实、充分"或者"排除合理怀疑"的高度，而只需证明到盖然性占优势（balance of probabilities），也就是要证明这一事实的存在的可能性比不存在的可能性更大。当被告人完成了对该事项提供证据的责任之后，抗辩事由是否成立的说服责任仍由控方承担。由此可见，整个过程中的说服责任，也就是结果意义上的证明责任，一直都是由控方来承担的。因此，推定并没有违背"无罪推定"的基本原则，它只是在法律许可的范围内减轻了控方的证明责任，实现了降低犯罪主观要件证明难度的策略目标。

（二）建立健全犯罪主观要件的推定规则

在我国，构建完善的推定规则体系，笔者认为应当从以下几个方面入手：

第一，对我国主观要件证明推定规则的创设主体进行明确化、具体化。最高人民法院在2007年《关于司法解释工作的规定》第五条明确规定："最高人民法院发布的司法解释，具有法律效力。"此规定说明在我国司法解释是具有法律效力的规范性文件。我国刑事犯罪情况复杂多变，固定由全国人民代表大会及其常委会进行立法显然不能满足我国刑事司法的要求。因此，最高司法机关对推定规则的创设具有法律和现实依据。但是，推定规则的设置与确立是一件严肃的立法行为，可能会影响到当事人的重大权利和司法的公正性。因此，不能由最高司法机关对推定规则无限制地创设，应当明确全国人民代表大会及其常委会与最高司法机关之间对推定规则进行创设的权限范围。对于影响公民生命健康、人身自由等重大基本权利的推定规则，应当只能由全国人民代表大会及其常委会通过立法程序进行创设。

第二，对推定规则的设置范围应当加以必要约束。对推定规则的范围进行设置，我们应当注意：一是对于主观要件证明难度较大、社会影响较大的贪污贿赂犯罪、毒品犯罪等类型，应当在法律允许的范围内，建立健全推定规则，解决司法实践中主观要件的证明难题。最高人民检察院公诉厅 2005 年出台的《毒品案件公诉证据标准指导意见》中强调，"推定'明知'应当慎重使用"。二是由于推定规则出现于犯罪主观要件证明极其困难的情况下，出于查明真相的目的，因此要求法律推定的结果与通常情况下的案件事实真相无限接近，同时要求推定规则的选择适用应当符合绝大多数社会民众的认知，推定规则应建立在一般有效的经验法则基础之上。三是对于无须法律规定推定的情形，依照生活常识、科学规律等能直接做出判定的，法律可以节省立法资源，不对该部分内容设置推定规则。

第三，在具体运用推定规则时，应当特别注意以下三个底线的遵守：一是不能随意违背无罪推定原则，用有罪的推定代替对犯罪构成要件事实的证明，即用"有罪推定"代替"有罪证明"。案件事实的认定方法有证明、推定、认知三种。根据证据裁判原则的要求，无论是有罪或无罪的主张都是需要依靠证据来证明的，但自从无罪推定作为现代刑事诉讼的一项基本原则被确立下来，无罪的证明就被无罪的推定取代了。也就是说，无罪推定从本质上说属于法律推定的一种，无罪推定免除了无罪的证明责任。但是，有罪的证明责任未发生任何变化，由于法律未设置有罪的推定，有罪的主张者则必须提出证据证明犯罪构成要件事实，完成所担负的证明责任，否则将承担败诉结果。因此，在运用推定规则对案件事实进行认定时，严禁使用"有罪推定"代替"有罪证明"成为一个通识。二是运用推定认定案件事实时，在总体案件事实判定上，不能随意降低"内心确信"这一刑事证明标准，推定的适用不能成为内心确信证明标准的例外。由于推定事实本质上属于法律拟制的事实，对适用推定会降低证明标准的担忧主要来自于推定事实的不可靠性，基于此种担忧，在案件事实判定上必须坚持"内心确信"的证明标准，这样才能消除推定带来的此种负效应。三是不能随意剥夺被告人及其辩护人对推定的反驳权利。由于推定的事实在本质上属于"可能符合事实真相"的法律拟制事实，所以，其客观真实性是可以并且应当被质疑的，这一方面保证控辩双方诉讼权利的对等性，有助于证明公平性的实现；另一方面通过对推定事实的质疑和反驳，有利于发现案件事实真相。因此，在推定规则出台并适用后，应当保证被告人及其辩护人能充分行使其辩护权，允许被告人对推定的事实有反驳的机会，才能真正实现推定规则创设的初衷。

第二节　犯罪主观要件认定与证明标准

一　证明标准的一般概念及证明标准的层次理论

（一）证明标准的一般概念

证明标准是证据学领域的一个重要概念及制度，是指案件事实认定者在认定案件事实时所要达到的程度。

我国刑事诉讼法对证明标准的规定历经了从客观标准向主客观相结合标准的发展变化，立法朝着具体化、科学化方向发展，证明标准的可操作性不断增强。新中国成立伊始，我国延续了革命时期坚持的"实事求是"的马克思主义司法传统与理念，刑事诉讼活动坚持以查清案件事实真相，"与客观事实相符"为目标。例如1956年最高人民法院在《各级人民法院刑、民事案件审判程序总结》中要求："在法庭调查阶段，必须把案情彻底查清，取得确凿的证据……被告人的供词，必须经过调查研究，查明确实与客观事实相符的，方可采用。"[1] 1979年，我国在制定第一部《刑事诉讼法》时，基本延续了新中国成立初期的做法，依然强调对案件事实真相的查明，明确规定了"案件事实清楚，证据确实、充分"的证明标准，其进步意义主要在于证明标准在基本法律中得以正式确立。由于理论研究和司法理念的滞后，1996年修订的《刑事诉讼法》在证明标准方面沿用了1979年《刑事诉讼法》关于"案件事实清楚，证据确实、充分"的表述。随着研究的深入，沿用了几十年的传统刑事诉讼证明标准存在的问题越来越凸显出来，主要表现在：其一，把"实事求是"、"客观真实"这些哲学上的概念或方法直接引入刑事司法领域，不符合司法规律。哲学上的"客观真实"与"实事求是"等概念只能成为案件事实认定的目标和思想方法，不能作

---

[1] 詹建红主编：《刑事诉讼法》，清华大学出版社2012年版，第195页。

为能否定案的标准或程度，这两者应存在明显的界限。其二，实践中，对"事实清楚，证据确实、充分"的理解分歧较大，难以把控，这一标准缺乏可操作性。

因此，在总结实践经验，借鉴国外证明标准基础上，2012年《刑事诉讼法》在其第53条第2款中规定："证据确实充分应当符合以下条件：①定罪量刑的事实都有证据证明；②据以定案的证据均经法定程序查证属实；③综合全案证据，对所认定的事实已排除合理怀疑。"前两项主要是反映出证据裁判原则以及对证据真实性、客观性的要求，而排除合理怀疑则成为目前我国刑事诉讼证明标准的一种解释。据此，有学者指出，2012年刑诉法引进英美国家"排除合理怀疑"规定作为"事实清楚、证据确实充分"的判断依据，"有利于减少片面追求证据完备的法定证据主义的传统，充分发挥办案人员在刑事司法中的主观能动性，在一定程度上也丰富了我国证明标准的层次性"。①

由于深受法定证据主义传统的影响，我国刑事诉讼中规定的"事实清楚、证据确实充分"的证明标准更倾向于客观性的证明标准。这种客观性倾向使证明标准在实践中被无限拔高，缺乏实质操作性。同时，也会产生其他一些负面影响，如使司法人员在侦查活动中搜集证据时更注重证据的完整性。追求口供的作用，在某种程度上会迫使侦查人员走上极端，采取刑讯逼供等非法手段获取证据。因此，2012年刑诉法将"排除合理怀疑"的证明标准引进来，增加了我国证明标准的主观色彩，达到了主观与客观的统一，基本解决了原先的单纯客观证明标准的弊端。

根据研究，英美法系的"排除合理怀疑"理论产生于17世纪的英格兰，之后一直在英国普通法法庭中被广为采用，19世纪后期，该理论才作为一个普遍接受的概念而广泛适用。② 英美国家法官一般认为，"合理怀疑不是一种任意（wantonly raised）怀疑，而是建立在对证言进

---

① 杨宇冠、郭旭：《"排除合理怀疑"证明标准在中国适用问题上的探讨》，《法律科学》2015年第1期。

② 赖早兴：《美国刑事诉讼中的"排除合理怀疑"》，《法律科学》2008年第5期。

行慎重考虑基础上的怀疑"①。排除合理怀疑标准的运用应当遵循两条规则：第一，排除合理怀疑并不是排除一切怀疑，其并不要求达到绝对确定的程度，百分百的确定无疑的认知是不可能存在的。尤其是在刑事案件当中，法律并不会要求排除所有可能的怀疑，司法人员的诉讼活动也无法达到要求排除掉所有怀疑的标准。第二，排除合理怀疑要求对案件事实认知的程度必须达到最高，以避免因为较低的证明标准而导致无罪的人受到刑事追诉而被剥夺自由乃至生命。

(二) 证明标准的层次性理论

虽然学者们在研究证明标准理论时，更多地把关注焦点和研究精力集中在了统一的证明标准存废与构建方面，如前文探讨的"事实清楚，证据确实充分"以及"排除合理怀疑"等概念与制度的构建与完善，但还是有少数学者和实践者注意到了证明标准的复杂实践形态，提出构建体系化和多元化的证明标准理论。② 这种体系化与多元化的证明标准核心理论即为证明标准分层次、多元化理论，按照此理论，证明标准的实践形态应该是复杂多样的，体现出多层次性。根据立法与实践的表现，基本可以概括为两个方面：一是证明标准的纵向层次性，即通常所说的证明标准的阶段性；二是证明标准的横向层次性，即针对不同类型的刑事案件适用不同的证明标准，以及针对同一案件中的不同事实适用差异化的证明标准。

1. 证明标准的纵向层次性

我国学者对证明标准的纵向层次性研究主要是基于我国《刑事诉讼法》的规定。根据我国《刑事诉讼法》的相关规定，我国刑事诉讼程序体现出明显的阶段性特征，明确分为立案、侦查、审查起诉和审判等典型阶段，刑诉法相应地在不同诉讼阶段确定了不同的证明标准：(1) 在立案阶段，刑事案件立案的证明标准为"认为有犯罪事实发生，且需要追究刑事责任"。作为立案主体的司法机关有证据支撑，能够对案件达到上述认识程度，即可立案。(2) 侦查阶段的逮捕证明标准为

---

① 陈永生：《排除合理怀疑及其在西方面临的挑战》，《中国法学》2003 年第 2 期。
② 甄贞主编：《刑事诉讼法学研究综述》，法律出版社 2002 年版，第 258 页。

"有证据证明有犯罪事实,可能判处徒刑以上刑罚,且有逮捕必要"或者"有证据证明有犯罪事实,可能判处十年以上有期徒刑,或不讲真实姓名或曾经有过故意犯罪的"。(3)侦查终结移送审查起诉的证明标准为"犯罪事实清楚,证据确实充分"。(4)检察院提起公诉的证明标准为"检察院认为犯罪嫌疑人的犯罪事实清楚,证据确实充分,依法应当追究刑事责任"。(5)法院有罪判决的证明标准为"案件事实清楚,证据确实充分……对认定事实能够排除合理怀疑"。

《刑事诉讼法》所规定的证明标准的纵向分层要求,体现了不同诉讼阶段对案件事实认识程度所做的梯度化安排,符合刑事案件证明从低到高的认识程度规律要求,基本与刑事诉讼规律吻合,具备一定的科学性。当然,我们也应当看到现行的证明标准纵向分层制度还存在一定的表达缺陷或瑕疵,比如就像有学者所言的,侦查终结证明标准、提起公诉证明标准以及有罪判决证明标准梯度化安排不足,统一为"案件事实清楚,证据确实充分",表述缺乏足够的差异性。[①] 虽然《刑事诉讼法》经过1996年和2012年两次大的修订,证明标准的规定不断进步与完善,但上述问题依然没有得到彻底解决,[②] 三阶段的证明标准梯度化表述依然不突出。

2. 证明标准的横向层次性

证明标准的横向层次性主要分为两种情形:一是不同类型的刑事案件适用不同的证明标准;二是同一案件的不同事实适用不同的证明标准。

(1)不同类型的刑事案件适用不同的证明标准

对于不同类型诉讼适用不同的证明标准,比如民事诉讼适用"优势

[①] 李学宽、张小玲:《关于刑事证明标准层次性问题的探讨》,载何家弘主编《证据学论坛》(第二卷),中国检察出版社2001年版。

[②] 比如1996年《刑事诉讼法》将提前公诉的证明标准与有罪的判决标准做了细微区分,在提起公诉时的"案件事实清楚,证据确实充分"表述之前加上"人民检察院认为"字眼来限定,用以表明起诉标准并没有达到判罪标准的"事实清楚,证据确实充分"的客观高度,以此显示两者的差异。又如,2012年《刑事诉讼法》在把客观化的"事实清楚,证据确实充分"分解的同时,加入了"排除合理怀疑"的主观标准,实现了所谓的主客观相结合,这在某种程度上实际降低了有罪判决证明标准,使人对梯度化证明标准安排更加陷入困惑。

证据"证明标准，刑事诉讼适用"排除合理怀疑"或"内心确信"，或者"事实清楚，证据确实充分"标准，这是理论界与实务界公认的，是法律界的一项常识。但在同一类诉讼，比如刑事诉讼中，对不同类型案件可否适用不同的证明标准呢？对此问题，理论与实践领域一直存在争议。传统观念一直认为，刑事诉讼应该坚持统一的证明标准，或统一坚持主观证明标准，如"排除合理怀疑"或"内心确信"标准，或统一坚持客观证明标准，如我国原先的"案件事实清楚，证据确实充分"标准，或统一坚持上述主客观相结合的标准，不应针对不同类型案件适用高低不同的证明标准。坚持上述观点主要是基于刑事诉讼公正性、统一性考量。

现代刑事诉讼研究与实践突破了上述传统观念束缚，基于某种价值考量，按照一定标准，对不同类型刑事案件实施了不同的证明标准，主要表现为以下两种情形：第一，根据拟判刑罚轻重不同，区分死刑案件与非死刑案件，针对死刑案件实施更严格的证明标准。近年来，随着人们对死刑的观念与认识的转变，严格控制死刑并保证死刑的正确实施被不断倡导。在刑事诉讼领域，对死刑案件实施高于普通刑事案件证明标准的呼声与实践越来越突出。1984年，联合国就在其《关于保护死刑犯权利的保障措施》中明确规定："只有在对被告的罪行根据明确和令人信服的证据而对事实没有其他解释余地的情况下，才能判处死刑。"[1] 2010年，我国两院三部出台了《办理死刑案件证据规定》，其在第5条规定了死刑案件的证明标准：（1）定罪量刑的事实都有证据证明；（2）每一个定案证据均已查证属实；（3）证据与证据之间、证据与案件事实之间不存在矛盾或矛盾得到合理排除；（4）共同犯罪案件中，被告人的地位、作用均已查清；（5）根据证据认定案件事实的过程符合逻辑和经验规则，由证据得出的结论为唯一结论。因此，不管从国际社会，还是我国国内规定来看，针对死刑案件均制定了相对于普通的"排除合理怀疑"标准更为严格的证明标准，即"唯一性"或"排他性"

---

[1] 参见詹建红主编《刑事诉讼法》，清华大学出版社2012年版，第197页。

标准，这基本达成了新的共识。① 第二，根据证据体系结构差异，区分直接证据和间接证据组成混合证据体系的案件与完全由间接证据组成证据体系的案件，针对这两类案件实施不同的证明标准。我国立法对刑事案件证明标准做了统一要求，即现行《刑事诉讼法》第53条第2款规定的"证据确实充分应当符合以下条件：（一）定罪量刑的事实都有证据证明；（二）据以定案的证据均经法定程序查证属实；（三）综合全案证据，对所认定的事实已排除合理怀疑"。但这一立法在实践上被理解为仅适用于直接证据和间接证据共同组成证据体系的案件，对于间接证据独立定案的案件，理论与司法实践跨越了上述立法规定，制定并执行了更为严苛的证明标准——"唯一性"或"排他性"标准。② 此问题后文再做详述。

（2）同一案件的不同事实适用不同的证明标准

同一案件的不同事实适用不同的证明标准，换一种说法，就是指针对不同的证明对象适用不同的证明标准。根据证明对象的分类理论，我国刑事诉讼中的证明对象可以分解为实体性事实、程序性事实以及可罚性事实三类，而实体性事实又可以进一步分解为构成要件事实与刑罚裁量事实两类。这些事实形成的结构以及相互之间的关系如图6-1所示。

对证明对象中的不同事实适用不同的证明标准，在两大法系有不同程度的实践存在，比如大陆法系国家一般将实体性事实与程序性事实进行区分，对实体性事实适用刑事诉讼法严格规定的较高的证明标准，对程序性事实则适用低于刑诉法规定的证明标准。③ 我国学者基于对国外

---

① 例如有美国学者呼吁，死刑案件证明标准应高于"排除合理怀疑"（beyond reasonable doubt）标准，该标准应当为"排除一切怀疑"（beyond any doubt）。参见［美］布莱恩·福斯特《司法错误论——性质、来源和救济》，刘静坤译，中国人民公安大学出版社2007年版，第277页。

② 例如我国2010年《办理死刑案件证据规定》第33条，针对只有间接证据体系的案件，要求"依据间接证据认定的案件事实，结论是唯一的，足以排除一切合理怀疑"。

③ 在德国，可以按照传统的严格证明与自由证明的理论区分，针对不同对象，实施严格证明标准和自由证明标准两类；在日本，按照传统的证明与释明区分，针对不同对象，实施证明标准与释明标准的分类。

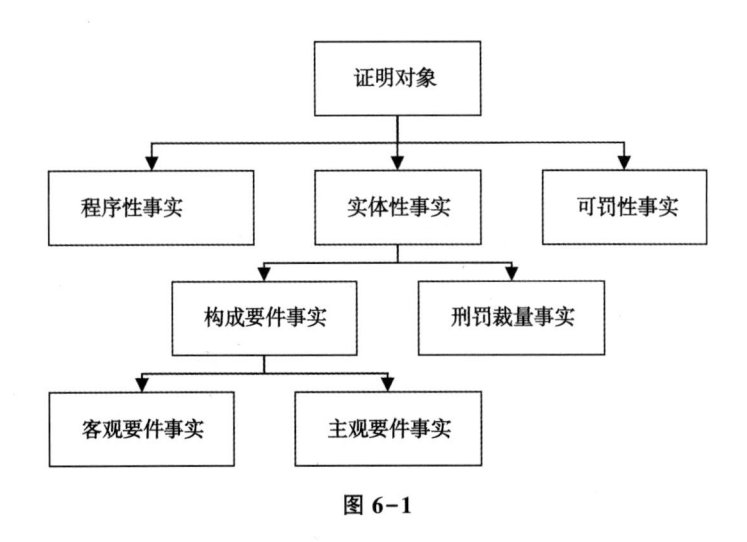

```
                    ┌──────────┐
                    │ 证明对象 │
                    └────┬─────┘
         ┌───────────────┼───────────────┐
    ┌────┴─────┐   ┌─────┴─────┐   ┌────┴─────┐
    │程序性事实│   │实体性事实 │   │可罚性事实│
    └──────────┘   └─────┬─────┘   └──────────┘
                    ┌────┴─────┬──────────┐
              ┌─────┴────┐  ┌──┴────────┐
              │构成要件事实│  │刑罚裁量事实│
              └─────┬────┘  └───────────┘
            ┌──────┴──────┐
      ┌─────┴────┐  ┌────┴──────┐
      │客观要件事实│  │主观要件事实│
      └──────────┘  └───────────┘
```

图 6-1

制度的考察，也提出了针对程序法事实降低证明标准的建议。① 这种观点近些年也得到了立法的响应，比如 2012 年《刑事诉讼法》在修改时，针对非法证据排除这一程序性事实争议，在第 58 条新增加了不同于普通刑事证明标准的规定："经过法庭审理，确认或者不能排除存在本法第 54 条规定的以非法方法收集证据情形的，对有关证据应当予以排除。"根据这条规定，立法把"非法证据"这一待证对象的证明标准设定为"不能排除有非法取证的可能"，其证明标准之低是显而易见的。

上述研究和实践似乎到此为止，但是仔细思考，这并不是研究的终点。如图 6-1 所示，构成要件事实还可以做进一步细分，如客观要件与主观要件的区分，如此，针对主观要件事实能否适用不同于客观要件事实的证明标准呢？笔者下文将予以介绍。

二　犯罪主观要件的证明标准

（一）犯罪主观要件证明标准的一般理论

根据证据法学传统理论，刑事诉讼应该实施统一的有罪判决标准，在西方发达国家被表述为"排除合理怀疑"或"内心确信"的标准，

---

① 李学宽、张小玲：《关于刑事证明标准层次性问题的探讨》，载何家弘主编《证据学论坛》（第二卷），中国检察出版社 2001 年版。

在我国被表述为"案件事实清楚，证据确实、充分，……对所认定的事实已排除合理怀疑"的标准。但实际上，理论乃至规范与司法实践产生了一定的偏差，呈现出"两张皮"现象。就如笔者前文所言，同一案件中的证明对象可以做细致分解和划分，虽然理论与规范要求针对案件事实整体实施统一的证明标准，但进入实践领域，实体性事实与程序性事实、客观要件事实与主观要件事实的认定标准还是有所区分的。

  为了达到惩罚犯罪与保障人权的平衡，国外对于主观要件的证明采取了一些变通的办法，或免除对主观要件事实的证明责任，即直接实施针对主观要件的法律推定;[①] 或在一些主观心理难以认定的犯罪构成中不设主观方面作为构成要件，即实行严格责任。上述办法只能成为解决主观要件认定难的辅助方法，最为一般的核心方法还是应归于证明途径，即降低主观要件的证明标准来解决。国外针对主观要件事实降低证明标准，理论与实务界均有讨论，比如美国学者达马斯卡教授就认为，对外在事实和精神事实的把握，人们实际上都是区别对待的，例如，关于被告人是否向死者开枪的问题，在实践中会设立非常严格的证据要求。在确定是否存在伤害或杀人意图时，证明要求（即证明标准——笔者注）就会宽松得多。因为实际经验告诉我们它一般总是存在的。[②] 再如日本判例也曾主张，对于犯罪主观方面不需要补强证据，可以适用较宽松的证明标准。他们认为，犯罪的主观方面以被告人的内心状态为探讨对象，实践中除自白之外其他证据存在的现象是很普遍的，所以在证

---

  ① 至于法律上的推定是否降低了原本的证明标准，学界争议较大，有学者主张，设置法律推定规则不应该降低原本的证明标准。但是笔者认为，法律推定的设置分为两种情况，一种是基于事实的常态联系，建立在一般有效的经验法则基础上推定规则;另一种是基于法律价值追求，可能违背一般有效的经验法则而构建的推定规则。仅从后一种法律推定来看，事实认定的标准或程度实质上就大幅度下降，此类法律推定完全不顾及案件事实真相，直至放弃对证明标准的追求。比如巨额财产来源不明罪中的"非法财产"的推定，实际上留给我们的是财产"非法抑或合法"的困惑。因此法律推定很大程度上解决的是法律价值问题，而不是案件真相问题，笔者不主张将法律推定与证明标准联系在一起讨论，它应是证明责任范畴所关注的对象。

  ② 参见［美］米尔吉安·R.达马斯卡《比较法视野中的证据制度》，吴宏耀、魏晓娜等译，中国人民公安大学出版社 2006 年版，第 133 页。

明犯罪主观方面过程中，如果过分强调补强证据的必要性，就有过分苛求的嫌疑。① 因此，笔者认为，允许弱化对主观方面内心状态要件的补强证明，实质上是对证明标准的放松，即是对主观要件证明标准的降低要求。

（二）主观要件证明标准在我国的实践——以"明知"认定标准为例

对于放宽主观要件证明标准的实践，笔者将以主观要件事实中的"明知"要素认定为例，用以说明主观要件证明标准的独特性。

众所周知，根据我国刑法规定，"明知"是故意犯罪的主观要件之一，"明知"同时还是构成许多犯罪的必要构成要件之一。② 因此"明知"要素在犯罪论体系中占有重要地位，是犯罪构成要件的重要因素。按照刑法一般理论，"明知"的内容分为"行为危害性认识"和"行为违法性认识"两个方面，违法性认识一般情况下不属于犯罪构成要件要素，在司法实践中一般无须评价与认定，因此，行为的危害性认识成为犯罪构成要件体系中"明知"的基本内容。

何谓"明知"？根据《现代汉语词典》的解释，"明"即"明白、清楚、明确"，展开来说，就是"清晰明白而确定不移"的意思；"知"即"知道"，展开来说，就是指"对于事实或道理有认识"的意思。③ 因此，"明知"，从字面上理解就是"明明知道"或"明确知道"，展开说，就是指"对于事实或道理有认识是清晰明白而确定不移的"。那么引入刑法学，"明知"就是指行为人清晰明白而确定不移地对行为的危害性有认识。

按照刑事诉讼证明标准一般理论，如果坚持客观的证明标准要求，对"明知"的证明就应该达到"有充分确实的证据证明行为人清晰明白而确定不移地对自己行为的危害性有认识"的程度。如果坚持我国现

---

① 参见日本最判昭和二十四年7月19日刑集第3卷第8号，第1248页；二十六年1月31日刑集第5卷第1号，第129页。转引自田国宝、石英《与自白有关的几个基本理论问题的法学思考》，《证据学论坛》（第五卷），中国检察出版社2002年版，第437页。

② 张少林、刘源：《刑法中的"明知"、"应知"与"怀疑"探析》，《政治与法律》2009年第3期。

③ 《现代汉语小词典》（第5版），商务印书馆2007年版，第524、525、973页。

行《刑事诉讼法》规定的主客观相结合的证明标准要求,"明知"要件的证明就应该达到"有充分确实的证据证明行为人清晰明白而确定不移地对自己行为的危害性有认识,并且能够排除行为人对行为危害性没有认识的任何合理怀疑"的程度。在一般的刑事诉讼证明实践中,主观要件中的"明知"认定能否达到《刑事诉讼法》所要求的上述证明标准呢?答案是否定的,除非行为人自认或供述其主观心理状态,并与其他一系列证据形成印证,否则"明知"证明程度永远无法达到"清晰明白而确定不移地对自己行为危害性有认识"要求。这也是美国学者达马斯卡和日本判例主张放宽主观心理认定标准的原因所在。

放宽或降低主观要件证明标准,是为了解决由于主观要件证明难而导致的放纵犯罪现象的发生,是为了实现惩罚犯罪与保障人权的平衡而不得已采用的技术手段。就如有研究者所说,将"明知"仅仅理解为"确知",这一做法的缺陷在于它对"明知"限定过窄,多为狡猾的犯罪分子所利用,使他们可以借口未被明确告诉而没有明知,从而逃避惩罚。[①] 令人欣喜的是,在"明知"要素证明标准方面,刑法学者们为了解决"明知"认定难问题,发展出了一套理论,对"明知"证明标准实现了实质性放宽和降低,这一理论就是我们通常所说的"应当知道"。[②] 并且这一理论逐渐被司法实践接纳,例如最高人民法院2000年12月11日起施行的《关于审理破坏森林资源刑事案件具体应用法律若干问题的解释》第10条规定,刑法第345条规定的"非法收购、运输

[①] 冯英菊:《论赃物犯罪中的"明知"》,《人民检察》1997年第12期。

[②] 综观国内学者的研究,对刑法上的"明知"含义的理解主要有三种观点:第一种观点认为,"明知"就是明白、确切地知道。在中文上"明知"是"明明知道"的意思,"明明"是显然如此或确实(参见蔡桂生《国际刑法中"明知"要素之研究》,《法治论丛》2007年第5期),此种观点基本遵从汉语词汇的字面意义;第二种观点认为,"明知"包含"明确知道"和"明确不知道"两种情形,即有学者所说的"确知"和"不知",笔者认为,虽然"不知"和"确知"对事物的认识程度类似,但"不知"已然突破了"明知"的字面意义,把"不知"纳入"明知"范畴似乎存在逻辑上的不妥;第三种观点认为,"明知"在刑法上不应仅仅是"明确知道",还应当被理解为"应当知道",如果仅理解为"明确知道",则很多案件无法认定,最终会放纵犯罪。

明知是盗伐、滥伐的林木"中的"明知",是指知道或者应当知道。同样,最高人民法院、最高人民检察院、国家海关总署 2002 年 7 月 8 日颁布实施的《关于办理走私刑事案件适用法律若干问题的意见》规定,走私主观故意中的"明知"是指行为人知道或者应当知道所从事的行为是走私行为。

根据陈兴良教授的说法,"应当知道"是他人对行为人对行为事实是否知道的分析、判断和评价,这种分析、判断和评价应当建立在一定事实根据上,包括行为人的年龄,智力,生理状况,行为的时间、地点,特殊的交易方式,等等。"应当知道"是他人根据外界的一定事实根据而推断行为人应当知道。① 对"应当知道"的认定不以行为人的实际认识为标准,而是以社会一般人的经验为考量标准,即案件事实判定者在综合考察犯罪嫌疑人的行为、手段、时间、地点、结果以及嫌疑人的年龄、心理生理等主体状况后,以社会一般人的经验为标准,判断犯罪嫌疑人对自己的危害行为和事实是否存在"应当知道"。

"应当知道"相比于"明确知道"认识程度要低得多,在"应当知道"情态下,行为人在客观上对事实或行为危害性的认识处于或然状态,即行为人可能知道,也可能不知道,就是学者们所说的"或知"状态。② 笔者还是以前文的吴某运输毒品案为例进行说明。在该案中,法院仅根据被告人供述与辩解——其受老板之命到云南考察玉石生意行情,其乘飞机经昆明到芒市,在芒市当地一家宾馆住下后,一位接待的

---

① 陈兴良:《"应当知道"的刑法界说》,《法学》2005 年第 7 期。
② 有学者认为,行为人对行为危害性的认识状态可分为肯定知道、很可能知道、可能知道也可能不知道、很可能不知道和不可能知道几种。"明知"包括肯定知道和很可能知道两种状态。参见张少林、刘源《刑法中的"明知"、"应知"与"怀疑"探析》,《政治与法律》2009 年第 3 期。笔者不同意上述观点,笔者认为,行为人对行为危害性认识只存在三种状态:明知(确知)、或知、不知。"明知"系指"明确知道",即上述学者所说的肯定知道,而很可能知道、可能知道、可能不知道以及很可能不知道都应属于"或知"范畴,他们只存在程度差别,其实质可以简单表述为"可能知道也可能不知道",客观上的"或知"状态构成"应当知道"认定的前提条件。另外,"不知",即上述的"不可能知道"状态,不能构成故意犯罪中"应当知道"的前提条件,其只能作为疏忽大意过失犯罪构成的主观要件。

妇女给了她一个旅行箱,打开后里面是一件女式衣服,该妇女说是送给她的礼物,吴某不知箱内藏有毒品,是被老板利用、欺骗所致——认为证明被告人吴某运输毒品"主观明知"的证据不足,即无法达到被告人吴某对携带毒品"明确知道"的证明标准,因此不能判定构成运输毒品犯罪。如果在本案处理上能够适当将"明知"标准降低至"应当知道"标准,本案判定就可能发生变化。具体做法是将被告人辩解与被告人的运输毒品行为综合进行分析,比如详细审查被告人吴某在运输毒品过程中是否有躲避检查行为,检查时的行为表现如何,辩解是否合乎情理等细节问题,再按照社会一般人经验标准判断被告人吴某是否对携带毒品"应当知道"。如果综合全案证据和证据性事实,推论被告人属于"应当知道",① 即可判定被告人吴某构成运输毒品罪,而无须达到客观上的"明确知道"。降低主观要件证明标准的好处在于防止因犯罪嫌疑人、被告人在主观方面进行狡辩导致犯罪得不到有效认定,从而放纵犯罪情形的发生。

三 间接证据推论证明犯罪主观要件的证明标准

(一)间接证据独立定案的证明标准一般理论

间接证据在近现代获得了独立证明案件事实的功能后,完全依靠间接证据判定案件所要达到的证明度即证明标准逐步引起人们的注意。这一问题的研究和讨论主要集中在运用间接证据判定案件所适用的证明标准是否等同于普通的证明标准——即拥有直接证据情况下所适用的证明标准,以及在完全依靠间接证据判定案件时在证明程度上是否给予事实认定者特殊的证明程度的警示。

间接证据独立证明案件证明标准经历了一系列发展变化。英美法系在普通法早期,法官对于完全依靠间接证据判定案件是持谨慎态度的。就如同前文所言,当时的判例或规则为了避免依靠间接证据定案所造成的错误风险,不得不把可以依靠间接证据定案的案件种类限制在少数几类案件上,例如巫术等秘密犯罪案件等。因为在这些秘密犯罪中,像目

---

① 此时,证明程度只达到了客观上的"或知"状态,即处于很可能知道、可能知道、可能不知道以及很可能不知道状态。

击证人证言这类直接证据是无法获取的。① 在后来的发展中，英国法院逐渐认识到，间接证据应当与直接证据同等重要，它们的证明力无所谓孰轻孰重，在某些情况下，由于证人可能存在撒谎，而很多间接证据不存在这方面问题，所以，有时候间接证据在评价时可能会优于直接证据。到 18 世纪，尽管对间接证据还存在重要的限制，但间接证据像直接证据一样经常被用来判定案件。② 美国在 1850 年也通过 Commonwealth v. Webster 一案基本认同间接证据独立证明案件事实的作用，这在当时具有划时代的意义。

虽然传统普通法承认了间接证据独立证明案件事实的功能，司法实践中法院也经常依靠间接证据对案件事实进行判定，但由于对间接证据的不完全信任，普通法在间接证据的使用上还是设置了一些限制。这种限制在最早期表现在对适用案件的类型进行限制上，如开始只适用于秘密犯罪案件。但后来随着对各类案件的放开，其限制则主要转移到另外两点上：一是无论何种案件的证明，只要是完全依靠间接证据判定案件，法官就必须向陪审团进行特别指示（cautionary instruction），提示陪审团运用间接证据定案应当达到较高的证明标准。例如美国在 Commonwealth v. Webster 判例确定后，无论是联邦法院还是州法院都接纳了这一判例，要求在审理只有间接证据的案件时，法官必须就证明标准指示陪审团（jury must be instructed）。二是普通法实际上为间接证据定案设置了更高的证明标准，即高于一般直接证据定案的证明标准。比如说，要求运用间接证据定案时，有罪事实的认定必须建立在绝对排除被告人无罪的基础上，除了被告人有罪以外不可能作出其他任何推测。③ 以上两点限制都是直接针对或围绕间接证据的证明标准而设置的。

---

① Irene Merker Rosenberg & Yale L. Rosenberg. "Perhaps What Ye Say Is Based Only On Conjecture: Circumstantial Evidence Then and Now". 31 *Boston Law Review*. 1371（1995）.

② Barbara J. Shapiro, "Beyond Reasonable Doubt" and "Probable Cause" 216-220（1991）.

③ Irene Merker Rosenberg & Yale L. Rosenberg. "Perhaps What Ye Say Is Based Only On Conjecture: Circumstantial Evidence Then and Now". 31 *Boston Law Review*. 1371（1995）.

但是，间接证据的证明标准发展到现当代，上述两点限制逐渐被取消。1954年，美国联邦最高法院通过 Holland v. United States 判例，做出明确规定，间接证据与直接证据这两类证据在案件证明上并没有什么差别，联邦法院在审理只有间接证据的案件中，无须向陪审团就证明标准做特别指示。克拉克法官（Justice Clark）在解释中说道："如果陪审团在普通的证明标准，即排除合理疑问标准上已经获得适当的指示，那么间接证据的指示只会使陪审团更加迷惑和更加容易出错。"①

在 Holland v. United States 一案作出判决之后，美国各州对之产生了不同反应，一些州明确接受这一判例，也认为间接证据与直接证据在证明案件上没有什么不同，如果就间接证据对陪审团进行特别指示将会迷惑陪审团，一般的排除合理疑问标准的指示就已经足够。

在我国，无论是学者还是司法实践者，在谈论由间接证据组成证据体系证明案件主要事实时，都会对这样一个证据体系提出极高的证明标准，即要求依据间接证据所构成的证明体系进行逻辑推理，得出的结论只能是一个，即只能得出被告人为实施某犯罪行为的犯罪人，完全排除了他人作案的可能性。② 出现这种高于普通证明标准要求的原因，一方面是来自我们传统对案件事实"客观真实"的追求，另一方面可能是由于间接证据证明案件主要事实需要推论这一环节，这使人们对这样一个证明环节充满了不信任，其结果是只能通过更高的证明标准来进行把关。其实正如前文所说，在历史上，很多国家都经历过这样一个过程，曾经针对间接证据提出过特殊的要求，例如英国在18世纪普遍承认间接证据独立证明案件事实的功能后，由于对间接证据证明案件事实存在担忧，曾对间接证据的证明标准提出过特殊要求，即要求运用间接证据定案时，有罪事实的认定必须建立在绝对排除被告人无罪的基础上，除

---

① Holland v. United States, 348 U. S. 121 (1954).

② 我国学界和实务界持这种传统观点，笔者认为还有一个原因可能与苏联观点的直接输入和影响有关，例如苏联学者维辛斯基在谈到运用间接证据判定案件所要求的证明标准时也持这种观点，即依靠间接证据体系所证明的某种结论"应当排除任何其他的说法（reductio a contratio）"。参见［苏联］安·扬·维辛斯基《苏维埃法律上的诉讼证据理论》，法律出版社1957年版，第348—349页。

了被告人有罪以外不可能做出其他合理的推测。① 1860 年，英国学者斯达尔奇（Thomas Starkie）在论述间接证据（情况证据）时指出，在运用间接证据定案时，必须考虑几个因素：第一，从间接证据推导出的间接事实结论必须完全成立；第二，所有的间接事实应当与案件主要事实推测相协调；第三，依据间接证据应当能够推论出一个结论与趋向；第四，间接证据推论出的结论必须排除其他任何推测；第五，如果控诉方恶意隐瞒直接证据，间接证据应当被排除。② 美国在 1850 年通过判例③ 也确定了对间接证据证明标准的特殊要求，即将情况证据（间接证据）分别进行公平、合理评价，并进行综合判断后，应当确信排除了任何无罪的推测（the circumstances taken as a whole, and giving them their reasonable and just weight, and no more, should to a moral certainty exclude every other hypothesis [ut guilt]）。④ 但是，历史发展实践证明，把间接证据的证明标准提高到"排除其他任何推测而达到结论的唯一"，或对间接证据定案设置其他特殊限制的做法是不恰当的。例如美国在 1954 年就已经通过判例明确承认间接证据与直接证据在证明案件中具有同等地位，并执行相同的证明标准及其解释，即达到排除合理疑问的证明（proof beyond a reasonable doubt）。同时，也取消了在运用间接证据定案

---

① William Wills, *An Essay on the Principles of Circumstantial Evidence* 171 (Philadelphia, T. & J. W. Johnson, 1853). 转引自 Irene Merker Rosenberg & Yale L. "Rosenberg. Perhaps What Ye Say Is Based Only On Conjecture: Circumstantial Evidence Then and Now". 31 *Boston Law Review*. 1371 (1995)。

② Thomas Starkie, *A Practical Treatise on the Law of Evidence* 754 - 766 Philadelphia, T. & J. W. Johnson & Co., 1860.

③ Commonwealth v. Webster, 59 Mass. (5 Cush.) 295 (1850).

④ 美国当时判例对一般案件证明标准的解释相对简单，即排除合理疑问（proof beyond a reasonable doubt）。例如，当时马萨诸塞州首席法官肖（Shaw）对合理疑问进行了解释，他指出，"合理疑问"是指这样一种疑问，即这种疑问使陪审员处于不能明确说出他们做出了一个确信的判决的状态（Reasonable doubt is a doubt that "leaves the minds of jurors in that condition that they cannot say they feel an abiding conviction, to a moral certainty, of the truth of the charge"）。参见 Commonwealth v. Webster, 59 Mass. (5 Cush.) 295 (1850)。

时法官必须向陪审团做证明标准特别指示的规定。①

把间接证据的证明标准规定得高于普通证明标准，以至于达到排除任何其他可能性的绝对标准，实际上是"客观真实观"导致的一个错误，这种错误的核心在于其在案件事实上追求"必然性"，这是不符合案件事实认识规律的。运用间接证据证明案件事实，如同依靠其他证据一样，对案件事实的证明只能达到一种"高度盖然性"程度，这种"盖然性"足以令事实认定者形成"确信"。换句话说，"确信"的形成并非基于"必然性"或"客观真实"，而是基于"高度盖然性"。至于盖然性程度达到多高才能形成法官的"内心确信"，这是无法用刻度或数字来说明的。② 这只能借助于事实认定者的经验来解决。

笔者试举案例进行说明。

1997年12月24日凌晨武汉市武昌区大东门发生一起杀人案件，死者李某（女，60岁左右，摆摊做生意为生）在其居所内被人掐颈部导致窒息而死，尸体被绳索捆绑，并被抛入其居住楼的垃圾通道内。经侦查，被告人李春松（系死者之子，与死者住在一起）具有重大作案嫌疑。本案取得了以下一些证据：（1）被告人李春松的两位兄长证言证实被告人李春松与死者关系不和，经常因钱物发生口角；（2）证人张某（李的邻居）证实死者23日23时左右在楼内曾大骂被告人李春松；（3）证人罗某证实23日晚20时左右被告人李春松在帮助死者收摊；（4）证人张某证实，案发当天早上

---

① Irene Merker Rosenberg & Yale L. Rosenberg. "Perhaps What Ye Say Is Based Only On Conjecture: Circumstantial Evidence Then and Now". 31 *Boston Law Review*. 1371 (1995).

② 在这方面，德国学者埃克罗夫和马森曾做过努力，他们以刻度盘作为工具来说明证明度。刻度盘的两端为0%和100%，从0%到100%分为不同的级别，第一级为1%—24%，第二级为26%—49%，第三级为51%—74%；第四级为75%—99%。0%为绝对不可能，100%为绝对可能。第一级为非常不可能，第二级为不太可能，第三级为大致可能，第四级为非常可能，即高度盖然性。这种理论的目的在于使法官的心证与当事人证明度的关系更加细化，以便确定已经证明的程度。他们认为获得证明的界限为第四级（75%—99%），在穷尽所有可获得的证据后，仍然没有达到这一级，法官就应认定当事人主张的待证事实不能成立。反之，法官应当认定当事人主张的待证事实已成立。（参见［德］汉斯·普维庭《现代证明责任问题》，吴越译，法律出版社2000年版，第108页。）但是，笔者认为这种做法是不可思议的。

发现尸体后，被告人李春松表情很不正常，好像早就知道垃圾通道内有尸体；（5）被告人李春松的前妻胡某证实，李春松卫生习惯很差，自己的衣服一般不洗，极少做家务，但24日早晨李春松却把家里打扫得干干净净，衣服也洗了；（6）捆绑尸体的绳索经鉴定，与从被告人和死者居所提取的绳索为同一种绳索；（7）经鉴定，死者胃内的食物与被告人和死者居所内餐桌上的食物为同一，并且死亡时间是在刚吃了早饭后；（8）经勘验，被告人和死者居住楼层的垃圾通道口有明显擦痕。

在该案中，所获取的任何一个间接证据都可以使案件主要事实的存在更有可能。如被告人李春松在杀人案件发生时和死者同居一室，具有作案的时间条件，这可以证明其有实施杀人行为（案件主要事实）的可能性。当只有这样一个间接证据存在的时候，李春松实施杀人行为的存在可能性比较低，但是在具有这个证据的基础上，又加入其他间接证据，如李春松在案发前曾与死者争吵，那么，李春松实施杀人行为的存在可能性就会增大。当把所有间接证据结合起来时，李春松实施杀人行为存在的可能性就会达到相当高的程度，有可能达到我们通常所说的"高度盖然性"程度。必须注意，这种可能性无论提高到何等程度，也不可能转化为"必然性"，道理很明显，可能性+可能性+可能性……不可能等于"必然性"，况且在实际案件中间接证据数量的有限性也决定了"可能性"的数量。而李春松实施杀人行为的"高度盖然性"与法官对李春松实施杀人行为形成"内心确信"这两者的结合只能依赖于经验，而不能进行事先框定并对号入座，更不能依靠计算获得。

（二）间接证据证明犯罪主观要件的证明标准

基于对间接证据证明标准的理论分析，以及对国外相关经验的考察，笔者认为，我国的"绝对排除其他任何可能性"，即结论达到"必然性"要求的间接证据证明标准要求太高，这与"客观真实"的证明标准在实践上没什么两样。这种证明上的高标准其实也是我国法官无法依据间接证据定案的一个深层次原因之一。因此，针对以上问题，笔者认为，我们应当首先摆脱"客观真实观"的影响，降低间接证据"必然性结论"的证明标准，回到"内心确信"的普通标准上去，这样，才能使依靠间接证据定案的状况有所突破，特别是针对主观要件认定难问题，才能实现依靠间接证据对主观要件予以有效认定。

其次，要理解与尊重依靠间接证据证明主观要件时降低证明标准的实践。主观要件是犯罪构成要件的重要组成部分，因此，犯罪构成要件的证明标准应当适用于主观要件的认定。然而事实并非如此，正如笔者前文所说，间接证据独立定案标准经历了曲折发展，时至今日，在英美等国取消对间接证据定案标准的特殊要求后，我国诉讼法学界依然对间接证据定案标准作了更高要求。[①] 但令人大跌眼镜的是，在运用间接证据推论主观要件标准方面，刑法学界却发展出了"应当知道"理论与制度，实质性降低了依靠间接证据证明主观要件的证明标准。当然，这一制度实践目前仅限于故意犯罪中的"明知"要素认定范畴，这为运用间接证据体系证明诸如"以占有为目的"等其他主观要件提供了思路。可以想见，在未来的主观要件认定方面，除了形成"推定明知"、"推定以占有为目的"等制度外，实际中，还有大量如"应当知道"、"应当以占有为目的"等主观要件推论情形的存在。

[①] 在我国，无论是学者还是司法实践者，在谈论由间接证据组成证据体系证明案件主要事实时，都会对这样一个证据体系提出极高的证明标准，即要求依据间接证据所构成的证明体系进行逻辑推理，得出的结论只能是一个，即只能得出被告人为实施某犯罪行为的犯罪人，完全排除了他人作案的可能性。

006
第七章

司法推定的原理及其实践运用
——从对一起借贷案的审判谈起

一　问题的提出

笔者先以案例说明：

2009年7月29日,上海市黄浦区法院在审理一起民间借贷纠纷案时,发生了让人匪夷所思的一幕。被告代理人韦某,为毁灭借贷证据,竟然当庭从法官手中夺过证据,一口吞了下去。

经现场人员回忆及法庭监控录像显示,开庭前,韦某先在审判席边徘徊,接着她一把夺过法官手中的一张纸片,迅速塞进了嘴里,手上拿着一瓶矿泉水,直接吞了一大口水,就把借条给吞下去了。

据了解,开庭审理的该案件是一起民间借贷纠纷案,韦某是被告代理人,代她前夫出庭。去年5月,韦某的前夫曾向原告写过一张3万多元的欠条,因为拒不归还被告上法庭。上午开庭前,原告把借条原件呈给法庭,与先前提交的复印件进行核对时,发生了之前一幕。庭审法官吴某表示,韦某妄图吃掉证据来逃避法律制裁,肯定不会得逞。法律规定,如果因为毁灭证据导致无法查明事实的,法院可直接推定原告胜诉。①

根据案例介绍,很明显可以看出,本案法官认为本案的判定是依赖

---

① 参见新浪网《法院审理案件时被告代理人法庭上抢吞欠条》,新浪网(http://sh.sina.com.cn/),2017年3月11日访问。

推定的结果,而非通过证据证明来实现的,并且该推定是有法律依据的。据此,笔者搜索了相关法律法规,最后只发现了以下条款:《最高人民法院关于民事诉讼证据的若干规定》第九条:"下列事实,当事人无需举证证明:……(三)根据法律规定或者已知事实和日常生活经验法则能推定出的另一事实"。笔者认为,如果该案法官援引的是这一条规定,至少让笔者产生了以下困惑:一是法官到底是依据法律规定,抑或是依据经验法则得到的判定结果?如果依据法律规定,笔者并不能发现这样的法条存在,即"毁灭证据导致无法查明事实的,可直接推定原告胜诉",甚或更直白"吞食借条可推定债权债务关系成立"的法律规定。如果是依据经验法则所做的推理判定,那该案法官又为何强调说依据"法律规定"推定原告胜诉,这岂不矛盾?二是如果法官依据的是经验法则推理判定案件,仅仅为了给判决增加分量,以突出判决的合法性,而策略性地强调"法律规定",这是否有色厉内荏之嫌?这种做法是否可取?

上述困惑主要由于证据学中的"推定"与"证明"概念不清、界限不明等问题导致。本章试图就推定概念及原理做进一步研究梳理,以回应上述问题。

二 推定的一般概念

"推定"概念之复杂,正如证据法学大师罗森贝克所说,"推定的概念十分混乱,可以肯定地说,迄今为止人们还不能成功地阐明推定的概念"[①]。以至于美国当代学者罗纳德·J.艾伦教授不无遗憾地提出"要从法律论文中废除推定这个术语"的建议。[②] 但是即便如此,几乎所有证据法学者都承认,在案件事实认定领域确实存在那些"不便于描述的操作方法"——即推定,而且诸多学者都在这一事实认定方法的阐释与界定方面付出了努力,例如日本刑事诉讼法学者田口守一教授认为:"推定是指从 A 事实(前提事实)推认 B 事实(推定事实)。B 事实难

[①] [德] 罗森贝克:《证明责任论》,庄静华译,中国法制出版社 2002 年版,第 206 页。
[②] [美] 罗纳德·J.艾伦、理查德·B.库恩斯、埃莉诺·斯威夫特:《证据法:文本、问题和案例》,张保生等译,高等教育出版社 2006 年版,第 852 页。

以证实时，可以用比较容易证实的 A 事实推认 B 事实的存在。"① 近些年，推定概念与运用问题也一直是国内学者研究热点，在他们的研究中不乏各类推定定义的表述。例如卞建林教授认为，"所谓推定，是指依照法律规定或者由法院按照经验法则，从已知的基础事实推断未知的推定事实存在，并允许当事人提出反证予以推翻的一种证据规则"②。龙宗智教授认为，"推定是指基于事物之间的普遍的共生关系，或者说是常态的因果联系，由基础事实推出待证事实（又称推定事实）的一种证明规则"③。如此等等，不一而足。学者们虽然对推定这一现象给予了具有建设性的阐述与论证，但由于概念本身的复杂性，目前学界对推定的概念界定依然众说纷纭，很难达成共识。综观国内外关于推定概念的表述，笔者认为目前主要呈现两种对立观点：一是狭义推定观；二是广义推定观。

1. 狭义推定观及其结构

根据《布莱克法律词典》对推定所下定义，推定是指"一个立法上或司法上的法律规则，是一种根据既定事实得出推定事实的法律规则"。换句话说，推定是根据法律规定，在基础事实被确定为真的情况下，确定待认定事实为真的法律规则。根据这样一种概念，推定的基本结构呈现如图 7-1 所示的形态。

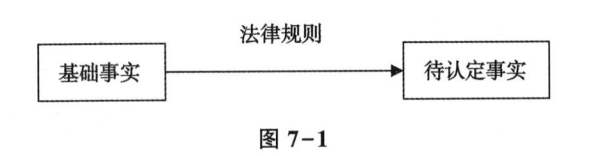

```
                    法律规则
    ┌────────┐                ┌──────────┐
    │ 基础事实 │ ──────────→   │ 待认定事实 │
    └────────┘                └──────────┘
```

图 7-1

根据上述定义表述与结构分析，狭义推定的基本内涵是指有具体法律条文规定：如果 A 事实存在，则 B 事实就存在。在两个事实之间强制性法律规则起连接作用。因此，在司法实践中，事实判定者如果能够确认基础事实（A 事实），那么他就可以直接确认待认定事实（B 事实）。

―――――――――――
① [日] 田口守一：《刑事诉讼法》，刘迪等译，法律出版社 2000 年版，第 227 页。
② 卞建林主编：《证据法学》，中国政法大学出版社 2000 年版，第 370 页。
③ 龙宗智主编：《刑事证明责任与推定》，中国检察出版社 2009 年版，第 4 页。

在已经确认的基础事实和待认定事实之间,法律规则起桥梁和纽带作用。目前仅有少部分学者在推定概念表达时,使用了狭义的推定观。

2. 广义推定观及其结构

与上述狭义推定概念不同,广义的推定观则认为,"推定是指依据法律直接规定或经验规则所确立的基础事实与待证事实之间的常态联系,当基础实施确定时,可以认定待证事实存在,但允许不利推定的当时举证反驳的一项辅助证据证明的标准化规则"①。这一观点代表了目前国内外多数学者以及实务界的推定观念。根据这一定义表述,推定的结构呈现如图7-2所示的形态。

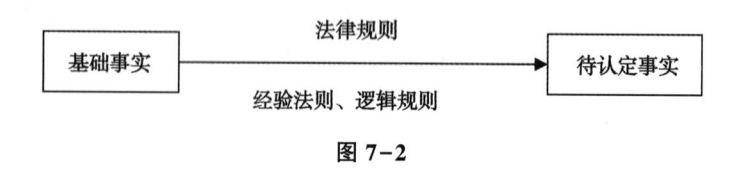

图 7-2

广义的推定概念认为推定可以通过法律规则或者逻辑、经验规则这两种方式来加以实现,在此基础上,将推定分为法律推定和事实推定两种。法律推定主要是指从基础事实到待认定事实的认定过程,法律规则起连接作用。事实推定是指从基础事实到待认定事实的认定过程,经验法则和逻辑规则起连接作用。

三 推定与证明的概念界限

(一) 证明的概念

关于"证明"的概念,虽然目前学者们所下定义显得较为混乱,但万变不离其宗,在证明概念表达当中,证据、待证事实、逻辑规则与经验法则等要素不可或缺,它们或显性或隐含地被包含在定义之中。

笔者认为,司法证明(judicial proof),在本质上是指事实认定主体,在证据或证据性事实的基础上,运用经验法则或逻辑规则,以查明、认定案件事实的活动。由于经验法则与逻辑规则介入程度不同,证明可分为直接证明与间接证明。直接证明是指证据所包含信息与待认定

---

① 赵俊甫:《刑事推定论》,知识产权出版社2009年版,第23页。

事实的信息吻合，进而直接认定待认定事实的活动。此种情形下，经验法则与逻辑规则参与度较低，即只要通过经验能够确认证据包含的信息为真即可，这就如同美国证据法学家麦考密克所说的那样，"直接证据是指这样的证据，即如果该证据被采信，就解决了争议事项"①。举例来说，比如在一起杀人案件中，被告人李四供述，其为了报复王五横刀夺爱，而持刀将王五砍杀。事实认定者用李四的口供直接证明李四故意杀人的待认定事实，只需确认李四口供所包含信息为真，李四故意杀人的待证事实便可以认定，在这一过程中，口供这一证据包含的信息与待证事实（李四故意杀害了王五）的信息是直接吻合的。此过程如图7-3所示。

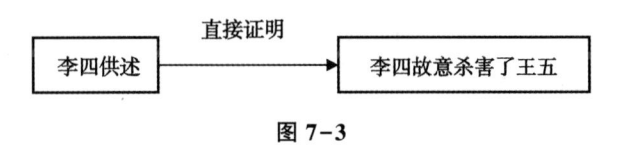

```
                  直接证明
┌─────────┐   ─────────────→   ┌───────────────┐
│ 李四供述 │                     │李四故意杀害了王五│
└─────────┘                     └───────────────┘
```

图 7-3

间接证明是指证据或证据性事实所包含的信息与案件待认定事实的信息不吻合，必须通过逻辑上的三段论推理，以经验法则作为大前提，推论得到待认定事实的复杂活动。间接证明更多地依赖逻辑和经验，因此逻辑与经验参与度较高。还以上述杀人案为例，比如证人张三作证说，其看到李四拿着刀从王五的死亡现场走出来。事实认定者运用该证言证明待证事实过程就较为复杂，其间充满了逻辑规则与经验法则的运用。首先，事实认定者必须运用张三的证言直接证明"李四提刀离开王五死亡现场"这一间接事实，②这一认定过程同前述直接证明过程。其次，事实认定者必须凝练并掌握一项经验法则，即"提着凶器离开某死

---

① ［美］约翰·W. 斯特龙主编：《麦考密克论证据》，汤维建等译，中国政法大学出版社2004年版，第362页。

② 此处"间接事实"称谓是大陆法系证据学传统表述，英美证据法一般将这一中间环节的"事实"称为"情况证据"或"环境证据"（circumstantial evidence）。参见［日］田口守一《刑事诉讼法》，刘迪等译，法律出版社2000年版，第218页。另外，因这一"中间事实"不同于最终的"待证事实"，它只是被用作推论待证事实的基础或依据，因此也被部分学者称为"证据性事实"。

亡现场的人可能是杀人凶手"。最后，运用逻辑三段论推理进行推论，以上述经验法则作为大前提，通过间接证据直接证明的间接事实作为小前提，事实认定者就可以推出结论——"李四可能杀害了王五"。① 这一间接证明全过程如图 7-4 所示。

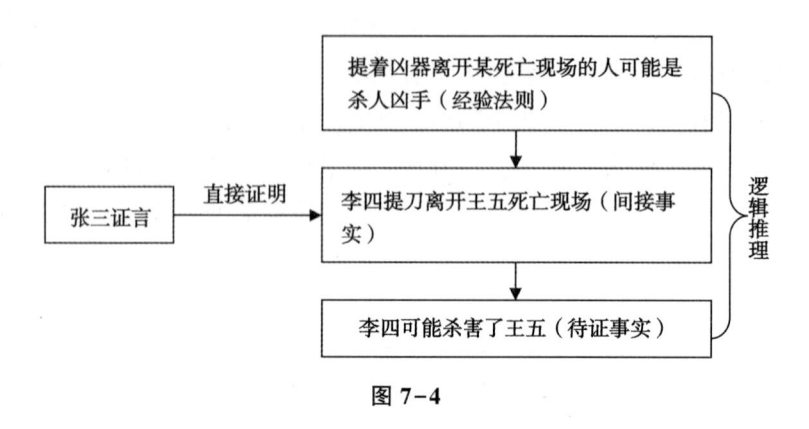

```
                    ┌─────────────────────────┐
                    │ 提着凶器离开某死亡现场的人可能是 │
                    │    杀人凶手（经验法则）        │
                    └─────────────────────────┘
                              ↓                        ┐
┌────────┐  直接证明  ┌─────────────────────────┐    │
│ 张三证言 │─────────→│ 李四提刀离开王五死亡现场（间接事 │    │ 逻辑
└────────┘            │          实）                │    │ 推理
                    └─────────────────────────┘    │
                              ↓                        │
                    ┌─────────────────────────┐    │
                    │ 李四可能杀害了王五（待证事实）    │    │
                    └─────────────────────────┘    ┘
```

图 7-4

从司法证明中的直接证明与间接证明过程分析，我们很容易得出，无论是直接证明还是间接证明，其过程都离不开经验法则与逻辑规则发挥作用，证明是建立在证据的基础上，运用逻辑和经验去认定案件事实的活动。

（二）推定与证明概念界限辨析

1. 狭义推定观下的推定与证明的关系

（1）概念上的横向关系

推定（presumption）是指通过法律明文规定，在确认某一事实存在时，就应当据以认定另一事实的存在。按照此定义，在基础事实与待证事实之间，法律规则起到桥梁作用，而非逻辑规则或经验法则等其他桥梁。② 而证明是指事实认定主体，在证据或证据性事实的基础上，运用

---

① 此处表达的间接证明并非在证据充分性意义上而言，并不要求对待证事实的确证，仅仅证明待证事实存在的可能性。每一项间接证据只能证明一定程度的可能性，这就是为何运用间接证据认定最终待证事实需要若干间接证据组成证据体系才能完成。

② 当然，连接基础事实与待证事实的法律规则可能建立在一般有效的经验和逻辑基础上，也可能建立在违反经验或逻辑但追求某种法律价值的基础上。前者是以发现真相为目的，为解决证明难而构建的法律规则，后者仅仅为追求真相以外的某一法律价值而设置的法律规则。

经验法则或逻辑规则，以查明、认定案件事实的活动。推定与证明的概念和界限是较为清晰的，具有高度逻辑严密性，两者处于事实认定方法的并列地位，相互之间没有交叉。

推定与证明之间的横向并列关系，在事实认定实际过程中，常表现为互为补充关系，即对于某一事实的认定，特定的单一主体只能在推定与证明之间择一适用，同时，因为推定的法定性，推定自然获得了优先适用地位。具体言之，在事实认定领域，如果存在推定规则，则优先适用推定规则，当不存在推定规则情形时，则只能借助运用经验法则与逻辑规则进行证据推理（即证明）。对于特定的单一事实认定主体来说，法律推定自然可以起到免除证明责任的效果。

（2）事实认定过程中的纵向关系

案件事实认定过程并不完全如图 2-1 所示模型那样机械与单一，其实质上是一个动态的复杂变换过程。这主要表现在三个方面：首先，这一过程在纵向上表现为，……证明→推定→证明→推定……反复交替过程。截取这一过程的最基本形态，如图 7-5 所示。

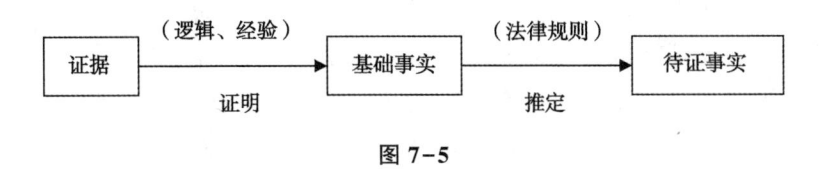

证据 —（逻辑、经验）证明→ 基础事实 —（法律规则）推定→ 待证事实

图 7-5

2. 广义推定观下的推定与证明关系

然而，目前理论界与实务界关于推定与证明概念及关系表述不清，证明规律与推定规则运用混乱乃至矛盾状态，这主要是由推定的概念不确定性导致的。

笔者在查阅词典类工具书或浏览学者们关于推定的论述后发现，在推定构成要素的表述上具有类似性，均认同推定的构成三要素，即"基础事实"、"待认定事实"以及两者之间的"联系规则"。例如《布莱克法律词典》关于推定的定义——"推定是一个立法上或司法上的法律规则，是一种根据既定事实得出推定事实的法律规则"的表述，就包含了既定事实、推定事实以及联系两者之间关系的法律规则等要素。这与笔者所说的基础事实、待认定事实及联系规则是一一对应的。应当说，具有相似的构成要素，定义时本不该发生混乱，但进一步研究发现，推定构成三要素的细微差别是导致推定概念及运用规则混乱的问题之源。

在研究推定的各种定义后，我们很容易发现，在推定中的两个事实要素上，即使表达五花八门，如有的称为"基础事实"和"推定事实"，有的称为"既定事实"和"推定事实"，有的称为"A事实"和"B事实"等，但是不管做何表达，其本质是一致的，都是指"已经得到确认的事实"和"待认定的事实"这两个要素，这基本能够形成共识。而在推定定义上让学界和实务界模糊或迷茫的是推定中的联系规则要素差异，例如前文所引的《布莱克法律词典》把推定的联系规则明确界定为"法律规则"，而很多学者如卞建林教授等则把联系规则界定为"法律规定或经验法则"，[①] 后者外延明显大于前者。"联系规则"要素的差异，导致推定的结构也略显差异，进而产生了两种截然不同的推定概念，即狭义推定观与广义推定观的对立。

推定与证明界限不清，主要是因为部分学者将事实推定与证明，特别是间接证据证明混为一谈所致。或者虽然主张将二者进行区分，但是其理由不能让人信服。比如有学者指出，间接证据证明需要形成证据锁链，通过证据的量来试图分析间接证据与事实推定之间的区别。但是对间接证据形成证据锁链的要求，往往是出于要达到排除合理怀疑、结论的排他性方面的考虑，这并不能说明间接证据与事实推定的区别。难道只有一个单一的间接证据就不叫间接证据证明吗？比如张三说，看到王五拿着刀从李四的死亡现场走出来。根据间接证据证明，我们能得出王五杀害了李四的结论，同样基于事实推定，我们也能推定出王五杀害了

---

① 当然，也有部分学者或工具书采用混沌的方法，在推定定义中避而不谈联系规则，有意或无意忽略这一问题，这实际上略显不明智，因为在推定概念表达与推定规则运用中，自然会显现联系规则的观念。例如日本学者田口守一在定义推定概念时，只说到了"A事实"、"B事实"以及"推认"，至于根据什么规则来推认，作者没有进行明确。但是，我们从田口守一教授后文的论述中可以判定，他的联系规则既包括法律规则，也包括经验法则或逻辑规则。参见[日]田口守一《刑事诉讼法》，刘迪等译，法律出版社2000年版，第227页。

李四。事实推定需要运用逻辑经验规定，而证据证明也同样需要。笔者认为，整个依据间接证据认定案件事实的环节，是间接证明。其中从某一个基础事实得出结论的过程是事实推定。比如之前的杀人案件中，从王五拿刀走出李四死亡现场到得出王五杀害李四的结论之间是一个事实推定的过程，而整个证明环节则又是一个间接证据证明的过程。事实推定与证明、司法认知的关系极为复杂，这里不再赘述。

然而，广义的推定，既可以是依据法律规定进行的推定，也可以是依据建立在常态联系上的经验法则进行的推定，即通常所说的，既包含法律推定，又包括事实推定。这样，广义推定自然而然就会陷入概念困境，即通过经验法则或逻辑规则实现从基础事实到待证事实的认定，究竟属于推定范畴抑或证明范畴？广义推定概念坚持者必然会得出上述过程既是推定也是证明的荒谬结论。

笔者认为，科学的概念体系是概念运用和制度构建的基石，证据学领域的推定概念混乱，必然会影响推定规则的构建与运用，因此，厘清和建立科学合理的推定概念体系显得尤为必要。

根据司法方法论理论，司法过程包括案件事实认定与法律适用两大环节。围绕案件事实认定问题，产生了近现代的证据学学科，因而事实认定问题是现代证据学所有问题的核心及存在基础。现代证据学理论一般认为，案件事实认定主要通过证明、推定以及司法认知三种方法来实现。由于近现代诉讼秉承证据裁判主义原则，所以在此三种方法中，证明被公认为事实认定最核心的方法，推定和司法认知与证明并列，自然成为案件事实认定的必要补充方法，三者关系如图7-6所示。

根据前文所述，并结合图7-6分析，笔者认为，推定与证明都是一种认定案件事实的方法，两者最大的区别在于基础事实与待认定事实之间的联系规则差异。推定与证明二者之间应定位为并列的关系，两者之间有着明显的界限，不应混同。证明与推定概念混同，界限难以分清，是坚持广义的推定概念所引起的。

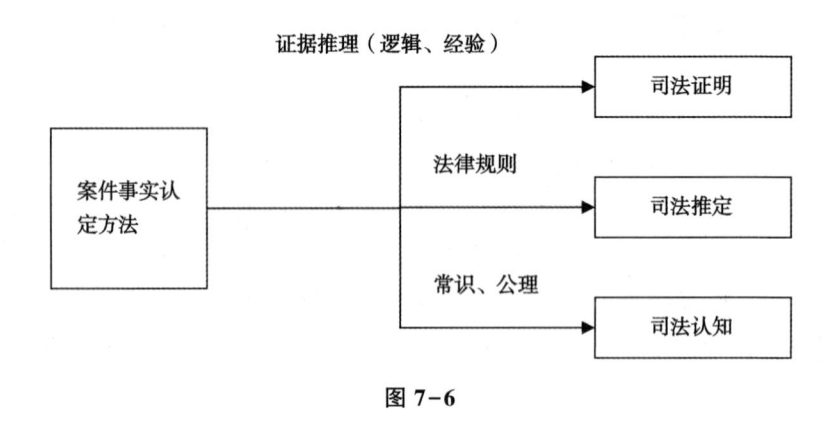

```
证据推理（逻辑、经验）
                              ┌──────────┐
                           ┌─→│  司法证明  │
                           │  └──────────┘
┌──────────┐               │   法律规则
│ 案件事实认 │               │  ┌──────────┐
│  定方法   │──────────────┼─→│  司法推定  │
└──────────┘               │  └──────────┘
                           │   常识、公理
                           │  ┌──────────┐
                           └─→│  司法认知  │
                              └──────────┘
```

图 7-6

撇开对推定二分法——"法律推定"和"事实推定"称谓的争论，① 笔者认为推定本质上只有法律推定这一种形态，所谓的事实推定本质上是一种狭义的证明活动。就像美国证据法学家威格摩尔所说的，一切推定严格地说均属于法律推定，而不是事实推定。推定具有法定性，当有法律规定的情况下，有基础事实 A 的存在，则推定事实 B 存在。仅承认法律推定不仅能避免推定与证明的混淆，而且还能有效限缩推定适用的范围。

四 推定规则的现代价值考量

刑事诉讼中的推定制度蕴含着巨大的理论与实践价值，当然，事物具有两面性，其也面临着一些亟待解决的理论问题。以下笔者就从推定

---

① 狭义推定观根本上否认"事实推定"概念的存在，这与不少学者对法律推定和事实推定这种传统二分法的批判具有本质的不同，很多学者更多地将精力集中在对"事实推定"称谓的修正上。比如裴苍龄教授认为法律推定和事实推定其本质都是事实推定，将推定分为法律推定和事实推定容易让人产生误解，误以为法律推定并非事实推定。其认为应当将推定分为法律上的推定和审判上的推定更为适合。但笔者认为，法律上的推定和审判上的推定之分依然容易让人误解，存在逻辑上的混淆。比如法官在审判案件的过程中，既可以是依据法律规定进行推定，也可以是依据逻辑经验法则进行推定，审判上的推定这种命名使其内涵过大，较之于之前的分法更无法区分。倘若非要在坚持广义推定概念基础上对推定进行分类，笔者认为倒不如将推定分为法律推定和自由推定。前者指运用法律规则而进行的推定，这种推定具有法定主义的形式；后者是指除了法律明文规定之外的任何推定。此种分类的好处在于不论学者们关于推定持何种见解，都无法超出法律推定和自由推定的范围。

的正面价值和存在的理论障碍两方面入手,全方位考量推定制度的现代价值。

(一) 推定的价值优势

1. 解决证明难

证明困难是指由于无法取得必要的证据,而导致无法证明特定犯罪构成要件的情形。如之前笔者所述,作为与证据证明并列的案件事实认定方法,当证据证明存在困难时,推定无疑能够发挥一定的作用。就像有学者所说的,"推定作为一种特殊的案件事实认定机制,其在刑事司法中的价值在于通过降低某些案件的证明难度,从而达到对某一类或几类具有严重的社会危害性但难以通过证据加以证明的行为进行认定"①。推定之所以能解决案件事实认定难问题,原因在于推定的运用免去了逻辑推理这一环节,在待认定事实环节也无须取得证据进行证明。事实认定过程仅仅需要确认相对简单的基础事实,从而运用推定规则来认定待证事实。比如持有类型的犯罪,检察机关难以举证证明相关的犯罪构成要件,而通过推定的方式就可以有效地避免或减少检察机关要认定的事实。

2. 实现证明标准的统一

证明标准是指负有证明职责的主体,根据法律规定所应当达到证明案件事实的程度。英美法系一般以排除合理怀疑为证明标准,英国学者塞西尔·特纳认为:"所谓合理怀疑,指的是陪审员在对控告的事实缺乏道德上的确信,对有罪判断的可靠性没有把握时所存在的心理状态,必须将事实证明到道德上确信的程度。"② 大陆法系一般把证明标准界定为"内心确信"标准,例如《德国刑事诉讼法典》第261条规定,"证据调查结果,由法庭根据它在审理的全过程中建立起来的内心确信而决定"③。我国2012年《刑事诉讼法》在原有证明标准"案件事实清楚、

---

① 樊崇义:《推定与刑事证明关系之分析》,《法学》2008年第7期。

② [英] J. W. 塞西尔·特纳:《肯尼刑法原理》,王国庆等译,华夏出版社1989年版,第549页。

③ 李昌珂译:《德国刑事诉讼法典》,中国政法大学出版社1995年版,第106页。

证据确实、充分"基础上，引入了英美法系"排除合理怀疑"表述，实现了证明标准主客观的结合。司法实践中，由于证明主体个体经验和逻辑能力的差异，证明标准的实际掌握和运用也会千差万别，同样案件经由不同的法官可能得出不同的事实结论来，这构成司法证明的常态化图景。

笔者认为，证明标准实际上是存在着分层或者分类的，就推定而言其认定标准应当与运用证据证明的标准处在不同的层次或者类别上。基础事实与推定事实之间往往并不是一种客观上的必然关系，只是基于相关的法律规定而认定推定事实存在，其认定标准自然不能与证据证明的标准混为一谈。根据推定原理，法官或事实认定者在进行事实认定时，只需依据统一的法律规则，推定在事实认定方面则实现了统一，如此，则实现了概括意义上的证明标准的统一。①

3. 促进案件事实认定的程序公正

程序公正，是相对于实体公正而言的，前者要求在刑事诉讼中应当遵循公平公正的程序，后者是指司法机关在裁判结果上是否实现了公平公正。实体公正与程序公正是相辅相成、缺一不可的，但我国一直以来都有着"重实体，轻程序"的传统。推定的重要价值之一便是能充分体现程序公正，就像有学者所说的，"法律通过设立推定来规范推断行为的目的之一便是保证司法裁判的公正性"②。

推定在促进程序公正方面，主要表现为通过转移刑事证明责任方

---

① 至于法律上的推定是否降低了原本的证明标准，学界争议较大，有学者主张，设置法律推定规则不应该降低原本的证明标准。但是笔者认为，法律推定的设置分为两种情况，一种是基于事实的常态联系，建立在一般有效的经验法则基础上的推定规则；另一种是基于法律价值追求，可能违背一般有效的经验法则而构建的推定规则。仅从后一种法律推定来看，事实认定的标准或程度实质上就大幅度下降，此类法律推定完全不顾及案件事实真相，直至放弃对证明标准的追求。比如巨额财产来源不明罪中的"非法财产"的推定，实际上留给我们的是财产"非法抑或合法"的困惑。因此法律推定很大程度上解决的是法律价值问题，而不是案件真相问题，笔者不主张将法律推定与证明标准联系在一起讨论，它应是证明责任范畴所关注的对象。

② 何家弘：《论推定概念的界定标准》，《法学》2008年第10期。

式，实现证明责任的公平分担。无罪推定原则的积极作用是显而易见的，此处不做论述。但其对证明责任具体分配起到的扭曲作用也是不容忽视的，随着无罪推定原则的深入推行，不可避免地会出现对无罪推定的过度运用状况，导致证明责任分配的不公，而推定规则的创立正好是对无罪推定原则下极端的证明责任分配不公的一种修正。另外，法律推定允许被推定一方进行反驳，这也体现了诉讼双方在举证方面的平等性。

(二) 推定制度的理论障碍

1. 违反事实认定自由主义原则

法律推定在对案件事实认定的规范性以及限制法官的自由裁量权方面，发挥着某种积极作用，但其缺陷也是显而易见的，就像有学者指出的，"法律上推定，无异强制裁判官为推定事实存在之认定，与刑事诉讼采实体真实发现主义及自由心证主义之精神有背"[1]。加之由于推定立法本身的滞后性等法律所固有的诸多缺陷，极容易导致法律推定忽略个案的复杂情况，造成案件事实认定僵化、机械的问题。

笔者认为，现代的诉讼证明并不是绝对的自由证明，自由证明主义固然能使裁判者根据案件的具体情况自由认定案件事实，发现事实真相，但是绝对的自由证明也必然会妨碍司法公正。法律推定虽然限制了法官认定事实的自由程度，但法律推定相较于证据证明而言，能更好地确保诉讼公正与解决诉讼效率问题。

2. 与事实认定领域的实体公正要求不能完全契合

发现事实真相，确保实体公正是刑事诉讼的重要价值和目标，然而刑事推定规则并不完全是为了迎合"发现事实真相"这一目标而创立的。就如前文所言，实践中创设的推定规则分为两种情况：一种是基于事实的常态联系，建立在一般有效的经验法则基础上的推定规则。此种推定规则以逻辑与有效经验为基础，致力于与真相吻合。但认识论告诉我们，这种努力只能达到事实认定的盖然性程度，离案件真相依旧相去甚远。另一种是基于法律价值追求，可能违背一般有效的经验法则而构

---

[1] 陈朴生：《刑事证据法》，台湾三民书局1970年版，第327页。

建的推定规则。从这一种推定规则来看，事实认定的标准或程度实质上大幅度下降，此类法律推定完全不顾及案件事实真相。比如巨额财产来源不明罪中的"非法财产"的推定，留给我们的实际上是财产"非法抑或合法"的困惑。因此，此类法律推定很大程度上解决的是法律价值问题，而不是案件真相问题。

笔者认为，不能因为推定规则与实体公正背离，从而简单地否定推定规则，主要原因在于：首先，不能因为制度本身的缺陷就否定制度的价值。事实认定者基于推定所认定的事实与真相本身存在一定差距是推定本身所固有的缺陷。当然，与其说是推定的固有缺陷，倒不如说是任何事实认定方式都具有的缺陷，因为"无论从认识活动的属性，还是诉讼行为的属性来看，诉讼证明都只能达到相对真实，而非绝对真实"[①]。即使是通过证据证明的方式来探寻真相，也无法彻底实现发现真相的目的，更何况是基于一般有效经验而确立的推定规则。其次，部分推定规则的设立是以程序公正、效率等法律价值为追求，并不以案件真相作为目标，此类推定规则与案件真相冲突属于推定制度应有之义。

前述两种法律推定虽然不能与实体公正完全契合，甚至可能存在冲突，但笔者认为可以通过制度设置来促进实体公正的实现，比如，设立推定可以被反驳制度，一旦法律推定的事实被证据证明有效反驳，那么法律推定的事实即被推翻。通过法律推定与反驳相互作用，更容易促进案件真相的发现，实现实体公正。

五 推定规则的设立与运用——兼对问题的回应

作为事实认定的辅助方法，法律推定的运用必然侵害某一方利益，因此推定规则设立要相对严格。就像学者所言，法律推定通常是对刑事被告人不利的，即往往要求被告人就某一事实承担提供证据或者说服责任，因此，立法在设定推定规则时是非常慎重的。[②] 法律推定在国外刑事立法中受到严格限制，比如在英国，540 种可诉罪名中目前只有 17 种

[①] 卞建林、郭志媛：《诉讼证明的相对性》，《中国法学》2001 年第 2 期。

[②] 孙长永、黄维智、赖早兴：《刑事证明责任制度研究》，中国法制出版社 2009 年版，第 74 页。

罪名可以适用推定规则。① 美国联邦最高法院在 1972 年向国会提交过一份有关刑事推定的规则，但国会认为，推定规则违反了联邦宪法关于控方必须排除合理怀疑地证明犯罪每一构成要件的要求，因此该法案未获通过。② 无论支持抑或反对推定规则，国外对推定规则的研究与实际运用是不争的事实。我国目前推定规则的设立还处于本能自发阶段，未形成理论化、体系化的推定规则设立长远规划。

我国现行刑事法律中的推定规则，按照其利益主体不同，可分为有利于被告人的推定和不利于被告人的推定两类。

（一）有利于被告人的推定

我国台湾地区学者指出，"无罪推定是刑事司法最基本的原理，除非检察官提出的证据，足以让法官产生合理怀疑心证程度，证明被告曾经犯罪，否则被告应被推定为无罪之人"③。综观我国现行法律制度，目前，有利于被告人的推定规则仅限于无罪推定原则这一条，数量虽少，但这样一条推定规则其意义和影响是深远的。

无罪推定概念，最早是基于被告人人权保障的价值追求提出的。18 世纪意大利刑法学家贝卡利亚在其《论犯罪与刑罚》中首次提出这一概念："在法官判决之前，一个人是不能被称为犯罪的。只要还不能断定他已经侵犯了给予他公共保护的契约，社会就不能取消对他的公共保护。" 1789 年法国《人权宣言》首次以法律形式确立了无罪推定原则。在此后发展过程中，无罪推定原则逐渐被赋予了转移证明责任、促进诉讼公正等法律功能。就像英美证据法学者威廉·肖等所指出的："在刑事案件中，最重要的推定为被告人应当被推定为无辜……证明责任总是由肯定的一方承担。无罪推定之效果，是迫使控诉方在被告人被传召去做出答辩之前要将案件证明——至少——到 primâ facie（证据充分确实，

---

① Andrew Ashworth, Meredith Blake. Presumption of Innocence in English Law. Crim. L. R. 306, 312-313.(1996).

② 参见孙长永、黄维智、赖早兴《刑事证明责任制度研究》，中国法制出版社 2009 年版，第 75 页。

③ 许恒达：《论贪污的刑法制裁架构反思财产来源不明罪》，《台北大学法学论丛》2012 年第 82 期。

可以定罪——笔者按）的程度。"①

　　由于我国学界与实务界对推定定义混乱，导致了无罪推定原则与推定之间关系认识与表述混乱。关于无罪推定与推定之关系，目前学界大致有两种认识：其一，推定规则与无罪推定原则具有相容性，两者之间并不存在冲突。其二，推定与无罪推定原则存在对抗或对立，推定是无罪推定原则的例外，是对无罪推定的否定，或是对无罪推定原则的一种修正和完善，就如学者所说："推定的特殊之处在于基础事实被赋予超逻辑的额外力量；倘若法律不赋予这种力量，推定便失去了意义，它与无罪推定原则的要求形成内在的对立。"② 上述关于推定与无罪推定关系的论述基本停留在表面层次，对两者之间的本质关系认识还不到位。

　　笔者认为，法律推定属于无罪推定的上位概念，无罪推定本质上是法律推定之一种。按照前述推定定义及结构分析，无罪推定要成为推定之一种，其必须符合推定的构成要素及结构形态，即基础事实、推定事实和联系规则三要素。根据无罪推定的基本内涵，无罪推定的基础事实可以概括为"犯罪嫌疑人、被告人被追诉犯罪且未被定罪"，推定事实为"无罪"，联系规则为法律规则，即我国刑诉法第12条的规定。③ 我国刑诉法将无罪推定原则以法条的形式固定下来，表明无罪推定本质上为一种法律推定。其要件及结构如图7-7所示。

　　所以笔者认为，无罪推定的本质就是一种法律推定。只要当犯罪嫌疑人、被告人受到刑事追诉时，在法官没有做出裁判之前皆应当推定为无罪。如果有足够的证据表明犯罪嫌疑人、被告人确实有罪，那么无罪推定也就自然而然地被推翻了。

　　关于有利于被告人的推定，除了无罪推定外，国外法律中还可以发现一些，比如一般意义上的合法性推定，即每件事都被推定是合法做出的，除非提出了相反的证据。对于每一部门法来说，合法性推定都极其

---

　　① ［美］爱德蒙·M. 摩根：《证据法之基本问题》，李学灯译，台湾世界书局1982年版，第66页。

　　② 劳东燕：《认真对待刑事推定》，《法学研究》2007年第2期。

　　③ 我国《刑事诉讼法》第12条规定："未经人民法院依法判决，对任何人不得确定有罪。"

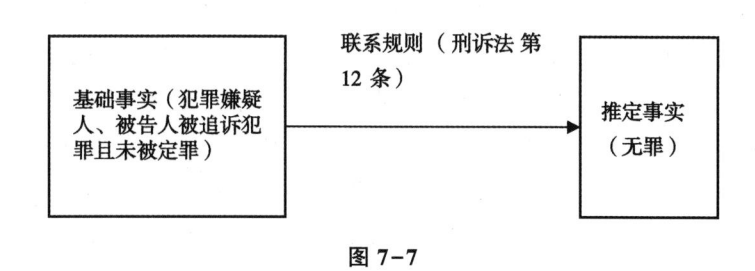

第七章 司法推定的原理及其实践运用　　199

```
┌─────────────┐   联系规则（刑诉法 第      ┌─────────┐
│ 基础事实（犯罪嫌疑 │   12 条）              │ 推定事实  │
│ 人、被告人被追诉犯 │ ──────────────→      │ （无罪）  │
│ 罪且未被定罪）   │                      │         │
└─────────────┘                        └─────────┘
```

图 7-7

重要，因为它节约了传召证人去证明一系列事实的花费并阻止对不能成立的案件进行无谓的调查。①

（二）不利于被告人的推定

相较于有利于被告人的推定，不利于被告人的推定在数量上占绝对优势。我国刑法与各类刑事司法解释对不利于被告人的推定均做出了或明或隐的规范。

刑法中的推定主要集中在巨额财产来源不明罪、非法持有类犯罪、特定明知类犯罪以及非法占有为目的的犯罪这些罪名中。笔者以巨额财产来源不明罪为例，我国《刑法》第 395 条第 1 款规定："国家工作人员的财产、支出明显超过合法收入，差额巨大的，可以责令该国家工作人员说明来源，不能说明来源的，差额部分以非法所得论。"依据该法条，"国家工作人员的财产、支出明显超过合法收入，差额巨大"为基础事实，推定事实为"差额部分为非法所得"，《刑法》第 395 条第 1 款即为基础事实与推定事实之间的联系规则。基于该推定的反驳为"可以责令该国家工作人员说明来源"。笔者认为，立法以法律推定的方式对被告方的证明责任进行了分配。公诉方仅需要证明被告方明显超出合法收入，差额部分的举证责任则由被告方承担。若被告方不能说明来源，则推定事实成立，被告构成财产来源不明罪。立法通过这种推定的方式，无疑减轻了公诉方的举证责任，对原先的无罪推定导致的证明责任分配极端化进行部分修正。

刑事司法解释中的推定，主要被用于判定犯罪主观要件等事实认定

---

① Rupert Cross, *An Outline of Law of Evidence*, London：Butterworths, 1964, p. 44.

领域。比如在 2001 年《全国法院审理金融犯罪案件工作座谈会纪要》中规定了金融诈骗罪以非法占有为目的的推定情形。其中第 2 部分（3）中规定了对于行为人通过诈骗方法非法获取资金，造成数额较大资金不能归还的，可以根据"明知没有归还能力而骗取大量资金"等七种基础事实而推定出行为人主观上具有"以非法占有为目的"的推定事实。再如最高法、最高检、海关总署《关于办理走私刑事案件适用法律若干问题的意见》第 5 条第 2 款具体规定了"逃避海关监管，运输、携带、邮寄国家禁止进出境的货物、物品的"等七种可以推定为"明知"的规定。

司法解释通过制定一些推定规则，以减轻公诉机关的证明责任，解决证明难的问题，从而更有利于追诉犯罪。但是也应当清醒地认识到，通过大量的司法解释来设置法律推定也存在一定的弊端。比如最高法、最高检在设置法律推定时没有任何限制，会导致推定规则创制过于随意。众所周知，推定可以改变证明责任的分担，这样一种能够产生重要法律后果的制度应该由立法机构创设较为妥当。但是目前推定设置主体还缺乏规范，现实中由最高法、最高检等司法机关来任意创制不利于被告方的推定规则，会更大程度上消解无罪推定原则的功能与目标，会削弱对被告人人权的保障，不符合公平正义的现代司法精神。

（三）对问题的回应

对于前述当庭吞食借条、毁灭证据的案件，笔者赞同法官关于债权债务关系成立的裁判，但法官的事实裁判理由是经不起推敲的。该案法官认为他是根据法律规定来推定被告败诉，但是笔者按图索骥，穷尽我国现有法律法规，都未能找到与之吻合的法律规定，具体说，目前我国不存在"当庭吞掉借据，即推定借款事实存在"的法律规则，法官不可能在此案中运用法律推定认定案件事实。笔者认为，在该案的认定上，法官主要运用了证据推理的方法，法官裁判被告败诉，主要是根据韦某吞食借条毁灭证据的行为来进行推理判断的，套用前文所列的间接证明结构图，本案的证明过程如图 7-8 所示。

需要注意的是，不同于前述间接证据推理结构，本案中，逻辑推理的小前提（间接事实），并非通过传统法定形式证据直接证明获得，而

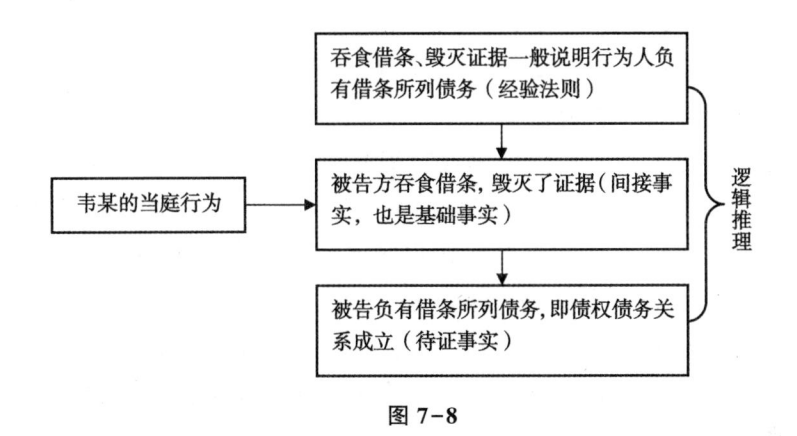

第七章　司法推定的原理及其实践运用　201

```
                    ┌─────────────────────────┐
                    │ 吞食借条、毁灭证据一般说明行为人负 │ ┐
                    │ 有借条所列债务（经验法则）      │ │
                    └─────────────────────────┘ │
┌──────────┐       ┌─────────────────────────┐ │ 逻
│          │       │ 被告方吞食借条，毁灭了证据（间接事│ │ 辑
│ 韦某的当庭行为 │──→   │ 实，也是基础事实）           │ │ 推
│          │       └─────────────────────────┘ │ 理
└──────────┘       ┌─────────────────────────┐ │
                    │ 被告负有借条所列债务，即债权债务关│ │
                    │ 系成立（待证事实）            │ ┘
                    └─────────────────────────┘
```

图 7-8

是由被告方的当庭行为直接表现出来，这便提出了一个尖锐且现实的问题——"韦某当庭吞食借条的行为"是否具备证据属性，可否视为证据进行使用。[①] 令人遗憾的是，我国现行法定的证据材料说彻底否定了"行为"或"表现"成为证据的可能性。因此，在我国现行法律框架和现有证据观念下，法官认为作为本案唯一证据的借条灭失，本案事实认定则无法再通过证明来实现，而为了实现案件裁判的公正性及追求一定的社会效果，法官不得已祭出了"推定"这一概念。

　　法官声言通过法律推定确认案件事实，可能出于以下两点原因：一是法官认为"行为"等因素不具备证据属性，因此本案缺乏有效证据，更何谈证明。二是法官在法律推定与事实推理（即间接证据证明）之间概念不清，把事实推理界定为法律推定。笔者认为，就本案的认定，在目前没有具体、明确的法律推定规则存在的前提下，要解决该案法官面临的裁判窘境，主要可以通过两个方案来解决：一是改变我国现有的证据材料观念，扩大证据概念范围，把"行为"或"表情"等"非材料"因素纳入证据范畴，如此，缺乏证据的问题便迎刃而解。这一方案有较

----

①　由于英美法系证据概念的宽泛性，在英美证据法中，当庭行为或表现可以直接被视为证据使用，特别"在美国，物证还包括一些不易捕捉的、无法记入法庭笔录的情形，例如证人在询问过程中做出的、使陪审团产生特别强烈印象的表现（回答问题时的表情、风度、语气、信心或犹豫迟疑等）"。参见毕玉谦《民事证据法判例实务研究》，法律出版社2001年版，第53页。

大实行难度，涉及证据立法和证据观念的转变。二是从程序角度寻求出路。首先我们可以将"行为"或"表情"因素转化为"材料性"证据，比如将法庭上目睹了吞食借条行为的所有人员列为证人，由这些证人证言，再配以法庭上的监控录像等视听资料，"韦某吞食借条"的事实很容易得到证明。根据证人身份优先原则，原本的法庭参加人员不再参与本案的审理，法院另行组织审判庭开展审判工作。与第一种方案相比，第二种方案既遵循了我国现行的证据立法，又符合我国传统的证据观念，因此实施起来应该障碍较小。至于牺牲了部分司法资源、降低了诉讼效率，这也是在所难免的事情，正所谓"鱼与熊掌不可兼得"。

第八章

犯罪主观要件证明方法研究
——从一起盗窃案谈起

犯罪主观要件是犯罪构成的必要要件，它是行为人承担刑事责任的主观基础和内在根据。研究探讨犯罪主观要件形式及其认定方法，对于确定犯罪行为性质，衡量犯罪人的主观恶性，进而解决犯罪人的刑事定性、责任担负等问题具有重要意义。笔者本章将以案例分析形式，谈一谈主观要件的认定方法。

一　问题的提出

犯罪主观要件认定难一直是困扰司法实务部门的一个难题，其影响案件审理的成败，更影响到犯罪嫌疑人定罪与否这一重大权利问题。笔者以调研所获案例做一说明。

2011年6月5日下午，蔡海军（系仙人渡电信分局合同工人，负责架设电缆线）打电话给个体废品收购业主王有成说："你过来收点线。"当日下午5点多钟，王有成携带专用剪电缆线的钳子，驾驶一辆白色五菱面包车到仙人渡镇南岗村找蔡海军。王、蔡携带电信局上线杆专用脚扣至崔营7组，蔡海军带上脚扣，拿上钳子，顺着仙人渡镇崔营7组李从太（男，55岁）房后东边的电线杆爬上去剪电信电缆，王有成则在下面接住剪断掉下来的电缆线头往外抽，抽出之后卷成捆。晚上8时许，两人将盗窃的两根总长为350米的电缆线（其中一根100对，另一根200对）装上五菱面包车运到老河口市区王有成家，王有成留下电缆线并付给蔡海军9000元现金。经物价部门鉴定，被盗电缆线价格为19517元。

本案诉讼过程中，公安机关认为蔡、王二人私自窃取国家电缆线数额巨大，构成犯罪。经检察院审查认为，蔡海军私自窃取国家电缆线数额巨大，构成犯罪，而王有成基于蔡海军系电信分局工作人员的身份，结合作案的时间（白天），有理由相信蔡海军有权利处置电缆线，故认为王有成主观上盗窃电缆线的证据不足，不构成犯罪。由此公检两家对此案产生争议，矛盾主要集中在犯罪嫌疑人王有成的主观要件方面。

像上述主观要件认定产生分歧的案件，实务界并不鲜见。司法工作人员虽然对主观要件认定进行了不懈努力，但由于缺乏足够的理论指导，始终受困于"明知"故意、"非法占有"目的等要素的认定。本章拟对实务界主观要件的认定问题进行探讨，以期为主观要件的科学判定建立长效机制。

二 主观要件证明难的表现及其原因

（一）犯罪主观要件及其证明难的表现

我国刑法理论一般把犯罪主观要件分为必要要件和选择要件，主观必要要件一般包括"故意"和"过失"两个要素，选择要件一般包含"目的"等要素。至于"违法性认识"是否属于犯罪主观要件则是一个颇具争议的问题，此处不作赘述。

对于侧重惩罚的客观主义刑法来说，犯罪构成要素的认定是一项极其重要的司法任务。在犯罪构成要素认定中，由于主观要素反映的是人的心理态度，因而认定难度极大，往往成为司法实践的难题，即如前文所述案例。目前，主观要件认定难，无论实务界抑或学术界，司法困境与研究焦点主要集中在故意犯罪中的"明知"和"非法占有目的"等两个要素的判定方面。

1. 故意犯罪中主观上"明知"的认定困境

案例：

2011年5月7日晚上大约9点钟，姚文、温金晶、陈立良、杨喻峰、郭舒飞、郭舒翔、朱孟然、顾喻鹏、周宇衡共九人，在老河口市和平路新感觉网吧对面道子口的烧烤摊东侧二三米处玩时，杨喻峰、陈立良两人对姚文说："晚上没有钱吃饭，饿得很。"姚文听后说:"那一会儿想办法,搞点钱花(指抢劫别人钱的意思)。"杨喻峰、陈立良接着说:"行,搞就搞。"其他人听到说搞钱后都表示同意。几个人商量完后过了几分钟,朱强(男,16岁,老河口市十二中高一8班学生)和朱福龙(男,15岁,老河口市信息工程学校2010级模具班学生)到其所站位置西侧的烧烤摊处买烧烤吃。陈立良看到朱强掏出红版100元票面的钱付账时对姚文说那两人(指朱强和朱福龙)身上有钱。姚文接着说:"那就搞他们两个。"随后陈立良、郭舒飞、郭舒翔上前强行将朱强朝和平路新感觉网吧道子东侧拉,朱孟然、杨喻峰跟在后面。朱福龙准备朝道子东侧走时,温金晶、顾喻鹏大声喊让其站住不准走,并且与姚文、周宇衡一起看着不让朱福龙朝道子东侧走。陈立良等人将朱强拉到道子东头北侧时问朱强有钱没有,朱强说身上没有钱,陈立良听后照朱强身上踢了一脚,朱强被踢后就朝道子西侧跑。朱强跑到大桥路后又顺大桥路北侧的人行道向东跑了大约100米时被陈立良追撵上并被扑倒在地,杨喻峰追到后从路边的地摊处拿了一把木制小方凳冲上前照朱强的头上砸了一下,郭舒飞、郭舒翔、朱孟然跟着上前与陈立良一起照朱强身上乱踢,在乱踢的过程中杨喻峰又用木制小方凳照朱强身上砸了一下,打完后陈立良将朱强上衣口袋里的200元钱掏出来拿上走了。

姚文上前殴打并用烧烤摊处的塑料椅子砸朱福龙,温金晶、周宇衡跟着上前用烧烤处的塑料椅子将朱福龙砸倒在地,打完后姚文、温金晶、周宇衡朝大桥路方向走了。后经法医鉴定:朱强的损伤程度属轻伤,朱福龙的损伤程度属轻微伤。

在本案处理过程中,公安机关认为本案九名犯罪嫌疑人均构成犯罪,提请检察院批准逮捕。在检察院审查期间,对温金晶是否构成犯罪意见不一致。因为温金晶到案后对自己当时在场并参与打架的情节供认不讳,但对自己参与打架的目的有所辩解,其辩解为:自己当晚并不知道姚文"那一会儿想点办法,搞点钱花"这句话是抢劫的意思,而且并不知道陈立良等人将朱强拉进道子是为了抢钱,温金晶以为是单纯的打架。据此，有人认为温金晶主观上没有抢劫的故意，不构成犯罪。但也有人认为，温金晶的辩解仅仅是辩解，从温金晶与姚文的朋友关系来看，他对姚文等人的语言、行为、性格等是了解的，他应当理解姚文那句话的意思，而且他一直与姚文等人在一起，虽然没有言语上的积极行为，但是其客观行为可反映主观上对姚文的违法行为持放任态度，进而认定温金晶构成犯罪。犯罪嫌疑人温金晶主观上是否具有抢劫的"明知"，便成为本案处理的困难点。

2. 在目的犯中主观上"非法占有目的"的认定困境

案例：

> 香港陆氏实业（武汉）有限公司注册资金只有500万美元，从1994年起到1999年6月末，该公司就以资产抵押、房地产抵押等形式（其中相当一部分是重复抵押或虚假抵押）从武汉市农村信用联社等金融机构获得贷款人民币8.75亿元，其中有近3亿元已逾期，欠息就达8000万元。1999年7月30日，公司总经理唐某被司法机关收审，然而因缺乏"不法占有"的证明，一个多月后，唐某被批准离境，当然国家的巨额贷款也就无从追逃。[①]

这一案件的处理，受到理论界与实务界较多病诟，一般认为，司法机关仅因缺乏"不法占有"的证明，释放犯罪嫌疑人，草率结案，致使国家或集体利益严重受损，这是玩忽职守的行为，最起码属于司法行为不当。从案件综合证据来看，"不法占有目的"是可以认定的。也有少数人认为，司法机关严格践行无罪推定原则，坚持遵守"案件事实清楚、证据确实充分"的刑事诉讼证明标准，这是无可厚非的，哪怕是放纵了真正的犯罪人。这些争议实际上反映了"非法占有目的"认定难以及由此带来的较严重的社会后果等问题。

（二）主观要件证明难的原因

我们不得不承认，在诉讼实践中，犯罪主观要件的证明给办案机关

[①] 沈丙友：《诉讼证明的困境与金融诈骗罪之重构》，《法学研究》2003年第3期。

带来了很大困扰。结合学者们的研究，笔者认为，主观要件认定困难主要缘于以下几个方面：

第一，从事实认定规律来看，作为心理态度因素的主观要件的本身特征决定了其证明的困难性。犯罪主观要件，诸如"明知""占有的目的"等要素深深隐藏在人的内心，具有内在性、隐秘性特征。除了犯罪人主动坦白，外界一般很难获知。它不像客观行为、手段、结果等因素，外化于人的主观意识之外，容易通过证据被人们所感知和认识。因此，主观要件本身特性就决定了其认定的难度。

第二，从法律制度上看，现代刑事诉讼证明的举证责任规则也决定了主观要素证明上的困境。在诉讼领域，"谁主张谁举证"是一项最为公平的举证责任分配原则，但是，近现代刑事诉讼出于被告人权利保障需求，普遍接纳了无罪推定原则，这给原始的证明责任公平分配原则造成重大扭曲。现代刑事诉讼法一般将证明责任全部强加给了控诉方，控诉方不但要承担犯罪构成该当性等客观方面要件的证明责任，还需承担本应属于责任要素的主观要件证明责任。让控诉方证明被告人犯罪时的主观心理态度，对控诉方来说，基本属于勉为其难。因此，现代法律对证明责任的规范，强化了主观要件认定难问题。

第三，从诉讼实践看，犯罪嫌疑人、被告人出于逃避惩罚的侥幸心理而积极进行狡辩或抵赖也是犯罪主观要件认定困难的原因。一般人都具有趋利避害的本能，被告人在犯罪后，其犯罪行为、结果等客观方面已暴露无疑，被告人能做的就是极尽所能，掩盖自己犯罪时的真实心理，以此达到为自己开脱罪行的目的，所以，实践中被告人狡辩或抵赖的诉讼常态也加剧了主观要件认定难的问题，使探寻被告人犯罪时的真实心理成为极为困难的一项任务。

三 主观要件证明中推定的使用及其有限性

从以上分析可以看出，犯罪主观方面在证明上的困难对诉讼实践产生消极后果，也会对刑法本身的实施产生消极影响。对于这一证明难题，理论界与司法实践往往会采用推定的方法加以解决。哈佛大学的伊曼纽尔教授说："一项推定是指在基础事实 B 和推定事实 P 之间的联系。当我们说事实 P 可以从事实 B 推定得来时，我们的意思是：一旦事实 B

得到确立，事实 P 也得到证实。"[①] 由此可见，推定是根据基础事实得出推定事实的一种证明方法。从基础事实到推定事实不是运用证据进行证明（包括推理判断），而是依据建立在经验法则和逻辑规则基础上的法律规则或基于价值选择的法律拟制，因此推定的事实并非唯一或可靠结论，其有可能是错误的，因此大部分推定都并非确定性的结论，都是可以用相反证据推翻的。从诉讼证明的角度来说，推定不同于证明，只能说是证明的一种替代方式。一方面，它所推定的事实不需要证明，而只需要对基础事实加以证明，便可直接推定；另一方面，证明需要靠逻辑和经验法则来支撑，而推定的事实是一种人为的价值选择。[②] 法官在进行这种价值选择时，必须依靠其他证据加以印证或证明，而间接证据无疑是对推定的事实进行印证的最好选择。

对法律推定的重视，在我国司法实践中可见一斑。近年来，司法实务部门通过立法或司法解释创制推定规则来解决主观要件认定难问题屡见不鲜，如因受困于"明知"故意、"非法占有"目的等主观要素认定，最高人民法院等权威部门通过出台一系列解释、规定、纪要，设置若干推定规则，比如 2001 年 1 月 21 日最高人民法院关于印发《全国法院审理金融犯罪案件工作座谈会纪要》[③] 的通知、2007 年 11 月 18 日最高人民法院、最高人民检察院、公安部联合发布的《办理毒品犯罪案件适用法律若干问题的意见》等。但是，需要注意的是，推定规则的创制必须建立在司法经验积累的基础上，只能成熟一条创制一条，从本质上说，也只属于挂一漏万的做法。司法实践中，由于主观要件认定难而得不到合理判定的案件比比皆是。所以，欲解决实务界主观要件认定难

[①] 钟朝阳：《美国证据法中的刑事推定——兼谈我国刑事推定中存在的问题》，《中国刑事法杂志》2008 年第 6 期。

[②] 刘远熙：《论推定对犯罪主观方面"明知"的证明意义》，《广东社会科学》2011 年第 3 期。

[③] 最高人民法院 2000 年 9 月长沙会议纪要列举了可以推定金融诈骗犯罪具有"非法占有目的"的几种情形，并被细化为 11 种。最高人民法院用司法解释形式对长期的司法经验进行总结，明确了事实判定中推定适用的具体情况，这为解决司法证明中的难题可谓用心良苦，为犯罪事实得到有效判定起到了一定积极作用。

题，除了走合理制定和运用推定规则这条路径外，我们必须另辟蹊径，探寻其他出路。笔者认为，当务之急，主观要件证明必须引入双轨制，即法律推定与间接证据体系证明并重机制。

四　主观要件证明的根本出路——法律推定与间接证据证明并重

既要重视推定规则的创制和运用，也要进一步探究运用间接证据体系推理证明犯罪主观要件的内在规律。

（一）推定与间接证据证明的联系与区别

根据证据与案件主要事实之间的联系，可以将证据分为直接证据和间接证据。直接证据是指能够直接、单独地证明案件主要事实的证据，而间接证据则是指不能直接、单独地证明案件主要事实，而是需要和其他证据组合才能证明案件主要事实的证据。证明分为以直接证据进行的证明和以间接证据进行的证明，所谓间接证明，指的是后者。相较运用直接证据反映事实情况的直接证明，间接证明存在一个运用间接证据进行推论和推理，形成证据链以证明待证事实的过程。[①] 与直接证据相比，间接证据与案件的主要事实之间不存在内容上的重合性，利用间接证据认定案件的主要事实必须通过经验法则或者逻辑推理，与其他间接证据有机结合起来，排除其他可能性后，才能认定案件主要事实。而在司法实践中，由于直接证据难以取得，因此采用间接证据证明显得尤为重要。而从单个间接证据到案件主要事实的推理，只能得出一个或然性极低的事实结论，因此，利用间接证据证明必须存在多个间接证据，否则无法形成事实认定者的"内心确信"。

推定与间接证据证明有相同之处，即它们都包含基础事实（或间接事实）和待证事实两个要素，并且此两要素之间的关系是间接的。亦如美国学者乔治·S. 耶尔姆斯指出，"可反驳的推定与推论[②]都面临共同的情形：证明某一事实是间接的，是通过建立其他事实以支持推定事实

[①] 郭晶：《刑事推定的构造与应当知道的认定——以推定之逻辑构造为基础》，《中国刑事法杂志》2012年第8期。

[②] 推论即通过间接证据进行推理获得事实的结论。

或推论事实存在的方式来实现事实认定"①。间接证据证明更多地区别于推定，第一，推定是法律制度领域的一个概念，其规则除了可以建立在一般经验和逻辑的基础上，也可以建立在法律价值选择的基础上。也就是说，推定中的基础事实与待证事实两要素之间的关系是法定的，法律是连接两者的纽带，推定一旦确立之后，就成为法律拟制的一个结果，事实环节就可以直接判定，除非有反证推翻。而间接证据证明是证明科学领域的规律性问题，在证明过程中，逻辑规则和经验法则成为基础事实与待证事实两要素之间的纽带。间接证据证明完全建立在经验与逻辑之上，只需考虑证据事实因素，事实环节认定必须符合证据充分性或"内心确信"的一般要求。第二，在稳定性上，推定弱于间接证据证明。遇到反对证据时，推定的反对证据一旦确认，推定就不再发生效力，而间接证据证明遇到可以成立的反对证据时还要综合考量案件证据情况，斟酌支持推断事实的证据能否压倒反对证据，从而达到证明标准。第三，推定转移了证明责任，而间接证据证明则与证明责任分配与转移制度无直接关涉，它并不能起到转移证明责任的作用。②推定是一种假设，这种假设成立的条件是不利后果的承受方未能提出必要的反证，因此，推定导致证明责任转移。间接证据证明与推定不同，它是按照"谁主张谁举证"的原则，由提出间接证据证明结论的一方进行证明，证明责任不转移。

（二）间接证据证明的合理构建

在当今世界主要国家，在对间接证据使用的态度和做法上都是相当开放的，对大量只存在间接证据的案件均认同可以予以直接认定和判决。如前所述，"明知"等主观要件认定难一直困扰着司法实务界，如何运用间接证据体系证明犯罪主观要件就成为一条不得已的路径了。确立并运用间接证据独立证明案件主观要件，必须注意两个问题：一是间接证据组成的"证据锁链"的运用问题；二是间接证据体系定案的标准过高问题。

第一，间接证据"证据锁链"在主观要件认定中的运用。我国一些

---

① 龙宗智：《推定的界限及适用》，《法学研究》2008年第1期。
② 同上。

学者在"证据锁链"概念问题上的理解基本上是一致的,都认为"证据锁链"由多个间接证据组合而成,且其中的每一个间接证据都是真实的,与案件事实相互关联的,通过这些证据能够推断出一个排他性的唯一结论的证据体系。笔者认为,把由间接证据组成的证据体系称为"证据锁链"存在不妥之处。首先,证据锁链要求间接证据必须形成一个完整的证据体系,即由间接证据证明犯罪的时间、地点、手段、动机等案件事实情况,这些事实要像锁链的各环节一样,一环扣一环,环环相扣才能称为"证据锁链"。其次,从运用间接证据证明案件主要事实的特征和过程来看,案件主要事实的认定是依靠各项间接事实(即间接证据证明的各个事实环节)结合起来进行推论而获得的,每一项间接事实都可以推论出案件主要事实存在的某种可能性,这种可能性有大有小。当只能确定一项间接事实时,并不能对案件主要事实的认定起到什么帮助作用,但当若干间接事实被确定并结成一个整体后,所有的间接证据以及由它们证明的间接事实共同指向了一个结论,即案件主要事实。根据以上分析,在运用间接证据组成证据体系推论案件主要事实的过程中,称这种证据体系为"证据锁链"有欠妥当。英国法官波洛克认为把运用间接证据组成的证据体系称为"证据绳索"更为妥当。"锁链"的结构和形态不符合间接证据体系的证明结构与特点;相反,"绳索"的比喻则符合间接证据证明的特点,因为每一个间接证据都可以视为一条"绳子",一条绳子无法承受"案件主要事实"这个重量,但是把所有间接证据结合在一起,也就是说,把所有的绳子拧结成一股较粗的"绳索",就有可能承受起"案件主要事实"这个重量。[1]

那么,如何运用间接证据组成的证据体系来认定"明知"等犯罪主观要件呢?笔者试用框图进行说明。用间接证据体系证明犯罪主观要件的过程如图8-1所示。

图8-1表明,间接证据体系中的每一项证据都指向了犯罪主要事实,这其中自然少不了经验法则与逻辑规则的介入。但在犯罪主观要件,即主体的心理态度证明上缺乏有效证据。在这种情况下,我们只能

---

[1] 参见拙著《间接证据理论的思辨与实证》,人民出版社2009年版,第199页。

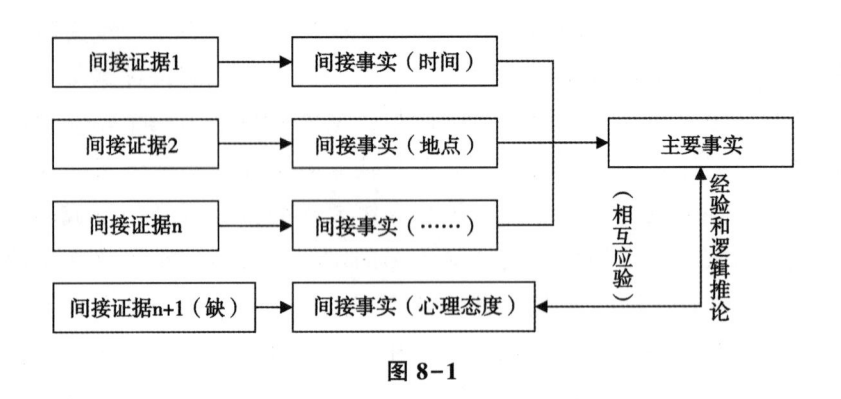

```
┌─────────────┐     ┌───────────────────┐
│  间接证据1   │ ──→ │  间接事实（时间）  │──┐
└─────────────┘     └───────────────────┘  │
┌─────────────┐     ┌───────────────────┐  │        ┌─────────┐
│  间接证据2   │ ──→ │  间接事实（地点）  │──┤        │         │ ↑ 经
└─────────────┘     └───────────────────┘  │(相      │ 主要事实 │   验
┌─────────────┐     ┌───────────────────┐  │ 互      │         │   和
│  间接证据n   │ ──→ │  间接事实（……）  │──┤ 应      └─────────┘   逻
└─────────────┘     └───────────────────┘  │ 验)                    辑
┌──────────────┐    ┌─────────────────────┐│                        推
│间接证据n+1（缺）│──→│ 间接事实（心理态度）│┘                        论
└──────────────┘    └─────────────────────┘
```

图 8-1

从一般经验和逻辑角度反推犯罪嫌疑人的心理态度，即是否具有"明知"等主观心态。① 当然其他间接证据与犯罪嫌疑人心理态度不可能完全割裂开来，它们对稳固主要事实到心理态度的推理起到重要作用。总的来说，是这一系列间接证据所组成的证据体系使案件事实判定者对主要事实和嫌疑人主观心理态度形成了"内心确信"。

第二，间接证据证明标准复归。在间接证据充分性的证明标准上，我国理论界和实务界都存在一种错误认识与做法，即把间接证据充分性证明标准规定得过高，一厢情愿地追求"必然性"或"绝对性"认定结论，基本上否定了盖然性结论的定案标准。出现这种问题的原因在于对间接证据进行推论的过程不信任，担心出现推论错误而导致定罪错误的严重后果。但是这种担心不应仅存在于运用间接证据证明案件事实中，诉讼证明活动，就像龙宗智教授所说的，是"在历史的碎片中拼凑事实"②。而这些历史碎片是有限的，不可能完全还原事实真相，诉讼证明也不可能达到完全的客观真实，所以只能以"高度的盖然性"作为证明的标准。而盖然性结论与谬误之间并不绝对排斥，高度盖然性结论允许最少量的谬误存在。因此，在案件证明活动中，即使不是完全依靠间

---

① 当然，主观心理态度与犯罪主要事实之间不可能完全属于单向关系，由主要事实推论出的主观心理态度反过来又与主要事实形成应验，从而最终确认和稳固犯罪主要事实，实现最终证明目标。

② 龙宗智：《印证与自由心证》，《法学研究》2004年第2期。

接证据定案，错误定案的风险也同样存在。① 因此，我们应努力把间接证据与直接证据充分性证明标准统一起来，把现在过高的间接证据证明案件的"必然性"标准复归于普通刑事案件证明标准，即"排除合理怀疑"或"内心确信"标准。

另外，需要注意的是，完全依靠间接证据定案的案件，应尽可能不适用死刑。在严格控制死刑的大环境下，国际社会对死刑案件证明标准都做了更高要求，完全靠间接证据定案的严重刑事犯罪适用死刑的很少。像我国这样死刑适用数量较多的国家，完全依靠间接证据判定严重刑事案件，带有较大错杀风险。国际社会的一般做法，对于我们允许完全依靠间接证据判定严重案件但一般不适用死刑这一实践，应该具有推动和借鉴意义的。

五 结论

目前，解决犯罪主观要件认定难问题，出路主要体现在两个方面：一是通过传统的证据体系来证明主观要件，因这种证据体系主要由间接证据构成，所以，如何运用间接证据体系来推理证明犯罪主观要件成为问题的关键。当然，在运用间接证据推理证明主观要件过程中，由于认定者个人经验和个人逻辑素养差异，案件认定标准出入较大，这样就会导致案件事实认定方面的不公，最终影响司法的统一和公正。二是通过立法或司法解释创制推定规则来解决主观要件认定难问题。这种做法一直被最高院等部门践行，如因受困于"明知"故意、"非法占有"目的等主观要素认定，最高院等权威部门通过出台一系列解释、规定、纪要，设置若干推定规则等。需要注意的是，创制推定规则也只属于挂一漏万的做法，只能成熟一条创制一条。现实中，由于主观要件认定难而得不到合理判定的案件比比皆是。所以，欲解决实务界主观要件认定难题，必须引入双轨制，即法律推定与证据证明并重机制。既要重视推定规则的创制和运用，也要进一步探究运用间接证据体系推理证明犯罪主观要件的内在规律。

---

① 参见拙著《"证据锁链"的困境及其出路破解——论间接证据在我国刑事诉讼中的独立定案功能》，《中国刑事法杂志》2006年第4期。

参考文献

专著、译著类：

杨兴培：《犯罪构成原论》，中国检察出版社2004年版。

赵秉志：《外国刑法原理（大陆法系）》，中国人民大学出版社2000年版。

马克昌主编：《犯罪通论》，武汉大学出版社1999年版。

陈兴良：《犯罪论体系研究》，清华大学出版社2005年版。

储槐植：《美国刑法》（第二版），北京大学出版社1996年版。

陈兴良：《刑法学》，复旦大学出版社2003年版。

张明楷：《刑法学》（第三版），法律出版社2007年版。

林山田：《刑法通论》，台湾三民书局1990年版。

黄东熊：《刑事诉讼法研究》，台湾"中央"警察大学出版社1985年版。

卞建林主编：《证据法学》，中国政法大学出版社2000年版。

江伟主编：《证据法学》，法律出版社1999年版。

刘金友主编：《证据法学（新编）》，中国政法大学出版社2003年版。

叶自强：《民事证据研究》，法律出版社1999年版。

龙宗智主编：《刑事证明责任与推定》，中国检察出版社2009年版。

阎朝秀：《司法认知研究》，中国检察出版社2008年版。

魏晓娜、吴宏耀：《诉讼证明原理》，法律出版社2002年版。

刘善春：《诉讼证据规则研究》，中国法制出版社2008年版。

何家弘：《新编证据法学》，法律出版社2002年版。

陈光中主编：《中华法学大辞典》，检察出版社1995年版。

陈一云主编:《证据学》,中国人民大学出版社 2010 年版。
张步文:《司法证明原论》,商务印书馆 2014 年版。
赵俊甫:《刑事推定论》,知识产权出版社 2009 年版。
张保生主编:《证据法学》,中国政法大学出版社 2009 年版。
陈瑞华:《刑事诉讼前沿问题》,中国人民大学出版社 2005 年版。
樊崇义主编:《证据法学》,法律出版社 2007 年版。
中国人民大学刑法教研室编译:《苏维埃刑法论文选译》,中国人民大学出版社 1956 年版。
高铭暄、马克昌主编:《刑法学》,北京大学出版社 2005 年版。
罗大华、何为民:《犯罪心理学》,中国政法大学出版社 2007 年版。
陈瑞华:《刑事证据法学》,北京大学出版社 2012 年版。
何家弘、刘品新:《证据法学》,法律出版社 2007 年版。
徐美君:《侦查讯问程序正当性研究》,中国人民大学出版社 2003 年版。
姜伟:《犯罪故意与犯罪过失》,群众出版社 1992 年版。
赖早兴:《证据法视野中的犯罪构成研究》,湘潭大学出版社 2010 年版。
姜世明:《证据评价论》,台湾新学林出版股份有限公司 2014 年版。
陈光中主编:《联合国刑事司法准则与中国刑事法制》,法律出版社 1998 年版。
王以真主编:《外国刑事诉讼法学参考资料》,北京大学出版社 1995 年版。
程味秋主编:《联合国人权公约和刑事司法文献汇编》,中国法制出版社 2000 年版。
孙长永:《沉默权制度研究》,法律出版社 2001 年版。
孙长永:《侦查程序与人权》,中国方正出版社 2000 年版。
陈朴生:《刑事证据法》,台湾三民书局 1979 年版。
陈荣宗、林庆苗:《民事诉讼法》,台湾三民书局 1996 年版。
吴明轩:《中国民事诉讼法》(中),台湾三民书局 1981 年版。

蔡墩铭：《刑事审判程序》，台湾五南图书出版公司 1992 年版。

沈达明：《英美证据法》，中信出版社 1996 年版。

何家弘、杨迎泽：《检察证据使用教程》，中国检察出版社 2006 年版。

康怀宇：《刑事主观事实的证明问题研究》，法律出版社 2010 年版。

高铭暄、马克昌主编：《刑法学》，北京大学出版社、高等教育出版社 2011 年版。

郭华：《案件事实认定方法》，中国人民公安大学出版社 2009 年版。

陈光中、徐静村主编：《刑事诉讼法学》，中国政法大学出版社 2002 年版。

金钟：《证明力判定论——以刑事证据为视角》，中国人民公安大学出版社 2010 年版。

刘善春、毕玉谦、郑旭：《诉讼证据规则研究》，中国法制出版社 2000 年版。

李学灯：《证据法比较研究》，台湾五南图书出版公司 1992 年版。

宋英辉、汤维建：《证据法学研究评述》，中国人民公安大学出版社 2006 年版。

姚建宗编著：《法理学———般法律科学》，中国政法大学出版社 2006 年版。

黄东熊：《刑事诉讼法研究》，黄东熊自版，1999 年版。

林钰雄：《严格证明与刑事证据》，法律出版社 2008 年版。

陈卫东、谢佑平主编：《证据法学》，复旦大学出版社 2005 年版。

魏晓娜、吴宏耀：《诉讼证明原理》，法律出版社 2002 年版。

胡帅：《刑事诉讼中的严格证明》，人民法院出版社 2012 年版。

林钰雄：《刑事诉讼法》（上册），中国人民大学出版社 2005 年版。

罗海敏：《刑事诉讼严格证明探究》，北京大学出版社 2010 年版。

沈宗灵：《现代西方法理学》，北京大学出版社 1992 年版。

王利明：《司法改革研究》，法律出版社 2001 年版。

黄东熊：《刑事证据法则之新发展》，台湾学林文化事业公司 2003 年版。

蔡墩铭：《刑事诉讼法论》（修订版），台湾五南图书出版公司 1992 年版。

黄东熊等：《刑事证据法则之新发展：黄东熊教授七秩祝寿论文集》，台湾学林文化事业公司 2003 年版。

包雯：《犯罪构成若干问题研究》，知识产权出版社 2006 年版。

卞建林：《刑事证明理论》，中国人民公安大学出版社 2004 年版。

郎胜主编：《中华人民共和国刑事诉讼法修改与适用》，新华出版社 2012 年版。

孙长永、黄维智、赖早兴：《刑事证明责任制度研究》，中国法制出版社 2009 年版。

张仲麟：《刑事诉讼法新论》，中国人民大学出版社 1993 年版。

陈卫东、严军兴：《刑事诉讼法通论》，法律出版社 1996 年版。

陈朴生：《刑法总论》，台湾正中书局 1969 年版。

阮方民：《洗钱罪比较研究》，中国人民公安大学出版社 2002 年版。

张明楷：《外国刑法纲要》，清华大学出版社 1999 年版。

刘明祥：《错误论》，法律出版社 1996 年版。

马克昌：《比较刑法原理》，武汉大学出版社 2002 年版。

赵秉志主编：《犯罪总论问题探索》，法律出版社 2003 年版。

陈兴良：《规范刑法学》，中国政法大学出版社 2003 年版。

［日］大塚仁：《犯罪论的基本问题》，冯军译，中国政法大学出版社 1993 年版。

［德］克劳斯·罗克幸：《德国刑法学总论》（第一卷），王世州译，法律出版社 2005 年版。

［德］H. 科殷：《法哲学》，林荣远译，华夏出版社 2003 年版。

［英］韦恩·莫里森：《法理学》，李桂林等译，武汉大学出版社 2003 年版。

［苏联］B. M. 契柯瓦则主编：《苏维埃刑法总则》（中），中国人民大学出版社 1954 年版。

［德］伯恩·魏德士：《法理学》，丁小春、吴越译，法律出版社 2003 年版。

［德］罗森贝克：《证明责任论》，庄静华译，中国法制出版社 2002 年版。

［美］乔恩·R. 华尔兹：《刑事证据大全》，何家弘等译，中国人民公安大学出版社 1993 年版。

［美］罗纳德·艾伦等：《证据法》，张宝生等译，高等教育出版社 2006 年版。

［美］Steven L. Emanuel：*Evidence*（伊曼纽尔法律精要影印系列），中信出版社 2003 年版。

［美］罗纳德·J. 艾伦、理查德·B. 库恩斯、埃莉诺·斯威夫特：《证据法：文本、问题和案例》，张保生等译，高等教育出版社 2006 年版。

［日］田口守一：《刑事诉讼法》，刘迪等译，法律出版社 2000 年版。

［美］本杰明·卡多佐：《司法过程的性质》，苏力译，商务印书馆 2003 年版。

［日］小野清一郎：《犯罪构成要件理论》，王泰译，中国人民公安大学出版社 2004 年版。

［英］J. W. 塞西尔·特纳：《肯尼刑法原理》，王国庆等译，华夏出版社 1989 年版。

［爱尔兰］J. M. 凯利：《西方法律思想史》，王笑红译，法律出版社 2002 年版。

［日］福田平等编：《日本刑法总论讲义》，李乔等译，辽宁人民出版社 1986 年版。

［法］卡斯东·斯特法尼等：《法国刑法总论精义》，罗结珍译，中国政法大学出版社 1988 年版。

［英］丹宁勋爵：《法律的正当程序》，李克强等译，法律出版社 1999 年版。

［苏联］安·扬·维辛斯基：《苏维埃法律上的诉讼证据理论》，王之相译，法律出版社 1957 年版。

［意］贝卡里亚：《论犯罪与刑罚》，黄风译，中国大百科全书出版

社 1993 年版。

[德] 托马斯·魏根特:《德国刑事诉讼程序》,岳礼玲等译,中国政法大学出版社 2004 年版。

[德] 奥玛特·尧厄尼希:《民事诉讼法》,周翠译,法律出版社 2003 年版。

[日] 新堂幸司:《新民事诉讼法》,林剑锋译,法律出版社 2008 年版。

[苏联] 蒂里切夫:《苏维埃刑事诉讼》,中国人民大学刑法教研室译,法律出版社 1984 年版。

[美] Edmund M. Morgan:《证据法之基本问题》,李学灯译,台湾"教育部",1970 年版。

[德] 克劳思·罗科信:《刑事诉讼法》,吴丽琪译,法律出版社 2003 年版。

[英] 理查德·梅:《刑事证据》,王丽、李贵方译,法律出版社 2007 年版。

[日] 小野清一郎:《犯罪构成要件理论》,王泰译,中国人民公安大学出版社 2004 年版。

[日] 松尾浩也:《日本刑事诉讼法》,丁相顺译,中国人民大学出版社 2005 年版。

[美] 米尔建·R. 达马斯卡:《漂移的证据法》,李学军等译,中国政法大学出版社 2003 年版。

[日] 大谷实:《刑法总论》,黎宏译,法律出版社 2003 年版。

[意] 杜里奥·帕多瓦尼:《意大利刑法学原理》,陈忠林译,中国人民大学出版社 2004 年版。

[日] 松冈正章:《严格证明与自由证明》,《法学译丛》1981 年第 5 期。

《日本刑事诉讼法》,宋英辉译,中国政法大学出版社 2000 年版。

《德国刑事诉讼法典》,李昌珂译,中国政法大学出版社 1995 年版。

《马克思恩格斯选集》(第 4 卷),人民出版社 1995 年版。

论文类：

于改之、郭献朝：《两大法系犯罪论体系的比较与借鉴》，《法学论坛》2006 年第 1 期。

黎宏：《我国的犯罪构成体系不必重构》，《法学研究》2006 年第 1 期。

刘艳红：《我国与大陆法系犯罪论体系之比较研究》，《中外法学》2004 年第 5 期。

胡江：《我国犯罪构成与德日犯罪成立理论之比较》，《南方论刊》2008 年第 11 期。

张明楷：《构建犯罪论体系的方法论》，《中外法学》2010 年第 1 期。

张小虎：《犯罪主观要件结构分析》，《河北大学学报》（哲学社会科学版）2004 年第 4 期。

林燕：《论英美法系的犯罪构成体系》，《法制与社会》2008 年第 1 期（下）。

张明楷：《认定案件事实的方法》，《法学杂志》2006 年第 2 期。

陈光中、陈海光、魏晓娜：《刑事证据制度与认识论》，《中国法学》2001 年第 1 期。

龙宗智：《印证与自由心证——我国刑事诉讼证明模式》，《法学研究》2004 年第 2 期。

劳东燕：《认真对待刑事推定》，《法学研究》2007 年第 2 期。

张云鹏：《刑事推定与无罪推定之契合》，《法学》2013 年第 11 期。

褚福民：《证明困难解决体系视野下的刑事推定》，《政法论坛》2011 年第 6 期。

张旭、张曙：《也论刑事推定》，《法学评论》2009 年第 1 期。

陈瑞华：《论刑事法中的推定》，《法学》2015 年第 5 期。

龙宗智：《推定的界限及适用》，《法学研究》2008 年第 1 期。

席建林：《试论推定证据规则》，《政治与法律》2002 年第 3 期。

赵钢、刘海峰：《试论证据法上的推定》，《法律科学》1998 年第 1 期。

何家弘：《论推定概念的界定标准》，《法学》2008年第10期。

钟朝阳：《美国证据法中的刑事推定——兼谈我国刑事推定中存在的问题》，《中国刑事法杂志》2008年第3期。

李明：《司法认知制度探索》，《西部法学评论》2009年第6期。

陈卫东、李美蓉：《论司法认知》，《江海学刊》2008年第6期。

赵泽君：《司法认知问题研究》，《国家检察官学院学报》2002年第6期。

周翠芳：《司法认知论——以英美两国为视角》，博士学位论文，中国政法大学，2007年。

阎朝秀：《论司法认知模式——帕卡模式》，《西南民族大学学报》2008年第11期。

何家弘：《论司法证明的基本范畴》，《北方法学》2007年第1期。

卞建林、郭志媛：《刑事证明主体新论——基于证明责任的分析》，《中国刑事法杂志》2003年第1期。

龙宗智：《证明责任制度的改革完善》，《环球法律评论》2007年第3期。

魏晓娜、李浩永：《司法证明的特征》，《人民法院报》2001年10月10日第3版。

陈瑞华：《刑事诉讼中的证明标准》，《苏州大学学报》2013年第3期。

竺常赟：《刑事诉讼严格证明与自由证明规则的构建》，《华东政法大学学报》2009年第4期。

李建东：《在客观真实和法律真实之间》，《河南财经政法大学学报》2013年第5期。

樊崇义：《推定与刑事证明关系之分析》，《法学》2008年第7期。

陈瑞华：《对证明标准问题的一点思考》，《人民检察》2003年第5期。

卞建林、郭志媛：《诉讼证明的相对性》，《中国法学》2001年第2期。

许恒达：《论贪污的刑法制裁架构：反思财产来源不明罪》，《台北大学法学论丛》2012 年第 82 期。

何家弘：《论推定规则的适用》，《人民司法》2008 年第 15 期。

阎朝秀：《司法认知：法理、规则、制度研究》，博士学位论文，四川大学，2006 年。

郭小东：《关于我国司法认知规则的确立与完善》，《阴山学刊》2005 年第 4 期。

毕玉谦：《经验法则及其实务运用》，《法学》2008 年第 2 期。

樊崇义：《刑事证据规则体系的完善》，《国家检察官学院学报》2014 年第 1 期。

陈闻高：《论证据体系——兼与"口供中心主义"一文商榷》，《中国人民公安大学学报》2006 年第 3 期。

王超：《中国刑事证据法学理论体系的科学建构》，《法学评论》2013 年第 1 期。

何泉生：《刑事证据体系结构探究》，《中国人民公安大学学报》2005 年第 5 期。

何家弘：《中国刑事证据规则体系之构想》，《法学家》2001 年第 6 期。

袁宗评：《证据结构研究》，《中国刑事法杂志》2007 年第 2 期。

张明楷：《如何理解和认定窝赃、销赃罪中的"明知"》，《法学评论》1999 年第 2 期。

纪格非：《直接证据与间接证据划分标准的反思与重构》，《法学论坛》2013 年第 1 期。

纪格非：《直接证据真的存在吗？——对直接证据与间接证据分类标准的再思考》，《中外法学》2012 年第 3 期。

史立梅：《我国刑事证人出庭作证制度的改革及其评价》，《山东社会科学》2013 年第 4 期。

陈瑞华：《论证据相互印证规则》，《法商研究》2012 年第 1 期。

霍涌泉：《意识研究的百年演进及理论反思》，《陕西师范大学学报》（哲学社会科学版）2006 年第 3 期。

王亚新：《刑事诉讼发现案件真相与抑制主观随意性的问题》，《比较法研究》1993 年第 2 期。

陈光中、李玉华、陈学权：《诉讼真实与证明标准改革》，《政法论坛》2009 年第 2 期。

何家弘：《适用非法证据排除规则需要司法判例》，《法学家》2013 年第 2 期。

宋英辉、吴宏耀：《外国证据规则的立法及发展》，《人民检察》2001 年第 3 期。

樊崇义：《从"应当如实回答"到"不得强迫自证其罪"》，《法学研究》2008 年第 2 期。

刘根菊：《在我国确定沉默权的几个问题之探讨》（上），《中国法学》2000 年第 2 期。

宋英辉：《不必自我归罪原则与如实陈述义务》，《法学研究》1988 年第 5 期。

宋英辉、吴宏耀：《任何人不受强迫自证其罪原则及其程序保障》，《中国法学》1999 年第 2 期。

崔敏：《关于"沉默权"问题的理性思考》，《中国人民公安大学学报》2001 年第 1 期。

何家弘：《中国式沉默权制度之我见——以"美国式"为参照》，《政法论坛》2013 年第 1 期。

姜小川：《沉默权制度的发展、利弊与限制》，《政法论坛》2011 年第 5 期。

张建伟：《自白任意性规则的法律价值》，《法学研究》2012 年第 6 期。

黄凯斌：《间接证据理论的分析》，《中山大学学报论丛》2004 年第 4 期。

封利强：《司法证明机理：一个亟待开拓的研究领域》，《法学研究》2012 年第 2 期。

孙道萃、黄帅燕：《刑事主观事实的证明问题初探》，《证据科学》2011 年第 5 期。

劳东燕：《推定研究中的认识误区》，《法律科学》2007 年第 5 期。

吴丹红：《犯罪主观要件证明——程序法和实体法的一个联接》，《中国刑事法杂志》2010年第2期。

熊明辉：《论法律逻辑中的推论规则》，《中国社会科学》2008年第4期。

樊崇义、吴光升：《论犯罪目的之推定与推论》，《国家检察官学院学报》2012年第2期。

毕玉谦：《试论民事诉讼证明上的盖然性规则》，《法学评论》2000年第4期。

谢小剑：《我国刑事诉讼法相互印证的证明模式》，《现代法学》2004年第6期。

陈建军：《刑事诉讼的目的、价值及其关系》，《法学研究》2003年第4期。

何家弘：《证据的审查与认定原理论纲》，《法学家》2008年第3期。

赖早兴：《美国刑事诉讼中的"排除合理怀疑"》，《法律科学》2008年第5期。

陈永生：《排除合理怀疑及其在西方面临的挑战》，《中国法学》2003年第2期。

杨宇冠、郭旭：《"排除合理怀疑"证明标准在中国适用问题上的探讨》，《法律科学》2015年第1期。

魏晓娜：《"排除合理怀疑"是一个更低的标准吗》，《中国刑事法杂志》2013年第9期。

龙宗智：《中国法语境中的"排除合理怀疑"》，《中外法学》2012年第6期。

李训虎：《"排除合理怀疑"的中国叙事》，《法学家》2012年第5期。

李立暐：《选择确定》，台北大学法学系硕士班法学方法论专题报告论文，报告日期：2003年12月16日。

康怀宇：《比较法视野中的定罪事实与量刑事实之证明——严格证明与自由证明的具体适用》，《四川大学学报》2009年第2期。

陈瑞华:《证据的概念与法定种类》,《法学论坛》2012年第1期。

林钰雄、杨云骅、赖浩敏:《严格证明的映射:自由证明法则及其运用》,《国家检察官学院学报》2007年第5期。

宋英辉:《日本刑事诉讼制度最新改革评析》,《河北法学》2007年第1期。

樊崇义、李静:《传闻证据规则的基本问题及其在我国的适用》,《证据科学》2008年第3期。

闵春雷:《严格证明与自由证明新探》,《中外法学》2010年第5期。

林钰雄:《自由证明法则之新开展》,《台湾法学》2007年第7期。

张建伟:《从积极到消极的实质真实发现主义》,《中国法学》2006年第4期。

张晋红:《诉讼效率与诉讼权利保障之冲突及平衡》,《西南民族学院学报》2002年第8期。

李建明、陈爱蓓:《刑事司法过程的社会效果与社会成本——关于刑事司法效率的思考》,《南京师范大学学报》2005年第1期。

张明楷:《违法阻却事由与犯罪构成体系》,《法学家》2010年第1期。

赖早兴:《英美法系国家犯罪构成要件之辩证及启示》,《法商研究》2007年第4期。

陈瑞华:《刑事证明标准中主客观要素的关系》,《中国法学》2014年第3期。

樊崇义:《客观真实管见——兼论刑事诉讼证明标准》,《中国法学》2000年第1期。

顾永忠:《从定罪的证明标准到定罪量刑的证明标准——新刑事诉讼法对定罪证明标准的丰富与发展》,《证据科学》2012年第2期。

卞建林、张璐:《我国刑事证明标准的理解与适用》,《法律适用》2014年第3期。

龙宗智、李玉花:《论我国刑事诉讼的证据规则》,《南京大学法律评论》1997年第2期。

陈光中：《证据裁判原则若干问题之探讨》，《中共浙江省委党校学报》2014年第6期。

赵秉志：《论犯罪构成要件的逻辑顺序》，《中国政法大学学报》2003年第6期。

秦波：《论诉讼中的证据推理》，《湖南科技大学学报》2015年第2期。

纵博：《论自由证明的限度》，《中国刑事法杂志》2010年第11期。

张少林、刘源：《刑法中的"明知"、"应知"与"怀疑"探析》，《政治与法律》2009年第3期。

蔡桂生：《国际刑法中"明知"要素之研究》，《法治论丛》2007年第5期。

冯英菊：《论赃物犯罪中的"明知"》，《人民检察》1997年第12期。

陈兴良：《"应当知道"的刑法界说》，《法学》2005年第7期。

张晓华、高慧琼：《如何认定毒品犯罪中的"主观明知"》，《检察日报》2004年10月11日理论版。

张云鹏、路军：《论特定明知之推定认定》，《辽宁大学学报》2009年第4期。

沈丙友：《诉讼证明的困境与金融诈骗罪之重构》，《法学研究》2003年第3期。

钟朝阳：《美国证据法中的刑事推定——兼谈我国刑事推定中存在的问题》，《中国刑事法杂志》2008年第6期。

刘远熙：《论推定对犯罪主观方面"明知"的证明意义》，《广东社会科学》2011年第3期。

郭晶：《刑事推定的构造与应当知道的认定——以推定之逻辑构造为基础》，《中国刑事法杂志》2012年第8期。

梅传强：《犯罪故意中"明知"的涵义与内容——根据罪过实质的考察》，《四川师范大学学报》（社会科学版）2005年第1期。

于志刚：《犯罪故意的认识理论新探》，《法学研究》2008年第4期。

陈兴良：《刑法中的故意及其构造》，《法学研究》2010年第6期。

外文类：

Joshau Dressler. *Understanding Criminal Law*. New York: Matthew Bender&Company, Inc.2001.

Bentham, *Rational of judicial Evidence*, (Vol. Vi) *Works of jereny Bentham*, by Thoemmes Press 1995.

Phipson and D. W. Elliott, *Mannal of the Law of Evidence*, Sweet & Maxwell, 1980.

Jeremy Bentham, *The Works of Jeremy Bentham*. 7 Vols. Edited by John Bowling. New York: Russell, 1962.

William L. Twining, *Theories of Evidence: Bentham and Wigmore*, London: Weidenfeld and Nicolson CO. 1985.

Jon R. Waltz & Roger C. Park, *Cases and Materials on Evidence* (8th ed, Westbury, New York, The Foundation Press, Inc.)

Eric D. Green & Charles R. Nesson, *Problems, Cases, and Materials on Evidence* (Aspen Law & Business, 1994).

Richard O. Lempert & Stephen A. Saltzburg, *A Modern Approach to Evidence: Text, Problems, Transcripts and Cases* (2th ed, West Publishing Co. 1982).

Bryan A. Garner. *Blacks Law Dictionary, Eighth Edition*. Thomson west, 2004.

Christopher B. Muller, Larid C. Kirkpatrick, *Evidence*, Third Edition, Aspen Publishers, 2003.

John H. Langbein, *Torture and Plea Bargaining*. 46 the University of Chicago Law Review 1978.

Assaf Hamdani, *Mens Rea and the Cost of Ignorance*, 93 Va. L. Rev. 415, 422 (2007).

Irene Merker Rosenberg & Yale L. Rosenberg. *Perhaps What Ye Say Is Based Only On Conjecture: Circumstantial Evidence Then and Now*. 31 Boston

Law Review. 1371 (1995).

Joel S. Hjelmaas, *Stepping back from the Thicket: A Proposal for the Treatment of Rebuttable Presumptions and Inferences*, Drake Law Review 431-432 (1993).

Holland v. United States, 348 U. S. 121 (1954).

Commonwealth v. Webster, 59 Mass. (5 Cush.) 295 (1850).